Gerd Bosbach / Jens Jürgen Korff
DIE ZAHLENTRICKSER

Gerd Bosbach / Jens Jürgen Korff

DIE ZAHLENTRICKSER

Das Märchen von den aussterbenden Deutschen
und andere Statistiklügen

HEYNE ‹

Verlagsgruppe Random House FSC® N001967

Originalausgabe 05/2017

Copyright © 2017 by Wilhelm Heyne Verlag, München,
in der Verlagsgruppe Random House GmbH,
Neumarkter Straße 28, 81673 München
Redaktion: Maren Wetcke
Umschlaggestaltung: Nele Schütz Design unter Verwendung
eines Motivs von shutterstock/Apoint
Cartoons: Brigitte Kuka
Satz und Grafiken: Vornehm Mediengestaltung GmbH, München
Druck und Bindung: CPI books GmbH, Leck
Printed in Germany

ISBN 978-3-453-20132-3

www.heyne.de

Inhalt

Prolog:
Zahlen in unserer Zeit

Jeder hat das Recht auf eine eigene Meinung,
aber niemand hat das Recht auf eigene Fakten.

DANIEL PATRICK MOYNIHAN[1]

»Postfaktisch« war das Wort des Jahres 2016. Gemeint sind damit politische Argumentationsmuster, in denen Fakten keine Rolle mehr spielen und der Redner bei seinen Zuhörern lieber Ängste weckt und an egoistische Ressentiments appelliert. Man verbindet sie hauptsächlich mit Nationalisten wie Donald Trump, den Brexitisten, der AfD in Deutschland, der FPÖ in Österreich oder der SVP in der Schweiz. Doch das Phänomen ist älter und viel weiter verbreitet, als die Kritiker 2016 dachten. Hier ein Beispiel – eine Trickserei mit Zahlen und Fakten: Seit vielen Jahren geistert der »demografisch bedingte Ärztemangel« durch die gesundheitspolitischen Debatten in Deutschland.[2] Angeblich gehen uns die Ärztinnen und Ärzte aus, und angeblich liegt das daran, dass es zu wenig junge Leute gibt, die Mediziner werden wollen. Das wäre in einer Gesellschaft mit wachsendem Anteil älterer Menschen problematisch. Doch wir wagen die Gegenrede. Denn es besteht seit Jahrzehnten ein scharfer Numerus clausus im Studienfach Medizin, und der hindert viele junge Leute, die gerne Arzt oder Ärztin werden wollen, daran, ihren Berufswunsch zu realisieren. Wenn es wirklich zu wenig junge Mediziner gibt, wäre es leicht, das zu ändern: einfach mehr Geld in die Hochschulen stecken, mehr Studienplätze für Medizin schaffen und den Numerus clausus aufheben. Ob es tatsächlich zu wenig junge Ärzte gibt, steht auf einem anderen Blatt; möglicherweise verteilen sie sich nur ungünstig im Land.

Wir sehen hier den »klinischen Fall« einer postfaktischen Argumentation: Es wird eine Behauptung aufgestellt, die wie ein Faktum aussieht und sogar in Zahlenform dargestellt wird, so als hätte man diesen Mangel gemessen. Zugleich wird ein wesentliches, weithin bekanntes Faktum, der Numerus clausus für das Medizinstudium, komplett ignoriert, obwohl es direkt mit dem ersten »Faktum« zusammenhängt. Eins und eins liegen auf dem Tisch, werden aber nicht zusammengezählt. Stattdessen wird ein Popanz aufgestellt: Der demografische Wandel der Gesellschaft soll am Mangel schuld sein. Auch spielt hier die Angst mit, dass wir im Alter keine Ärzte mehr finden könnten, die uns behandeln. In diesem Buch wollen wir Zahlentricksern auf die Schliche kommen und Ihnen, werte Leserin, werter Leser, an vielen konkreten und hoffentlich spannenden Beispielen zeigen, wie man das macht. Und zwar mitten in den Stammrevieren der Trickser, dort, wo sie sich täglich tummeln – auf Feldern wie Nationalismus, Reichtum und Armut, Wirtschaft, Meinungsforschung, Demografie, Militär oder Umweltpolitik. Wir hoffen sogar, dass wir Sie dazu ermutigen können, künftig selber auf die Pirsch zu gehen und Zahlentrickser in Ihrem Interessengebiet oder Umfeld »zu erlegen«. Doch warum ist das eigentlich wichtig?

Es ist wichtig, weil vor allem in Politik und Wirtschaft

zahlengestützte Argumente eine riesige Rolle spielen. Wir begegnen dort ständig Meinungsführern und Entscheidern, die so tun, als würden sie gar keine persönliche Meinung vertreten, sondern stattdessen einen angeblichen Sachzwang referieren, der allen vernünftig denkenden Zeitgenossen »keine Alternative« lässt. Da die meisten Menschen einen Heidenrespekt vor Zahlen haben und vor denjenigen, die sie ermitteln und so souverän damit umgehen, funktioniert der Trick so gut: Wer »die Zahlen« auf seiner Seite hat, setzt sich häufig durch. Es sei denn, eine kritische Stimme kann auf die Schnelle plausibel machen, dass der Zahlentrickser uns gerade einige wichtige Zahlen verschweigt, die ihm nicht in den Kram passen. Oder dass er seine Zahlen sogar weitgehend frei erfunden hat. Dann wird auf einmal klar, dass der Trickser eben doch eine persönliche Meinung hatte und sein »Sachzwang« vorgeschoben war. Somit wird eine Art Waffengleichheit hergestellt, ein freier Meinungsstreit wird eröffnet, ein demokratischer Diskurs unter gleichberechtigten, souveränen Akteuren kann beginnen.

Es ist auch deshalb wichtig für Sie, liebe Leserin und lieber Leser, weil Zahlen oft benutzt werden, um Sie über den Tisch zu ziehen. Lobbyisten setzen sich auf Ihre Kosten durch, weil deren Interessen angeblich wichtiger sind als Ihre. Unternehmen drücken Ihre Preise oder Ihren Lohn, weil sie angeblich sonst geradewegs in den Ruin treiben. Das muss nicht sein, denn wenn Sie fit darin sind, Zahlentricks zu erkennen und zu kritisieren, haben Sie gute Chancen, Ihre berechtigten Interessen zu wahren.

Dabei haben wir gerade so getan, als seien Zahlen und Statistiken in politischen Debatten oder wirtschaftlichen Streitfragen meistens getrickst oder gefälscht. Das ist sicher nicht so. Passend ausgewählt sind sie fast immer, aber in der Regel haben sie Hand und Fuß und bilden tatsächlich wesentliche Elemente der Wirklichkeit ab, so gut Zahlen das eben können. Oft können sie es aber gar nicht so gut, wie viele glauben. Auch das ist uns ein wichtiges Anliegen in diesem Buch: Ihnen zu zeigen, wo Zahlen und Statistiken an ihre Grenzen stoßen, und wie wir mit solchen Situationen umgehen können.

Ein wichtiges Werkzeug, um Zahlentricks auf die Spur zu kommen, ist die Frage, wem eine bestimmte Aussage nützt. Wem nützt zum Beispiel das Gerede vom »demografisch bedingten Ärztemangel«? Politiker nutzen die Demografie als Feigenblatt, um zu verbergen, dass ihr eigener Sparkurs im Bildungs- und Hochschulwesen an den Problemen schuld ist. Reiche und Unternehmer, deren Steuern sie gesenkt haben (siehe Kapitel 2), danken ihnen im Hintergrund für dieses wohlfeile Ablenkungsmanöver.

Wem nützt es, wenn die Deutschen als »Zahlmeister Europas« auftreten, obwohl sie es gar nicht sind, wenn man die Zahlungen pro Kopf betrachtet (siehe Kapitel 1)? Dass Deutschland mehr einzahlt als Luxemburg oder Österreich, ist eine Binsenweisheit. Es nützt der Bundesregierung, wenn sie die Interessen deutscher Konzerne auf EU-Ebene gegen die anderen Regierungen oder gegen übergreifende Interessen, zum Beispiel den Umweltschutz, durchsetzen will (siehe Kapitel 10 über die Autoindustrie). Es nützt deutschen Nationalisten, wenn sie sich in dem Gefühl baden möchten, dass die Deutschen das beste und ehrlichste Volk der Welt seien, die anderen aber alle Betrüger und Ganoven.

Wenn etablierte Politiker oder Unternehmer mit Zahlen tricksen, kann das zwei Gründe haben: Sie wollen sich selbst besser darstellen, oder sie wollen den Interessen bestimmter Gruppen zum Durchbruch verhelfen, ohne sie zu nennen. Ersteres ist eigentlich normal, ein »*Così fan tutte* – So machen's alle«. Wenn Sie sich irgendwo bewerben oder eine Frau, einen Mann beeindrucken wollen, werden auch Sie nur ausgewählte Fakten über sich selbst mitteilen und andere verschweigen. Das ist verständlich, aber wir müssen Ihnen ja nicht unbedingt auf den Leim gehen.

Die Sache mit den Gruppeninteressen ist das üblere Phänomen, weil es viel schwerer zu durchschauen ist. Denn oft ist zunächst gar nicht klar, welche Gruppen das sind, und oft sind gerade solche Tricksereien besonders sorgfältig eingefädelt. Da das Publikum aber dennoch etwas von der Verlogenheit spürt, entwickelt sich bei vielen ein generelles Misstrauen – die berüchtigte Politikverdrossenheit. Sobald Zahlen und Statistiken im Spiel sind, kleidet sie sich gerne in den Satz: »Traue keiner Statistik, die du nicht selbst gefälscht hast.«

Dieses generelle Misstrauen ist gefährlich. Es hilft denen, die sich davon leiten lassen, in der Regel nicht weiter. (Wir können Ihnen versichern: Wenn Sie gar keiner Statistik mehr trauen, werden Sie erst recht verarscht.) Das Misstrauen wird von Nationalisten und Verschwörungstheoretikern hemmungslos ausgenutzt, um extrem egoistische, rücksichtslose, brutale und kurzsichtige Maßnahmen zu propagieren, die unsere Gesellschaft nur ins Elend stürzen können, oder um kruden Unfug teuer zu verkaufen. Insofern kann man sagen: Wer Zahlentricks sät, wird Trumps, Petrys, Le Pens, Straches und Blochers ernten.

Wir hoffen, mit unserem Buch einen Beitrag zur Aufklärung im weitesten Sinne leisten zu können. Wir wollen

Zahlen und Statistiken rehabilitieren als wichtige Hilfsmittel, mit denen wir uns Zusammenhänge klarmachen und einigermaßen treffsicher in Entscheidungen eingreifen können. Wenn Zahlentricks auffliegen und öffentlich kritisiert werden, steigt die Qualität des Zahlenmaterials und zugleich das demokratische Niveau politischer und wirtschaftlicher Debatten. Politik wird dann vielleicht wieder mehr als etwas Positives verstanden: als Ensemble öffentlicher Angelegenheiten, um die sich jeder kümmern kann und sollte, als offener Austausch möglichst guter Argumente. Etwas Besseres können wir nicht tun, um Leuten das Wasser abzugraben, die von Ängsten und Ressentiments profitieren wollen.

Das klingt vielleicht arg hoch gegriffen, deshalb ist es Zeit, unsere eigene Rolle wieder etwas tiefer zu hängen. Wir sind keine Engel und keine Weisen, sondern beide selber politisch engagiert (Gerd B. vor allem sozialpolitisch, Jens K. vor allem umweltpolitisch) und jeder in eine Berufspraxis eingebunden. Das heißt für Sie: Die Auswahl unserer Themenfelder und unserer Beispiele spiegeln *unsere* Interessen und Erfahrungen wider und nicht automatisch Ihre Interessen. Wir hoffen natürlich, dass da möglichst viel zusammenpasst. Wir haben blinde Flecken, wir sehen manche Dinge vielleicht zu einseitig, wir wissen sehr vieles nicht oder nicht bis ins letzte Detail und haben uns dennoch getraut, hier ein sehr breites Themenspektrum zu behandeln. Wir werden dabei Fehler gemacht und Wichtiges übersehen haben, wofür wir Sie um Nachsicht bitten. Auch müssen wir Ihnen in den Einzelkapiteln die Antworten auf viele offene Fragen schuldig bleiben, weil wir sonst niemals mit dem Buch fertig geworden wären. Dafür sind Themen wie Wirtschaft oder Umwelt- und Klimaschutz viel zu komplex.

Unser Ziel ist es, Ihnen mit diesem Buch Mut zu machen, sich selber auf die Suche nach Zahlentricks zu begeben und diese aufzudecken. Damit Sie das Kennengelernte anwenden können, bedarf es einer gewissen Übung. Um Sie anzuregen, haben wir an jedes Kapitel drei oder vier Forschungsaufgaben angehängt. Anders als bei Aufgaben aus Schule und Hochschule gibt es hier selten eindeutige Lösungen. Die Aufgaben helfen Ihnen vielleicht dabei, andere Blickwinkel einzunehmen als die gewohnten und Probleme statistischer Daten konkret zu erfahren Deshalb können wir Ihnen auch keine »Lösungen« anbieten. Manche Aufgaben sind Recherche-Ideen. Auch wenn Ihre Untersuchungen vielleicht nicht immer zu einem direkten Ziel führen, schärfen Sie durch die Suche Ihre Analysefähigkeiten und finden sicher viel Interessantes.

Wir wünschen Ihnen bei der Lektüre viel Vergnügen – und viel Erfolg, wenn es darum geht, einem Trickser das Handwerk zu legen.

Gerd Bosbach, Jens Jürgen Korff, im Januar 2017

PS: Zur Geschlechterfrage
Noch ein Hinweis auf geschlechtsspezifische Formulierungen: Dieses Buch heißt *Die Zahlentrickser*, obwohl es auch von Zahlentrickserinnen handelt. Wir sehen keine Geschlechterdiskriminierung darin, wenn Frauen (und sonstige Geschlechter) in den kurzen Pluralversionen solcher Wörter mitgemeint sind – unter der Bedingung, dass

es auch umgekehrt geht. Hier und da sprechen wir deshalb von Lehrerinnen oder Rentnerinnen und meinen die männlichen Exemplare dieser Gruppen mit. Wo solche Wörter im Singular stehen, haben wir uns bemüht, beide traditionellen Geschlechter separat anzusprechen.

1   Wir danken Sascha Lobo für den Hinweis auf dieses Zitat.
2   So zum Beispiel in der *ÄrzteZeitung*, 3.9.2010. Überschrift: »Verbände: Ärztemangel in Deutschland spitzt sich zu«. Zwischenüberschrift: »Grund für den Ärztemangel ist der ›doppelte demografische Wandel‹«. (Damit meinen sie, es gebe immer mehr Patienten und immer weniger Ärzte.)

1. Deutschland ist der Zahlmeister Europas?

Der nationale Blick auf Boote, Quoten, Zahlungslasten

Ein Blick in die Statistik:
Wir produzieren viel.
Am meisten nationale Mistik.

KURT TUCHOLSKY (1930)

Es war einmal eine schöne Gegend hinter den sieben Bergen, dort stand ein weißes Häuschen. In dem Häuschen lebten sieben Zwerge. Jeden Morgen standen die Zwerge in aller Frühe auf, frühstückten von ihren kleinen Tellerchen, tranken Tee aus ihren kleinen Becherchen und gingen dann rasch zu ihrem Bergwerk, um bis zum Abend zu rackern und zu schuften. Jeden Abend verglichen sie, wer diesmal das meiste Gold und Silber aus dem Berg geholt hatte. Für manchen der sieben war es bitter, wenn einer der Kollegen das Glück gehabt hatte, auf eine ergiebige Goldader zu stoßen, und er dann auch noch am Abend die goldene Fleißmedaille nach Hause trug. Hatte der weniger Glückliche nicht genauso viele Schwielen an den Händen und genauso viel Staub in der Lunge? Wer ist der fleißigste Zwerg im Land? Diese Frage beschäftigte sie alle. Bis sie eines Abends nach

Hause kamen und feststellten, dass jemand Fremdes von ihren Tellerchen gegessen und aus ihren Becherchen getrunken hatte ...

Sind die Deutschen die fleißigsten Zwerge?

Ähnlichkeiten mit Deutschland in den 2010er-Jahren müssen auf reinen Zufällen beruhen. Wir lesen zum Beispiel im Oktober 2013 in der Online-Ausgabe der *Münchner Abendzeitung*[1]: »Studie: Münchner sind die fleißigsten Deutschen!« Schade, liebe Gelsenkirchener! Sie glaubten vielleicht, als Deutsche besonders fleißig zu sein. Doch 2013 bescheinigte Ihnen der Wiener Unternehmer und Investmentbanker Gerald Hörhan: »Gelsenkirchen ist die faulste Stadt Deutschlands.« Auf Platz 2 und 3 von Hörhans Faulheits-Ranking folgen Herne und Duisburg.

Zu einem anderen Ergebnis kam 2015 die Arbeitszeitforscherin Susanne Wanger vom Nürnberger Institut für Arbeitsmarkt- und Berufsforschung (IAB). Nach ihrer Studie sind die Thüringer die fleißigsten Deutschen, und das Schlusslicht bilden hier die Bremer, die auf Hörhans Skala im Mittelfeld rangieren.[2]

Doch was stimmt denn nun? Wahrscheinlich weder das eine noch das andere – denn wenn wir uns genauer ansehen, wie die Forscher vorgegangen sind, entdecken wir allerlei Ungereimtheiten und Verzerrungen.

Hörhan hat die 50 Städte auf seiner Liste nicht nach einem objektiven Maßstab wie ihrer Größe ausgesucht, sondern danach, über welche Städte das Institut der deutschen Wirtschaft in Köln Datensätze besaß.[3] Offenbar hatte der Bankier keine Lust gehabt, fehlende Daten erst noch zu besorgen. Faulheit siegt – selbst wenn Fleiß das Thema der Studie ist! Es stellt sich also die Frage: Welche Daten hat er genutzt? Es waren Daten über das Bruttoinlandsprodukt, das verfügbare Einkommen, Arbeitsunfähigkeitstage je Einwohner, die Zahlen der privaten Schuldner und der Schulabgänger ohne Hauptschulabschluss. Eine merkwürdige Mischung, die mit der Frage, wie hart Menschen arbeiten, nur teilweise zu tun hat. Ging es Hörhan vielleicht darum, Städte anzuprangern, die für Investoren unattraktiv sind? Denn fast alle genannten Faktoren sind besonders interessant für Unternehmen, die überlegen, ob in der betreffenden Stadt gute Marktbedingungen für eine Verkaufsfiliale herrschen. Hat er dieser Eigenschaft den plakativen (und zugleich verdeckten) Namen »Faulheit« gegeben, um damit mehr Aufsehen zu erregen? Wie absurd das wäre, mag der Umstand andeuten, dass höhere Gehälter nach Hörhan auf Fleiß und niedrigere Gehälter auf Faulheit hinweisen. Der Zwerg mit der Goldader lässt grüßen; es läuft auf den dünkelhaften Schmonzes hinaus, dass ein Manager deshalb zweihundert Mal soviel Geld verdiene wie eine Putzfrau, weil er zweihundert Mal so fleißig sei. Wenn das so wäre, würde ein Subbotnik des gut bezahlten Bahnvorstands genügen, um sämtliche verdreckten Züge und Bahnhöfe auf Hochglanz zu bringen.

Dass Menschen, die unter großer körperlicher oder psychischer Belastung oder stark fremdbestimmt arbeiten müssen, häufiger erkranken als andere, ist in der Arbeitsmedizin schon lange bekannt. In Hörhans Städte-Ranking müssen sich die, die sich krank geschuftet haben, auch noch als Faulpelze im übertragenen Sinne beschimpfen lassen.

So weit treibt es das Institut für Arbeitsmarkt- und

Berufsforschung nicht. Aber die von ihm erstellte Reihenfolge der fleißigsten Bundesländer hat ebenfalls einen großen Haken: Die IAB-Forscherin hat dafür einfach die jährlich geleisteten bezahlten Arbeitsstunden pro Beschäftigtem gezählt. Dabei fallen nicht nur die Arbeitslosen unter den Tisch. Auch schneiden ostdeutsche Länder wie Thüringen in diesem Vergleich besonders gut ab, weil dort die Frauen traditionell in Vollzeit arbeiten, während sie in Westdeutschland eher in Teilzeit arbeiten (oder voll im Haushalt) – und schon bringen sie viel weniger entlohnte Stunden auf die Waagschale. Sind sie deshalb fauler? Wer will allen Ernstes ein solches Urteil fällen?

Wenn deutschnational verblendete Zeitgenossen ihre schiefen Urteile über faule Griechen, Italiener, Portugiesen usw. fällen und die Deutschen in ihrem sprichwörtlichen Fleiß erstrahlen lassen wollen, dürfen sie nicht so rechnen wie das IAB; denn dann würde ihnen die deutsche Hausfrau die Tour vermasseln. Deshalb greifen sie sich stattdessen nur die Vollzeitbeschäftigten heraus und vergleichen deren durchschnittliche Wochenarbeitszeiten. Nur dann bekommen die deutschen Garten- und Grubenzwerge den Platz, der ihnen angeblich gebührt, und das *Hamburger Abendblatt* konnte 2009 stolz verkünden: »Deutsche im EU-Vergleich am fleißigsten«.[4]

Ganz anders sieht die Sache aus, wenn wir, genau wie im erwähnten Vergleich der Bundesländer, die jährlich geleisteten Arbeitsstunden aller Beschäftigten heranziehen. Dann, liebe Deutsche, steht Ihr wegen der vielen Teilzeitjobs und wegen Eurer überdurchschnittlich vielen Urlaubs- und Feiertage mit 1371 Stunden leider auf dem letzten Platz der 35 OECD-Staaten; Österreich mit 1625 Stunden auf Platz 27 und die Schweiz mit 1590 Stunden auf Platz 29 (Stand 2015).[5] Und wer hat dieses Rennen gewonnen? Gold für Mexiko (2246 Stunden), Silber für Südkorea (2113 Stunden), und – da stockt uns der Atem – Bronze für Griechenland (2042 Stunden)! Das verschweigt uns die deutschtümelnde Presse natürlich gerne.

Wie wenig Grund für Nationalstolz wir in diesem Zusammenhang haben, zeigt noch ein weiterer Faktor: Die hohe Jahresstundenzahl der Thüringer hängt auch damit zusammen, dass dort besonders viele Betriebe ohne Tarifvertrag arbeiten lassen. Für die Arbeiter oder Angestellten gelten also die von den Gewerkschaften erkämpften Arbeitszeitverkürzungen in der Regel nicht. Das dürfte in verschärftem Maße auf Griechenland zutreffen, wo die Regierung auf Druck der Gläubiger zahlreiche Arbeitsschutzbestimmungen »wegreformiert«

hat. Auch die vollzeitbeschäftigten Deutschen kommen auf ihre hohe Wochenstundenzahl vor allem mit Überstunden, die sie über die tarifliche Arbeitszeit hinaus leisten – sehr häufig unentgeltlich. Fleiß in diesem Sinne ist also gleichbedeutend damit, sich widerstandslos ausbeuten zu lassen. Auf so etwas können wirklich nur Zwerge stolz sein!

Zähneknirschende Zahlmeister

»Armes Deutschland! Wir plagen uns ab, schaffen und schaffen jeden Tag, und dann kommen die neidischen Nachbarn an und nehmen uns die Hälfte unseres Wohlstands wieder weg.« Diese Klage ist uralt. Bereits im 19. Jahrhundert fühlte sich der deutsche Michel erniedrigt und beleidigt, weil er keinen »Platz an der Sonne«, sprich keine fetten Kolonien in Afrika, Asien oder Amerika abbekommen hatte. In zeitgenössisches Deutsch übersetzt, lautet die Klage: »Deutschland ist der Zahlmeister Europas.« Wir zahlen angeblich immer nur ein, und die anderen heben ab. Aber stimmt das überhaupt?

Wenn die Zahlmeister-Parole überhaupt einmal mit Fakten belegt wird, ist eine Tabelle nicht weit. Sie zeigt zum Beispiel die Euro-Länder, die in den Europäischen Stabilitätsmechanismus ESM (etwas irreführend auch »Euro-Rettungsschirm« genannt) einzahlen.[6] In der Tabelle nimmt Deutschland seinen Lieblingsplatz als Europameister (genauer: Meister der Eurozone) ein.

Einzahler in den »Euro-Rettungsschirm« ESM (absolut)

Rang	Land	Eingezahlt in Mrd. Euro
1	Deutschland	21,7
2	Frankreich	16,3
3	Italien	14,3
4	Spanien	9,5
5	Niederlande	4,6

In absoluten Zahlen gerechnet, zahlt Deutschland am meisten ein.

Doch die Tabelle hat einen Haken. Dass ein großes Auto einen großen Wohnwagen ziehen kann, ein kleines Auto aber nur einen kleinen, leuchtet jedem ein. Genauso ist es hier: Ein großes Land kann viel mehr einzahlen als ein kleines, ohne dadurch stärker belastet zu werden. Um ein realistisches Bild von der Lastenverteilung zu bekommen, schauen wir uns an, welche Belastung pro Einwohner anfällt – wir ziehen also neben der absoluten eine relative Zahl zurate. Und schon stellt sich die Tabelle ganz anders dar.

Einzahler in den »Euro-Rettungsschirm« ESM (relativ pro Kopf)

Rang	Land	Eingezahlt in Euro pro Kopf
1	Luxemburg	364
2	Irland	277
3	Niederlande	272
4	Deutschland	269
5	Finnland	264

Pro Kopf der Bevölkerung gerechnet, liegt Deutschland auf Platz 4 (Stand 31.12.2014).

Deutschland steht diesmal, sportlich gesehen, knapp neben dem Siegertreppchen. Österreich folgt mit 262 Euro auf Platz 6, Frankreich mit 256 Euro auf Platz 7. Deutschlands Rolle relativiert sich noch weiter, wenn wir die Einzahlung mit dem Bruttoinlandsprodukt vergleichen, also zur Wirtschaftskraft des Landes in Bezug setzen. In dieser Tabelle steht Deutschland auf Platz 12 von 19 – also im hinteren Mittelfeld!

Deutschlands Scheinrolle als »Zahlmeister Europas« kommt also vor allem durch die schiere Größe Deutschlands zustande. Betrachten wir jedoch das, was der einzelne Bürger an Belastung mitträgt, sind Luxemburg, Irland und die Niederlande die wahren »Zahlmeister«.

Wie voll ist das Boot?

Wenn schon nicht Zahlmeister, so hat Deutschland zumindest, das weiß fast jedes Kind, die meisten Flüchtlinge aufgenommen. Wirklich? Die absoluten Zahlen sprechen in der Tat dafür, dass das deutsche Boot die meisten Schiffbrüchigen trägt. Hier die Zahlen der Asylbewerber, die im Krisenjahr 2015 und im 1. Halbjahr 2016 in Deutschland und anderen europäischen Ländern Asylanträge gestellt haben.

Anzahl der Asylbewerber in EU-Ländern 2015/16 (absolut)

Rang	EU-Land	Asylbewerber mit Antrag 2015	2015 + 1. Hj. 2016
1	Deutschland	476 510	846 955
2	Ungarn	177 135	199 625
3	Schweden	162 450	177 895
4	Italien	84 085	134 100
5	Frankreich	75 450	115 570
6	Österreich	88 160	113 760

Deutschland auf Platz 1 bei der Aufnahme von Asylbewerbern. Gezählt wurden Flüchtlinge, die einen Asylantrag gestellt haben (inklusive Angehörige). Quelle: Eurostat[7]

Doch Moment, wo sind denn die 1,1 Millionen Flüchtlinge geblieben, von denen 2015 immer die Rede war? Tatsächlich verzeichnete das Erfassungssystem EASY für 2015 in Deutschland 1,09 Millionen »registrierte Asylbewerber«. Zu diesen Zahlen schrieb das Bundesinnenministerium selber in seiner Pressemitteilung vom 6. 1. 2016: »Bei den EASY-Zahlen sind Fehl- und Doppelerfassungen wegen der zu diesem Zeitpunkt noch fehlenden erkennungsdienstlichen Behandlung und der fehlenden Erfassung der persönlichen Daten nicht ausgeschlossen.«[8] Mit anderen Worten: Viele Flüchtlinge wurden im krisenbedingten Durcheinander doppelt erfasst, zum Beispiel zunächst in Bayern und dann noch einmal bei der Erstaufnahme in Köln oder Dortmund. Viele sind aus Deutschland weitergereist nach Schweden, Großbritannien und in andere Länder, ohne dass sie aus dem System gestrichen wurden. Deshalb kann erst aus den in Deutschland gestellten Asylanträgen definitiv geschlossen werden, dass die betreffenden Flüchtlinge wirklich im Lande sind. Andererseits konnte wegen des enormen Andrangs 2015 und des begrenzte Personals der Aufnahmestellen nur etwa die Hälfte der eingetroffenen Flüchtlinge überhaupt Asylanträge stellen. Deshalb schlagen wir vor, die Asylanträge des ersten Halbjahrs 2016 mit hinzuzurechnen, um in etwa die Flüchtlingswelle des Jahres 2015 abzubilden. Die EU-Zahl von knapp 847 000 (nach deutschen Angaben 894 000) liegt deutlich unter der so häufig publizierten Zahl von 1,1 Millionen und nahe an einer Prognose, die Bundesinnenminister Thomas de Maizière bereits am 19. August 2015, also 17 Tage vor Angela Merkels Entscheidung in der Flüchtlingskrise, abgegeben hatte: Rund 800 000 Flüchtlinge würden in Deutschland erwartet.[9]

Auch hier gilt: Ein großes Schiff kann mehr Schiffbrüchige aufnehmen als ein kleines. Deshalb müssen wir uns eine relative Zahl anschauen: Wie viele Flüchtlinge wurden pro 1000 Einwohner aufgenommen?

Anzahl der Asylbewerber in EU-Ländern
(relativ pro 1000 Einwohner[10])

Rang	EU-Land	Asylbewerber pro 1000 Einwohner (2015 + 1. Hj. 2016)
1	Ungarn	19,9
2	Schweden	17,3
3	Österreich	12,8
4	Deutschland	9,9
5	Finnland	6,5
6	Luxemburg	5,8
7	Malta	5,8
8	Dänemark	4,4
	EU-Durchschnitt	3,6
	Zum Vergleich:	
	Schweiz	6,3
	Norwegen	6,2

Pro 1000 Einwohner gerechnet, liegt Deutschland auf Platz 4 in der EU (Stand September 2016). Quellen: Eurostat[11], Pro Asyl[12], eigene Berechnung.

Deutschland steht also auch in dieser Reihe knapp neben dem Siegertreppchen – genau wie beim Rennen um den Zahlmeistertitel. Die Schweiz rangiert mit 6,3 Flüchtlingen pro 1000 Einwohner weit hinter Ungarn, Schweden, Österreich und Deutschland. Trotzdem log die Schweizerische Volkspartei (SVP) in ihrem Wahlprogramm für 2015, die Schweiz gehörte »weltweit zu den Ländern mit den meisten [Asyl-]Gesuchen pro Einwohner«. Das ist europaweit schon fragwürdig, weltweit gesehen aber eine freche Lüge.

In manchen Ländern außerhalb Europas sieht es ganz anders aus. Nach groben Schätzungen des UNO-Flüchtlingshilfswerks UNHCR gab es in der Türkei schon 2014 rund 21, in Jordanien 87 und im Libanon sogar 232 Flüchtlinge pro 1000 Einwohner.[13] Es ist ein Armutszeugnis für die deutschen Medien, dass sie so selten über die Verhältnisse in Jordanien oder dem Libanon berichten. Wie schaffen *die* das? Und wer sind die Leute, die das schaffen? Davon könnten deutsche, österreichische und Schweizer Hochrossreiter wahrscheinlich viel lernen.

Die Zahlen für das dramatische Jahr 2015 und das Folgejahr 2016 waren bei Redaktionsschluss dieses Buches erst unzureichend ausgewertet. Wir erleben gerade den klassischen Fall einer Wendung der Geschichte, die zahllose Prognosen der Vorjahre, vor allem Bevölkerungsprognosen, über den Haufen geworfen hat. Diejenigen, die glauben, Angela Merkel habe die Flüchtlingswelle mit einer unbedachten Parole gewissermaßen erfunden, möchten wir hier höflich daran erinnern, was Merkels Worten vorausgegangen war. Die große Fluchtwelle hatte schon Jahre vorher begonnen, und seit Anfang 2014 waren bereits über 6000 Flüchtlinge im Mittelmeer elend ertrunken, Hunderttausende waren auf den Straßen und in den Häfen und Bahnhöfen zwischen Izmir und Budapest unterwegs, als die Bundeskanzlerin die Initiative ergriff, diesen Menschen unbürokratisch zu helfen. Deshalb passt der Vergleich mit Schiffbrüchigen, den wir hier verwenden.

Und wer will wirklich der Kapitän sein, der sagt: »Tut mir leid, alle Kabinen sind bereits belegt, das Schiff ist voll. Wir können leider keine Schiffbrüchigen aufnehmen.« Wer will wirklich der Bürgermeister eines deutschen Dorfes mit

1000 Einwohnern und 900 Autos sein, der versichert: »Zehn Flüchtlinge? Nein, das kann unser Dorf nicht verkraften. Unsere Kapazitätsgrenze liegt bei vier.« Denn ab dem fünften Flüchtling bestehe die Gefahr, dass eines der 900 Autos seinen angestammten Parkplatz verliere.

Als die österreichische Bundesregierung gemeinsam mit den Landeshauptleuten im Januar 2016 eine Obergrenze für die Aufnahme von Flüchtlingen verkündete, griff sie zu einem raffinierten Zahlentrick. Sie legten die Obergrenze für 2016 auf 37 500 Asylanträge fest. Innenministerin Johanna Mikl-Leitner begründete das im Fernsehen wie folgt: »Weil unsere Ressourcen auch Grenzen haben. Ich denke an Unterbringungsmöglichkeiten, Sozialsysteme, unsere Bildungssysteme.« Würden mehr als diese Anzahl Flüchtlinge aufgenommen, drohe den Überzähligen die Obdachlosigkeit.[14] Das war der beliebte Trick mit der genauen Zahl. Die seltsame Zahl 37 500 erweckte den Eindruck, als hätte die Regierung genau überprüft, wie viele Flüchtlinge man noch unterbringen, finanziell unterstützen und einschulen könne, bevor das österreichische Staatswesen im Chaos versinke. Ergebnis: nicht 35 000, nicht 40 000, sondern 37 500. In Wirklichkeit aber wusste das damals niemand, die Zahl hatte Mikl-Leitner praktisch aus der Luft gegriffen.[15] Wollte man solche Zahlen wirklich ermitteln, müsste man schon die Bedingungen nennen: x Flüchtlinge können in den derzeit noch freien Sozialwohnungen, Kasernen, Fremdenzimmern usw. untergebracht werden. Und man müsste begründen, warum nicht weitere Möglichkeiten geschaffen werden können, warum keine Turnhallen, Container, Zelte kurzfristig infrage kommen und so weiter. Nichts dergleichen tat die Innenministerin, und es fragte sie offenbar auch kaum jemand danach.

Die »Alternative für Deutschland« (AfD) griff diese Vorlage dankbar auf, vereinfachte aber die magische Zahl. Ihr Spitzenkandidat für Sachsen-Anhalt, André Poggenburg, forderte auf einem Landesparteitag im Januar 2016 eine »Obergrenze von Null«.[16]

Wenn es darum geht, Ängste vor plötzlich anwachsenden Bevölkerungsgruppen zu schüren, ist ein weiterer beliebter Trick, scheinbar dramatische Steigerungsraten in passend ausgesuchten Zeitabschnitten darzustellen. 2013 erregten sich der Deutsche Städtetag, der damalige Bundesinnenminister Hans-Peter Friedrich (CSU) und andere über »immer mehr Armutsflüchtlinge« aus den neuen EU-Mitgliedsstaaten Bulgarien und Rumänien, die angeblich das deutsche Sozialsystem ins Wanken brachten.[17] Ihre Zahl hatte gegenüber den Vorjahren plötzlich stark zugenommen, weshalb die Panikmacher dramatisch klingende Steigerungsraten ins Feld führen konnten. Erfahrene Statistikkritiker wissen aber, dass hohe Steigerungsraten auf relativ niedrige absolute Zahlen und winzige Anteile an der Gesamtgröße (zum Beispiel an der Gesamtbevölkerung) hindeuten. In diesem Fall kam der Brutto-Netto-Trick hinzu: Das Statistische Bundesamt hatte rund 147 000 Zuzüge aus Rumänien und Bulgarien im Jahr 2011 gemeldet. Städtetag und einige Medien »vergaßen« jedoch, die Fortzüge in die beiden Länder zu erwähnen. Netto gerechnet, kamen in Deutschland 2011 lediglich 58 350 Menschen aus den beiden neuen EU-Mitgliedsstaaten hinzu.[18]

Asylbewerber in Deutschland 2004 bis 2014

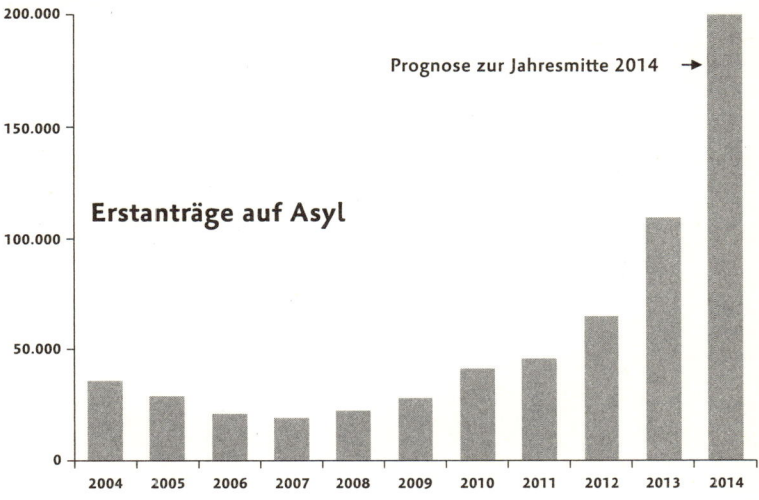

Prognose zur Jahresmitte 2014 →

Erstanträge auf Asyl

So stellte die Online-Ausgabe der Tageszeitung Die Welt *die Flüchtlings-welle dar (Stand 22.9.2015).*[19]

Grafische Darstellungen der Flüchtlingskrise der 2010er-Jahre beginnen auf der waagerechten Zeitachse meist um das Jahr 2005. Natürlich nur aus Menschenfreundlichkeit, denn die Statistiker wollen die Leser ja nicht mit zu vielen Daten überfordern. Es trifft sich, dass um 2005 die Zahl der Flüchtlinge in Europa ziemlich niedrig lag. Das ergibt ein hübsch schroffes »Alpendiagramm« mit Steilhang rechts. Man sieht einen rasanten, explosionsartigen Anstieg zum Jahr 2014 oder 2015 hin. Verlängern wir die Zeitachse dagegen nach links und schauen etwa bis ins Jahr 1991 zurück, relativiert sich die Entwicklung deutlich, und wir erkennen ein Auf und Ab der Flüchtlingszahlen, die Europa offenbar schon ohne nachhaltige Schäden verkraftet hat.

Asylbewerber in Deutschland 1991 bis 2015

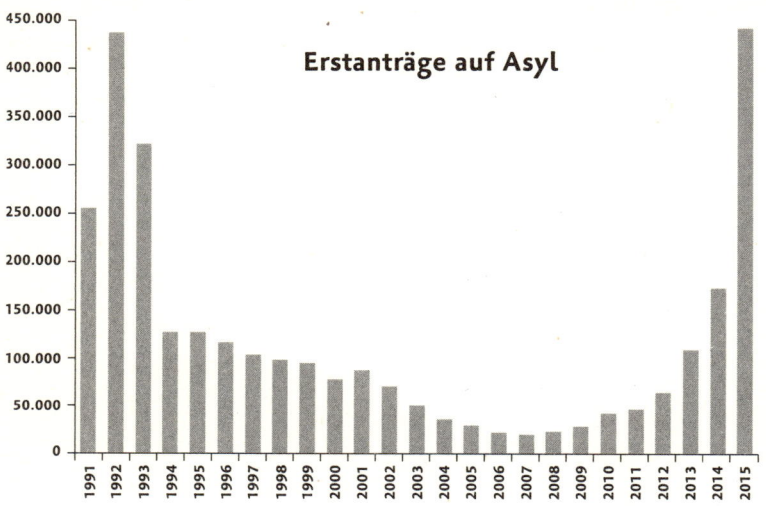

Erstanträge auf Asyl

Die ganze Historie. Wer die linke Hälfte weglässt, sieht nur den starken Anstieg rechts.

Die Schweizerische Volkspartei (SVP) zeigte in ihrem Wahlprogramm 2015 unter der Überschrift »Jährliche Asylgesuche 2001-2014: Eine Frage der Führung« eine Grafik, die ähnlich aussieht wie unsere: links eine Höhe, in der Mitte ein Tal, rechts wieder eine Höhe. Sie nutzte offenbar diesen U-förmigen Verlauf, um eine falsche Ursache-Wirkungs-Beziehung in die Welt zu setzen. Das Tal mit den wenigen Flüchtlingen ordnete sie der Amtszeit ihres Repräsentanten Christoph Blocher zu, der zufällig genau in den Jahren 2004 bis 2007 Schweizer Bundesrat (Regierungsmitglied) war, in denen die Flüchtlingzahlen nicht nur in der Schweiz, sondern in ganz Europa niedrig lagen. Den Anstieg in den Folgejahren ordnete sie seinen beiden Nachfolgerinnen Eveline

Widmer-Schlumpf und Simonetta Sommaruga zu. Damit suggerierte sie, dass Blochers harte Hand die Flüchtlingszahlen gesenkt habe, und die Menschenfreundlichkeit seiner Nachfolgerinnen sie wieder habe ansteigen lassen.

Sex & Crime

Der Mörder ist immer der Moslem (nach Reinhard Mey war es einst der Gärtner)! Jedenfalls veröffentlichte das rechtskonservative amerikanischen Blatt *National Review* 2016 eine Grafik mit zwei Kurven: Eine zeigt die Zahl der von muslimischen Terroristen in den USA getöteten Menschen, die andere die Zahl der von nichtmuslimischen Terroristen Getöteten. Beide bewegen sich etwa in gleicher Höhe. Die nationalen Sheriffs folgern: Das eine Prozent Muslime, das in den USA lebt, tötet genauso viele Menschen wie die 99 Prozent Nichtmuslime.[20]

Wir haben die kompliziert wirkende Grafik genauer analysiert und festgestellt, dass es in den 13 Jahren seit 2002 insgesamt etwa 95 Todesopfer von Terroranschlägen gab, alle Täter eingerechnet. Eine derart kleine Gesamtmenge erlaubt keine statistisch signifikanten Aussagen, da die Werte stark von Zufallshäufungen abhängen. Das Auswahlkriterium »terroristische Angriffe« ist zudem als Abgrenzung höchst fragwürdig, und es ist absurd, aus wenigen extremen Ereignissen Schlussfolgerungen auf das Verhalten von Bevölkerungsgruppen zu ziehen und dabei die rund 140 000 »gewöhnlichen Morde« des Zeitraums zu ignorieren.

Der deutsche Publizist Henryk M. Broder ging ganz ähnlich vor, als er 2010 seinen berüchtigten Spruch äußerte: »Nicht jeder Moslem ist ein Terrorist, aber jeder Terrorist ist ein Moslem.« Es war der Massenmord von Oslo und Utøya, verübt von einem norwegischen Rechtsextremisten, der ihm 2011 diesen »Weiße-Herren-Witz« verdarb.[21] Auch die teilweise hysterischen Reaktionen auf die widerlichen Kölner Silvesterübergriffe beim Jahreswechsel 2015/2016 verfielen in ein ähnliches Muster. Sie griffen eine einmalige Häufung sexualisierter Untaten, begangen von zwei- oder dreihundert Mitgliedern einer isolierten Bevölkerungsgruppe, auf, um daraus weitreichende Schlüsse auf die Moral ganzer Gesellschaften, Zeitalter und Weltreligionen zu ziehen. Sie ignorierten Zigtausende ganz ähnlicher Delikte, die jedes Jahr von Tausenden urgermanisch grölenden Unholden begangen werden – auf Tausenden von Schützenfesten, Jahrmärkten, Karnevalsumzügen, Oktoberfesten, Betriebsfeiern und Partys aller Art. Und entgegen den Befürchtungen vieler ist die Zahl der Delikte 2016 trotz der Flüchtlingswelle kaum gestiegen.[22]

Wo wir schon beim Thema sexuelle Vergehen sind – da ist der »schnackselnde Neger« nicht weit. Gloria von Thurn und Taxis belehrte 2010 in der Talkshow *Friedman*, die deutsche Fernsehnation dass das AIDS-Problem in Afrika nicht lösbar sei, denn »der Neger schnackselt halt gern«.[23] Björn Höcke, AfD-Landeschef in Thüringen, erklärte sich und seinen Freunden 2015 die Flüchtlingskrise biologisch mit einem »Bevölkerungsüberschuss Afrikas«. Der »lebensbejahende afrikanische Ausbreitungstyp« treffe in Europa auf den »selbstverneinenden europäischen Platzhaltertyp«. Höcke schlussfolgerte: »Solange wir bereit sind, diesen Bevölkerungsüberschuss aufzunehmen, wird sich am Reproduktionsverhalten der Afrikaner nichts ändern.« Eine ebenso stinkende Lüge wie alle rassistischen Rückgriffe auf das Thema

Sex und Schwangerschaft seit den Hoch-Zeiten des Ku-Klux-Klans: Die Geburtenraten in Afrika sinken nach UN-Angaben seit Jahrzehnten (von 6,6 Kindern pro Frau in den frühen 1950er-Jahren auf 4,7 Kinder in den frühen 2010er-Jahren)[24], und das hat viel mit steigendem Wohlstand, besserer Bildung, besserer Versorgung und selbstbewussteren Frauen zu tun, hingegen null Komma nichts mit der europäischen Flüchtlingspolitik.

Zum Schluss eine kurze Zusammenfassung der dargestellten Zahlentricks der Nationalisten. Häufig basiert ihre Argumentation auf:

1. Rankings mit fragwürdigen Kriterien, die belegen sollen, dass die Deutschen die Fleißigsten seien;
2. dem Vergleich absoluter Zahlenwerte für unterschiedlich große Nationen, der zeigen soll, dass Deutschland »Zahlmeister Europas« sei oder die meisten Flüchtlinge aufgenommen habe. Vergleicht man dagegen die Werte pro Einwohner, rücken andere Nationen vor Deutschland;
3. Grafiktricks, die die sehr niedrigen Asylbewerberzahlen der Jahre 2005-2009 ausnutzen und einen angeblich einmaligen dramatischen Anstieg suggerieren.

Forschungsaufgaben zum Nationalismus

1. Für die Einzahlungen in den ESM (»Euro-Rettungsfonds«) haben wir als Maßstab die absoluten Zahlungen, die Zahlungen pro Kopf und die Zahlungen nach Wirtschaftskraft vorgestellt. Haben Sie eine weitere Idee, was man hier als Maßstab heranziehen könnte?

2. Wie viel Prozent der weltweiten Flüchtlinge erreichen Europa, wie viel Deutschland? Suchen Sie entsprechende Schätzungen.

3. Nationalisten sprechen gerne von den »Urdeutschen«, also von Deutschen ohne Migrationshintergrund. Wie kann man das definieren? Wie definieren das die Rechten selber? Welche offensichtlichen Widersprüche sind in deren Definition, wenn Sie sich überhaupt klar dazu äußern?

4. Ermitteln Sie die Anzahl der politisch motivierten terroristischen Morde in Deutschland seit 1991, und zwar nach den Rubriken Rechte, Linke und Muslime geordnet. Wie spiegelt sich dieses Zahlenverhältnis in den Medien wider?

1   www.abendzeitung-muenchen.de, 29.10.2013 (http://bit.ly/muenchenfleiss).

2   www.n-tv.de, 13.7.2015 (http://bit.ly/thueringenfleiss). Es ist, zugegeben, nicht ganz sauber, eine Studie über Städte mit einer Studie über Bundesländer zu vergleichen. Wir tun es hier nur deshalb, weil beide Studien benutzt wurden, um von bestimmten Wirtschaftsdaten auf ein moralisches Fehlverhalten zu schließen.

3   Eine kurze Kritik der Studie schrieb Claus Peter Müller auf faz.net, 30.10.2013 (http://bit.ly/faz-cpmueller).

4   *Hamburger Abendblatt*, 31.7.2009.

5   OECD 2015 (http://bit.ly/hours-worked). Auch zitiert in Democratic Post.de, 1.7.2015 (www.democraticpost.de/118).

6   Zusätzlich haben die Länder für die 7,75-fache Summe gebürgt. Für Deutschland sind das rund 168 Mrd. Euro.

7   Eigene Berechnungen und http://bit.ly/eurostat-asyl1 (dort auf »Asyl- und ›Dublin‹-Statistiken« – »Anträge«)

8   http://bit.ly/BMI-Fluechtlinge

9   Tina Hildebrand, Bernd Ulrich: »Im Auge des Orkans«, in: *Die Zeit*, 17.9.2015.

10   Bevölkerung Stand 1.1.2015.

11 Werte für das 1. Halbjahr 2016 nach Eurostat-Pressemitteilung vom 22. 9. 2016 (http://bit.ly/flucht-2016-1).

12 www.proasyl.de/thema/fakten-zahlen-argumente/

13 Nach www.deutscher-pressering.de/litfassblatt/2/

14 www.krone.at, 25. 1. 2016 (http://bit.ly/A-37500).

15 Genau genommen hatten sich Bundesregierung und Landeshauptleute darauf geeinigt, bis 2019 maximal 127 500 Flüchtlinge aufzunehmen, und diese Menge in unterschiedlichen Raten auf die vier Jahre aufgeteilt (www.diepresse.com, 20. 1. 2016).

16 www.handelsblatt.de, 23. 1. 2016 (http://bit.ly/obergrenze-null).

17 Pressemitteilung des Deutschen Städtetags vom 14. 2. 2013; *Rheinische Post*, 8. 3. 2013 (http://bit.ly/armutsfluechtlinge).

18 www.migazin.de, 22. 2. 2013 (http://bit.ly/migazin1).

19 http://bit.ly/fluechtlinge-welt

20 *National Review*, 8. 1. 2016.

21 Mehr darüber in Jens J. Korff: *Die dümmsten Sprüche in Politik, Kultur und Wirtschaft – und wie Sie gepflegt widersprechen*, Frankfurt 2015, S. 47 ff.

22 www.tagesschau.de, 30. 12. 2016 (http://bit.ly/straftaten16; abgerufen am 22. 1. 2017). Wie übel die meisten Darstellungen der sogenannten Ausländerkriminalität die Realität verzerren, indem sie mit vorsortierten Stichproben arbeiten und falsche Ursache-Wirkungs-Ketten erzeugen, haben wir 2011 in unserem Buch *Lügen mit Zahlen* ausführlich dargestellt. G. Bosbach, J. Korff: *Lügen mit Zahlen. Wie wir mit Statistiken manipuliert werden*, München 2011, S. 63-66.

23 In der Sendung ging es eigentlich um ein Benimmbuch, das die bayerische Großgrundbesitzerin geschrieben hat. Wir haben nicht nachgeschlagen, ob da drinsteht, Schnackseln sei unfein.

24 United Nations, Department of Economic and Social Affairs, Population Division (2015). *World Population Prospects: The 2015 Revision*, DVD-Edition.

2. Das unsichtbare Geld:
Versteckspiele der Reichen

Nochmals sage ich euch:
Eher geht ein Kamel durch ein Nadelöhr,
als dass ein Reicher in das Reich Gottes gelangt.

MATTHÄUS 19,24

Wer kennt nicht den Mythos von einer Schatzinsel, auf der Seeräuber jahrzehntelang ihre geraubten Golddukaten, Perlen, Rubine und Smaragde versteckt haben? Dieser Mythos ist aber vielleicht gar nicht so weit von der Wirklichkeit entfernt. Denn wo steckt eigentlich das viele Geld, das bei zahllosen großen Geschäften verdient wird?

Und wie viel wissen Sie eigentlich über die Reichtumsquote in Deutschland, Österreich oder der Schweiz? Wie viel Prozent der Bevölkerung sind Millionäre, Multimillionäre, Milliardäre? Wie viel verdienen die Spitzenverdiener im Durchschnitt?

Über die Normalbeschäftigten gibt es umfangreiche Statistiken. Aber genaue Daten darüber, wie viel Vermögen in Deutschland privat angesammelt ist und wie viel davon jährlich vererbt oder aus Steuervermeidungsgründen verschenkt wird, gibt es nicht. Selbst die Experten des Deutschen Instituts für Wirtschaftsforschung und der Deutschen Bundesbank müssen sich mit groben Schätzungen begnügen. Sie wissen es nicht genau, da eine systematische Erfassung seit der Aussetzung der Vermögenssteuer 1997 nicht mehr erfolgt. Der sonst so detaillierte Mikrozensus des Statistischen Bundesamtes erfasst zwar monatliche Einkommen über 18 000 Euro, veröffentlicht die Ergebnisse aber nicht.

Es klingt dann schon fast lustig, wenn bei einer freiwilligen Befragung der Reichen durch die Deutsche Bundesbank 2010/11 der angeblich reichste Haushalt in Deutschland gerade einmal 76 Millionen Euro besitzt, während 2014 auf der Forbes-Liste der reichsten Menschen der Welt 55 deutsche Dollar-Milliardäre notiert waren. Der reichste davon die BMW-Erbin Susanne Klatten, mit sage und schreibe 16,5 Milliarden Euro[1], also 16 500 Millionen Euro. Anders ausgedrückt: Frau Klatten als Einzelperson besitzt gut 200 Mal so viel wie der von der Bundesbank erfasste reichste Haushalt! Würde sie überhaupt merken, wenn ihr 76 Millionen Euro ihres Gesamtvermögens abhandenkämen?

Bevor wir tiefer ins Innere der Schatzinsel vordringen, eine Vorbemerkung: Wir verwenden in diesem Kapitel die Kategorien Reichtum und Spitzenverdiener oft synonym. Dabei beschreibt der erste Begriff den Besitz (also das, was eine Familie im Laufe der Jahrzehnte angesammelt hat), der zweite das Einkommen (das, was jedes Jahr neu hereinkommt). Diese Größen sind sehr unterschiedlich, aber oft eng verflochten. Reiche haben allein durch Zinsen, Dividenden, Mieten und Pachten, die ihre Besitztümer abwerfen, hohe Einnahmen und oft auch dank Beziehungen hoch dotierte Jobs. Und Menschen mit hohem Einkommen entstammen oft reichen Familien. Wenn nicht, verdienen sie genug, um Reichtum anzuhäufen. Es ist eine Schicht von Menschen, die gerne ihre Privilegien verteidigt und ihren Reichtum vor den Augen anderer versteckt.

Angesichts der schlechten Datenlage zu Spitzenverdiensten und Vermögen ist klar, dass es zum Reichtum keine annähernd genauen Zahlen geben kann. Forschungsergebnisse dazu dringen mangels exakter Zahlen selten in die breite Öffentlichkeit und verschwinden auch zunehmend aus den Armuts- und Reichtumsberichten der Bundesregierungen. Gelangen dank eifriger Datenrecherchen und geschickter Öffentlichkeitsarbeit[2] doch einmal Fakten zum Reichtum in die Schlagzeilen, werden sie oft diskreditiert, als »windige und unsinnige« Analysen abgetan oder als Statistik-Methoden mit »absurd klingenden Vergleichen« bezeichnet. Diese Kritik kommt immer genau von den Zeitungen, die ansonsten vehement gegen die Vermögenssteuer und damit gegen eine systematische Datenerfassung anschreiben.[3] Dabei legen sie Maßstäbe an die Exaktheit von Untersuchungen an, die direkt aus einem Theoriebuch stammen könnten. Praktische Statistiken, wie beispielsweise die Erfassung des Bruttoinlandsprodukts, die Berechnung der Inflationsrate oder auch Einkommensstatistiken würden bei so hohen Kriterien allesamt durchfallen. Konstruktive Vorschläge, wie man Reichtum messen kann, haben wir von dieser Seite noch nie gehört. Es handelt sich vermutlich auch nicht um Verfechter sauberer Statistiken, sondern um Leute, die eine Diskussion zu diesem Thema vermeiden wollen. Ulrike Herrmann hat das Ganze 2013 in der *taz* treffend beschrieben:

»In Deutschland herrscht ein Daten-Nirwana, weil es keine Vermögenssteuer gibt – und damit keine Vollerhebung des individuellen Besitzes. Das ist kein Zufall. Die Reichen haben viel Lobbyarbeit investiert, um eine verlässliche

Statistik zu verhindern. Sie wissen genau, dass eine Verteilungsdiskussion nicht geführt werden kann, wenn die Daten fehlen.«[4]

Aus der Trickkiste der Reichen

Großkonzerne haben ein Problem: Auf der einen Seite streben sie an der Börse einen guten Kurs an, denn daran wird die Konzernspitze gemessen. Und auch bei Vorstandswahlen und Aktionärsversammlungen zählt vor allem der möglichst hohe Gewinn – früher auch gelegentlich Profit genannt. Aber wenn das die Mitarbeiter erfahren, könnten sie bei Löhnen und Sozialleistungen auch ihren Anteil einfordern. Was also tun?

»Öl-Misere lässt Gewinn einbrechen« – »Der Chemieriese geht auf Schrumpfkurs« – das waren die Schlagzeilen zur Meldung des BASF-Konzerns, dass der Überschuss in 2015 »um knapp 23 Prozent auf fast 4 Milliarden Euro« gefallen war. Starke Worte, die nicht danach klingen, dass Informationen vorenthalten werden sollen. Aber können Sie sich unter 4 Milliarden Euro wirklich etwas vorstellen? Um sich eine solche Summe zu veranschaulichen: Ein Marathonläufer könnte mit den 4 Milliarden entlang seiner 42,2 km langen Laufstrecke ein lückenloses Band aus 50-Euro-Scheinen auslegen. Er müsste an jeder Stelle des Bandes zwischen Start und Ziel 270 Scheine aufeinanderstapeln! Knapp 300 000 Stapel mit jeweils 270 Scheinen! So richtig greifbar ist die Summe damit immer noch nicht.

Also muss eine andere Veranschaulichung gefunden werden. Und da traf mich (Gerd B.) beim Joggen der Blitz, zum Glück nur ein Geistesblitz. Wie wäre es, wenn wir den Gewinn auf jeden Mitarbeiter umrechneten? Es gibt zwar keine betriebswirtschaftliche Kennziffer oder volkswirtschaftliche Quote, die das vorsieht, aber immerhin erarbeiten die Angestellten zumindest den operativen Gewinn, also den Gewinn aus dem eigentlichen Unternehmenszweck. Für die anderen Gewinne oder Verluste aus Finanzspekulationen sind normale Angestellte meist nicht verantwortlich. Bei den 30 deutschen DAX-Konzernen waren die Daten dank der Veröffentlichungspflicht schnell gefunden. Gewinne und Verluste sowie die weltweite Mitarbeiterzahl werden ausgewiesen. Jetzt war nur noch Fleiß gefordert, und der »Bosbach-Index« stand. Er macht die unvorstellbar großen Zahlen bei den Gewinnen der DAX-Konzerne begreifbar. Das Ergebnis überraschte selbst den erfahrenen Statistiker: 25 188 Euro pro Mitarbeiter wurden im Jahr 2015 als durchschnittlicher Gewinn der DAX-Konzerne »erwirtschaftet«. Das sind mehr als 2000 Euro pro Monat und Nase.

Doch frech bügeln viele Unternehmensleitungen soziale Forderungen im Betrieb mit dem Argument zu hoher Kosten ab oder behaupten gar, die Konkurrenz auf dem Weltmarkt zwinge sie, den Gürtel enger zu schnallen. Stünde die Firma tatsächlich in einem echten Preiswettbewerb, könnte ja zur Abwechslung auch der Gewinn etwas reduziert werden. Das böte viel Spielraum für Preissenkungen im globalen Wettbewerb.

Der »Bosbach-Index« wurde nur von wenigen Medien aufgegriffen, von den meisten wurde er ignoriert.[5] Oder es gab Spott: Da könne man doch auch den »Gewinn pro Meter Kabelleitung« berechnen, ätzte eine Wirtschaftsseite im Internet. Überheblicher kann man wohl nicht mit den

Menschen im Betrieb umgehen. Gewinn pro Aktie, Gewinn pro verkauftes Auto, Gewinn im Vergleich zum Vorjahr, alles »gute« Größen, aber Gewinn pro Mitarbeiter? Nein, das scheint Teufelszeug zu sein. Denn dann wäre der große Jammer darüber, dass der Gewinn auf 4 Milliarden Euro gesunken sei (BASF 2015), für Öffentlichkeit und Mitarbeiter nicht mehr so ernst zu nehmen. Denn die Aktionäre hätten dann immer noch 35 500 Euro Gewinn pro Mitarbeiter erzielt. Weiterhin sehr viel Geld für die Aktionäre und eigentlich ein Grund für die Betriebsräte und Gewerkschaften, etwas mehr für die Kolleginnen und Kollegen durchzusetzen.

Zu den Tricks der Unternehmer gehört auch das Kleinrechnen, vor allem wenn es um zu zahlende Steuern geht. Eine Heerschar von gut dotierten Beratern und Wirtschaftsprüfern helfen ihnen dabei. Da mochten Politiker nicht abseitsstehen und halfen ebenfalls bei der Reduzierung von Steuern. So wurde in Deutschland die Körperschaftssteuer für große Unternehmen von 45 Prozent im Jahr 1999 auf 15 Prozent im Jahr 2008 gesenkt, die Erbschaftssteuer für Firmenbesitzer darf Ende 2016 immer noch kleingerechnet werden, wobei für viele am Ende eine Null als Steuer steht. Noch krasser wirken die sogenannten Steueroasen, die besser Steuerfluchtburgen genannt werden sollten. Dazu muss kein Briefkasten auf den Cayman-Inseln oder im amerikanischen Delaware aufgehängt werden. Die Niederlande, Belgien, Irland und Luxemburg sind auch gute Adressen fürs Steuerminimieren. Und als schlechter Witz erscheint, dass Jean-Claude Juncker von 1995 bis 2013 als Premierminister von Luxemburg den massiven Ausbau der Steuerfluchtburg vorantrieb, und jetzt als Chef der Europäischen Kommission den »Kampf gegen Steuerhinterziehung« anführen darf.

Wir sind gespannt, ob wir von den Erfolgen noch erfahren werden. Dabei bräuchten Juncker und sein deutscher Helfer Wolfgang Schäuble aus den vielen Ideen, die zum Beispiel die Gewerkschaft ver.di, die Organisation Attac und der Europaabgeordnete Sven Giegold ausgearbeitet haben, nur die besten auszuwählen.

Wie dreist Steuerhinterzieher bei der Steuerflucht vorgehen, zeigen zwei Beispiele.

In Luxemburg hat McDonald's eine Zweigstelle zur »Verwaltung der Lizenzeinnahmen«. Diese betrugen in den Jahren 2009 bis 2013 3,7 Milliarden Euro. Der Frikadellenkonzern schöpfte einfach einen großen Teil der Gewinne, die seine Filialen in Deutschland, Frankreich und anderen europäischen Ländern erzielen, in Form überzogener Lizenzgebühren ab, und die fallen in jener Luxemburger Zweigstelle an. Die darauf gezahlten Steuern betrugen gerade einmal 16 Millionen Euro, das waren 0,4 Prozent des Umsatzes. Wegen des Verbots von Doppelbesteuerungen gingen die

Länder, in denen die Gewinne erwirtschaftet wurden, leer aus. Mit weniger als 20 Mitarbeitern wurde in Luxemburg mächtig viel Geld vor den Steuerbehörden anderer Länder geschützt; von Erarbeiten kann ja wohl nicht die Rede sein.[6] Das zweite Beispiel liefert die Deutsche Bank mit einer typischen Vorgehensweise für diese Form der Vernebelung der Entstehungsorte von Gewinnen. Die Bank hat ihren Konzern nach Angaben des grünen Europaabgeordneten und Steuerexperten Sven Giegold in 761 Niederlassungen aufgeteilt; die Organisation Attac errechnete sogar 1064 Firmenteile.[7] Zwischen denen werden die Gelder so hin und her transferiert, dass nationale Behörden völlig den Überblick verlieren. Es dürfte keinen wundern, dass die Deutsche Bank auch Firmensitze in Luxemburg, auf den Cayman-Inseln und im US-Bundesstaat Delaware unterhält.

Zurück zu den privaten Reichen. Wenn sie auf ihre hohen Einnahmen angesprochen werden und auch tatsächlich einmal antworten, bemühen sie gerne zwei Erklärungen: Sie trügen doch schon heute mehr als 50 Prozent der Steuerlast, und außerdem täten sie mit ihrem Geld doch so viel Gutes. Wohltätige Spenden für soziale und kulturelle Zwecke seien bei ihnen Sitte, oft hätten sie dafür sogar Stiftungen gegründet.

Sprechen wir also über die Spenden. Reiche nehmen sich kraft ihrer riesigen Vermögen die Macht heraus, einen wesentlichen Teil des öffentlichen Lebens, zum Beispiel Fußballstadien, Konzerthallen und Museen, nach ihrem persönlichen Geschmack zu gestalten und sich mit ihren Personen- und Markennamen dort zu verewigen. Im Grunde genommen so, wie es schon in feudalistischen Zeiten die Fürsten mit ihren Schlössern und Parks gemacht haben. Mit Demokratie hat solch herrschaftliches Gebaren nichts zu tun. In einer

Demokratie entscheidet die Mehrheit der Wahlbevölkerung über die Verteilung der allgemeinen Mittel und nicht der Geldadel. Außerdem versteckt sich hinter Stiftungen häufig purer Eigennutz: Steuerersparnisse, indirekte Schenkungen und die Versorgung von Freunden mit hoch dotierten, wohlangesehenen und oft wenig arbeitsintensiven Jobs.

Beim Argument mit der Steuerbelastung tricksen die Verteidiger der Spitzenverdiener gleich mehrfach:[8]

■ Sie verschweigen, dass der Spitzensteuersatz von 45 Prozent nur auf die Einkommen jenseits von 500 000 Euro pro Jahr bei Verheirateten gezahlt wird. Auch bei verheirateten Spitzenverdienern sind die ersten knapp 17 000 Euro wie bei Geringverdienern steuerfrei. Ihr Steuersatz beginnt danach genauso mit 14 Prozent wie bei allen kleinen Einkommen.

■ Sie verschweigen, dass ihre Sozialbeiträge nicht mit dem Einkommen ansteigen. Gesetzlich werden bei der Krankenversicherung nur Einkommen bis knapp 51 000 Euro im Jahr berücksichtigt, bei der Rentenversicherung etwas weniger als 75 000. Der ganze Rest ist komplett sozialabgabenfrei. Bei einem Jahreseinkommen von 250 000 Euro pro Person ergibt das 4,5 Prozent für Kranken- und Rentenversicherung zusammen.[9] Selbst wenn private Versicherer teurer sind, bleiben die Sozialbeiträge der Reichen weit unter den 17,75 Prozent, die Normalverdiener alleine für Kranken- und Rentenversicherung bezahlen müssen. Merkwürdige Logik: Je höher der Verdienst, desto geringer ist die Abgabequote für Sozialausgaben.

■ Höhepunkt der Täuschung ist die Behauptung, das reichste Zehntel der Bevölkerung zahle über 50 Prozent der Steuern. In einer anderen Variante: 1 Prozent der Spitzenverdiener trage 25 Prozent der Steuerlast. »Da kann man doch nichts mehr draufsatteln« ist die Botschaft. Der Trick ist einfach, aber wirkungsvoll: Die Verteidiger der Reichen tun so, als sei die Lohn- und Einkommensteuer die einzige Steuer. Massensteuern wie die Mehrwertsteuer, die Steuern auf Mineralöl, Tabak, Versicherungen und Kraftfahrzeuge zählen sie einfach nicht mit. Denn bei den meisten dieser Steuerarten zahlen auch die Armen mit, die Normalverdiener zahlen den Großteil und die wenigen Reichen nur einen kleinen Bruchteil.

- Über die Kapitalertragssteuer reden Reiche nicht so gerne, obwohl sie hier tatsächlich die Hauptzahler sind. Der Steuersatz von 25 Prozent ist zu niedrig, um daran einen Mitleidsbonus knüpfen zu können. Schließlich ist schwer einzusehen, warum Kapitaleinnahmen nicht, wie früher üblich, mit demselben Steuersatz belastet werden wie Einkommen aus Arbeit. Zusätzliche Einnahmen aus großen Aktienpaketen oder Geldanlagen werden so unberechtigterweise geschont.

Wer mehr über die wenigen bekannten Fakten zum Reichtum wissen will, wird in Publikationen und auf der Website des Deutschen Instituts für Wirtschaftsforschung (DIW), bei der Organisation Oxfam und der Hans-Böckler-Stiftung fündig. Beim ZDF lohnt der Faktencheck zur Sendung *Die Anstalt* vom 5. April 2016.[10] In diesen Quellen sind auch gut begründete Forderungen für eine gerechtere Verteilung nachzulesen. Unser Augenmerk galt in diesem Kapitel der Entlarvung von Tricks, mit denen der Reichtum versteckt wird. Das ist leider auch beim Mikrozensus der Fall.

Mikrozensus schweigt über die Spitzenverdiener

Beim Mikrozensus des Statistischen Bundesamtes werden jährlich 1 Prozent aller Haushalte detailliert zu vielen Dingen befragt, darunter auch zum Einkommen. Wegen der Größe der Stichprobe – immerhin ungefähr 400 000 Haushalte – und der gesetzlichen Auskunftspflicht dürfte es sich um das beste statistische Material handeln, das in Deutschland zur Verfügung steht. Die Fragen 170 und 171 (Mikrozensus 2016) fragen das Einkommen pro Person und Haushalt ab. Erfreut fanden wir dort die Rubrik »monatliches Einkommen zwischen 10 000 und 18 000 Euro« und sogar die Rubrik »18 000 Euro und mehr«. Das sind doch unsere Spitzenverdiener! Also begaben wir uns auf die Suche nach den Ergebnissen. Aber leider: Fehlanzeige. Deshalb haben wir beim Auskunftsdienst des Amtes nachgefragt und bekamen auch freundlich und prompt Antwort: »In den Standardveröffentlichungen werden die Klassen für das persönliche Einkommen [ab 4.500 Euro][11] zusammen ausgewiesen, um ausreichend Fallzahlen für eine Repräsentativität zu erhalten.« Gut, dann konnten wir wohl auch nichts über die sehr hohen Einkommen finden. Aber ist wirklich die Repräsentativität der Stichprobe der Grund? Wir stutzten und rechneten nach. Nach der Einkommensteuerstatistik 2012 gibt es etwa 150 000 Haushalte mit Einkünften von mehr als 18 000 Euro pro Monat und knapp 700 000 Haushalte mit mehr als 10 000 Euro pro Monat.[12] 1 Prozent davon sind 1500 bzw. 7000. Das soll nicht repräsentativ sein? Gewöhnliche Stichproben umfassen ganz selten mehr als 2000 Befragte und sind infolge der fehlenden Auskunftspflicht auch weniger genau. Der Hinweis des Statistischen Bundesamtes auf die fehlende Repräsentativität klingt in unseren Ohren wie eine Ausrede.

Wir wollen nicht hoffen, dass unsere Regierung den Spitzenverdienern versprochen hat, sie beim Mikrozensus nur unter der Bedingung zu ehrlichen Auskünften über ihre hochgeheimen Einkommen zu zwingen, dass die Ergebnisse geheim bleiben.

»Versteckspiele der Reichen«, so heißt dieses Kapitel. Firmen und reiche Menschen spielen sie gerne, um ihren Reichtum vor der Steuer und der Öffentlichkeit zu schützen. Das Ziel, den eigenen Besitz zu vergrößern, ist ihr gutes Recht, aber die Zivilgesellschaft hat das ebenso gute Recht, auf gesellschaftliche Verantwortung zu drängen. Stattdessen sehen wir viele Menschen in Wissenschaft, Politik, Behörden und Medien, die – meist gut bezahlt – den Reichen bei ihrem Versteckspiel helfen.

Forschungsaufgaben zum Reichtum

1. Wie viel verdienen die Vorstandsmitglieder der DAX-Konzerne im Schnitt? In welchem Verhältnis steht dieses Einkommen zum Gehalt der normalen Mitarbeiter?
2. Analysieren Sie den operativen Gewinn der Deutschen Bank seit 1991. Stellen Sie das grafisch sauber dar. (Gleiches gerne auch für den Allianz-Konzern und die großen Energiekonzerne.)
3. Übertragen Sie die von uns vorgeschlagene Größe »Gewinn pro Mitarbeiter« auf Firmen Ihres Ortes oder Interesses. Fragen Sie in der Wirtschaftsredaktion Ihrer Zeitung, ob sie diese Kennzahl veröffentlichen wollen – und wenn nein, warum nicht.

4. Welche Tricks haben die Konzerne Apple, Facebook und Vodafone benutzt, um in Europa nur winzige Steuern auf ihre Milliardengewinne zu zahlen? Suchen und analysieren Sie weitere aktuelle Fälle von »Steuervermeidung« durch große Konzerne.

1 Auf Platz 1 der Forbes-Liste stehen Beate Heister und Karl Albrecht jr., die Kinder des Aldi-Süd-Gründers Karl Albrecht, hier gemeinsam erfasst mit einem Vermögen von 23,1 Mrd. Euro. Susanne Klatten ist dort als reichste Einzelperson erfasst. Beträge umgerechnet nach dem Dollar-Euro-Kurs vom 3. 9. 2016.
2 Ein Beispiel dafür: »Ein Wirtschaftssystem für die Superreichen«, Oxfam Deutschland 2016.
3 Philip Plickert: »Sind die Reichsten wirklich so reich?« FAZ, 19. 1. 2016 (http://bit.ly/ungleichheit-faz).
4 Ulrike Herrmann: »Der unbekannte Reiche«, in: *taz*, 7. 3. 2013.
5 www.nachdenkseiten.de/?p=13830 (11. 7. 2012, abgerufen am 22. 1. 2017). »Bosbachs Bilanz – Geschenkt!« *in: Frankfurter Rundschau, 20. 9. 2014* (in der Beilage »Was ist gerecht?«).
6 Zahlen nach netzfrauen.org 2015 (http://bit.ly/steuerflucht1; abgerufen am 24. 1. 2017). Zum Hintergrund tagesschau.de 2015 (http://bit.ly/steuerflucht2; abgerufen am 24. 1. 2017).
7 http://www.fairfinanceguide.de/media/373621/opening-the-vaults-final-report-english.pdf; abgerufen am 29.3.2017
8 Nachfolgende Steuer- und Sozialversicherungssätze: Stand Oktober 2016.
9 Exakt gerechnet: Rentenbeitrag 9,35 Prozent von 74 400 Euro = 6.956,40 Euro; Krankenversicherungsbeitrag 7,3 Prozent + 1,1 Prozent Zusatzbeitrag von 50 850 Euro = 4.271,40 Euro. Beides zusammen (11 227,80 Euro) sind 4,5 Prozent bei einem Einkommen von 250 000 Euro. Stand 30. 6. 2015.

10   http://bit.ly/reichtum-diw; http://bit.ly/reichtum-oxfam; http://
bit.ly/reichtum-wsi; http://bit.ly/reichtum-zdf (alle abgerufen am
23.1.2017).

11   Im Originaltext stehen dort alle sieben Klassen jenseits von 4.500
Euro.

12   Es sind nur Näherungen möglich, weil die Klassen bei Steuersta-
tistik und Mikrozensus nicht übereinstimmen, und weil der Steuerfall
(z.B. bei Ehepaaren) nicht mit dem persönlichen oder dem Haushaltseinkommen übereinstimmen muss.

3. Nebelkerzen gegen Arme:
Der Kampf um den Armutsbegriff

Wer arm ist, darf sich was vorlügen – das ist sein Recht.
Vielleicht sein einziges Recht.

ÖDÖN VON HORVÁTH (1938)

Armut bedrückt, nicht nur die Armen. Der zitternde alte Flaschensammler am Bahnhof, der abgerissene junge Mann, der schüchtern um eine kleine Gabe bittet – sie alle graben sich in unser Gedächtnis ein. Offenbar handelt es sich nicht um Einzelfälle, denn wir lesen im Januar 2016 in einer Kölner Zeitung: »Jedes fünfte Kind lebt in Armut.« Das berührt uns, das berührt viele Menschen. Wenn wir daneben Meldungen über die Zunahme des Reichtums lesen oder Bilder von Gästen des Wiener Opernballs oder des Berliner Presseballs im Fernsehen sehen, kommt auch eine Prise Wut hinzu. 82 Prozent der Deutschen finden das ungerecht und halten die soziale Ungleichheit in Deutschland für zu groß, ergab eine Umfrage der Friedrich-Ebert-Stiftung 2016.[1] Um solche Verhältnisse zu rechtfertigen, müssen sich jene, die von der Umverteilung von unten nach oben profitieren, etwas einfallen lassen. Einige ihrer Tricks haben wir genauer unter die Lupe genommen.

Die alte Schuldzuweisung:
Von nichts kommt nichts

»Altersarmut ist immer ein Zeichen dafür, dass in den Jahren davor etwas schiefgelaufen ist. Da muss man ansetzen. Das sind oft Leute, die sehr lange arbeitslos waren. Die keine Ausbildung haben, oft noch nicht einmal den Hauptschulabschluss. Oft haben sie auch ausländische Wurzeln. Das sind die klassischen Armutskarrieren. Diese Menschen landen in der Altersarmut, weil von nichts eben nichts kommen kann.« Das sagte Axel Börsch-Supan in einem Interview mit der *Süddeutschen Zeitung* 2013.[2] So klingt heute die alte Schuldzuweisung: Die Armen sind für ihr Elend selbst verantwortlich oder wurden als ewige Arme geboren. Dank dieser Ausrede können viele Reiche in Ruhe schlafen und sich als etwas Besseres fühlen. Auch wer sein Vermögen einfach nur geerbt hat, kann sich sagen: Besser als die Taugenichtse bin ich allemal. Dass dieses Zitat vom Direktor des Munich Center for the Economics of Aging stammt, einem Teil des Max-Planck-Instituts für Sozialrecht und Sozialpolitik, macht uns allerdings zornig. Börsch-Supan hat hier aus unserer Sicht brutal formuliert, was er sonst etwas feinsinniger zu sagen pflegt: Arme und Arbeitslose sind für unsere Welt zu dumm, zu faul oder beides. Manch einer ist geneigt, das zu glauben und von einzelnen Dummen oder Faulen, die er mal erlebt hat oder über die gesprochen wurde, auf alle zu schließen. Statistiken über die Anzahl der erfolglosen Bewerbungen von Arbeitslosen werden selten genannt. Indessen liest man öfter Statistiken über ihren Bildungsgrad; und manche nutzen sie, um Arbeitslose oder Arme als bildungsfern und unqualifiziert zu diskreditieren, etwa so: 42 Prozent der Armen haben noch nicht einmal einen Berufsabschluss.[3] Merken Sie schon, wie ein Ressentiment in Ihnen aufsteigt? Doch Sie sollten eins bedenken: Das bedeutet, dass 58 Prozent der Armen einen Berufs- oder Hochschulabschluss *haben!*

Was ist Armut? Der Kampf um Begriffe und Berechnungsmethoden

Lesen wir zu einem Thema, etwa zur Anzahl der bedrohten Tierarten, kurz hintereinander zwei deutlich verschiedene Zahlen, verwirrt uns das ziemlich. Typische Reaktionen sind: »Die wissen es doch selbst nicht.« Oder: »Die zählen wohl so, wie es ihnen passt.« Bei uns bleibt das diffuse Gefühl hängen, dass da ein wahrer Kern sein könnte, aber man nichts Genaues, nichts Definitives weiß. Und die konkrete Zahl hat man darüber schnell vergessen. Ähnlich geht es vielen, wenn Zahlen zur Armut in Deutschland aufgeworfen werden.

Bezüglich der Altersarmut hört man einmal, 15 Prozent der Senioren seien arm, ein andermal, es seien nur 3 Prozent. Und seien wir ehrlich: Glauben wir nicht lieber die kleinere Zahl, gerade im Hinblick auf das eigene Schicksal im Alter?

Doch welche Zahl stimmt denn jetzt? Oft hilft es in solchen Streitfällen weiter, sich die Quellen der Zahlen genau anzusehen. In diesem Fall jedoch leider nicht. Beide Zahlen stammen vom Statistischen Bundesamt (StaBu), das eine seriöse Quelle sein sollte. Einen derart krassen Fehler – 3 statt 15 Prozent oder umgekehrt – wollen wir dem StaBu nicht zutrauen. Dann bleibt nur die Frage: Was genau wurde da jeweils gemessen? 14,6 Prozent der Gruppe 65+, oder mehr als jeder siebte, war 2015 von Armut gefährdet, berichtet der Mikrozensus des StaBu; das ist die sogenannte Armutsgefährdungsquote. 3,1 Prozent der Gruppe 65+, also etwa jeder dreißigste, bezog 2015 die Grundsicherung im Alter, wie die Sozialberichterstattung des Amtes mitteilte. Um aber zu wissen, wie hoch die Armut tatsächlich ist, kommen wir an der Definition des Begriffs »arm« nicht vorbei.

Vorher wollen wir Ihnen aber noch die entsprechenden Zahlen für alle Armen in Deutschland nennen, unabhängig vom Alter. Der Mikrozensus 2015 des Statistischen Bundesamtes kommt auf 12,8 Millionen von Armut Gefährdete bzw. 15,7 Prozent der Einwohner, also ähnlich wie bei den Älteren etwa jeder siebte. 7 Millionen Einwohner (8,5 Prozent) bezogen Arbeitslosengeld 2 und ähnliche Leistungen, die zusammen im Volksmund »Hartz IV«[4] genannt werden, sowie Grundsicherung für Erwerbsunfähige oder im Alter. Je nach Interessenlage kann man also einmal die kleinere, ein anderes Mal die größere Zahl präsentieren.[5]

Armut ist europaweit folgendermaßen definiert[6]: »Verarmte Personen sind Einzelpersonen, Familien und Personengruppen, die über so geringe (materielle, kulturelle und soziale) Mittel verfügen, dass sie von der Lebensweise ausgeschlossen sind, die in dem Mitgliedstaat, in dem sie leben, als Minimum annehmbar sind.« Arme haben so wenig, dass sie sich aus der Gesellschaft ausgeschlossen fühlen und vor Freunden, Klassenkameraden oder beim Einkaufen oft schämen. Das bedeutet: Armut ist in Pakistan, Nigeria oder Bulgarien etwas anderes als Armut in Deutschland. Armut hängt nicht nur vom Ort, sondern auch von der Zeit ab. Mit dem, was ein Armer in Köln heute hat (Herd, Fernseher, Handy oder die Kleidung), wäre er um 1800 reich gewesen.

Die meisten Experten definieren Armut deshalb als »relative Armut«, also im Vergleich mit dem mittleren Wohlstand einer Gesellschaft.

Wahrscheinlich haben Sie sich, ebenso wie wir, beim Lesen der EU-Definition gefragt, wie man das denn bitte messen kann.[7] Wenn wir ein Phänomen nicht messen und etwa keine Zahl der Armen berechnen können, neigen wir dazu, über das Phänomen weniger oder nur sehr allgemein zu sprechen. Wer regelmäßig Zug fährt und an den Bahnhöfen die Flaschensammler und die Bettler sieht, wird die Armut deutlich größer einschätzen als jemand aus einem wohlhabenden Viertel, der stets mit dem Auto fährt und kaum einen Armen zu Gesicht bekommt. Um der Falle solcher »gefühlter Statistiken« zu entkommen, haben Fachleute versucht, Armut so zu definieren, dass man sie einfach und einheitlich in Europa messen kann. Als Maß dient das Einkommen des Haushalts, in dem jemand lebt. Die einfache Grundidee ist, dass die Teilhabe an gesellschaftlichen Ereignissen oder Begegnungen bei uns oft mit Geldausgaben verbunden ist. Sei es ein Kinobesuch, das Eisessen mit Freund oder Freundin, das Ausgehen in entsprechender Kleidung oder der Genuss eines gesunden Essens. Wer Laufsport betreiben will, braucht gute Schuhe und muss Teilnahmegebühren für Wettkämpfe bezahlen. Wer kein Fahrgeld hat, kann viele Freunde nicht mehr besuchen. Daraus folgt die Definition: Besitzen Menschen weniger als 60 Prozent des mittleren Einkommens – gemessen am Median[8] –, gelten sie als armutsgefährdet. Sind es weniger als 50 Prozent, gelten sie als arm.[9]

Ja, diese Definition von Armut hat Tücken. So können Studierende zu den Armen gezählt werden, obwohl sie für Studentenverhältnisse gar nicht so schlecht leben und hoffentlich gute Zukunftsperspektiven haben. Und Leute mit einem mittleren Einkommen, aber einem Berg von Schulden, können schon am 20. jeden Monats nicht mehr wissen, wovon sie die restlichen Tage leben sollen. Offiziell gelten sie aber nicht als arm. Und auch der theoretische Einwand des Ökonomen Walter Krämer stimmt[10]: Wenn in einer Gesellschaft plötzlich alle Leute das Zehnfache verdienen, bleibt die Armutsquote konstant, da dann auch der Median zehn Mal so hoch ist wie vorher, also dieselben Leute wie vorher unter der 60-Prozent-Marke bleiben. Doch das ist in unseren Augen ein Sandkastenspiel, das fernab der gesellschaftlichen Realität liegt.

Die derzeit gängige Armutsdefinition ist nicht optimal, und wir sind – wie die meisten Armutsforscher – für neue Vorschläge offen.

Komplexere Phänomene sind leider nie exakt und widerspruchsfrei zu messen. Als Beispiel können wir das ständig benutzte Maß für Wirtschaftsentwicklung (und manchmal auch für Wohlstand) betrachten, das Bruttoinlandsprodukt (BIP). Die Logik dieser Maßeinheit führt zu der fragwürdigen Situation, dass jeder Unfall das BIP erhöht, weil es aufwendig ist, den entstandenen Schaden zu reparieren. Je schwerer die Unfallopfer verletzt wurden, umso stärker steigt das BIP. Gleiches gilt für Waldbrände, Umweltschäden, Atomunfälle oder die Produktion und Anwendung von Kriegswaffen, wenn nur genügend Häuser zerstört und Menschen verletzt wurden. Auf der anderen Seite bleiben viele Leistungen, die das Wohlergehen der Menschen verbessern, beim BIP unberücksichtigt: Hausarbeit, Kindererziehung, Altenpflege in der Familie, Nachbarschaftshilfe, ehrenamtliches Engagement. Wir erlauben uns, ebenfalls ein volkswirtschaftliches Sandkastenspiel beizusteuern: Würden alle Menschen nicht mehr ihre eigene Wäsche waschen, sondern gegen Geld die Wäsche ihrer Nachbarn, würden wir das BIP massiv steigern, also ein gigantisches Wirtschaftswachstum erzeugen, ohne dass sich an der wirtschaftlichen Entwicklung wirklich etwas geändert hätte.

Ja, auch das Bruttoinlandsprodukt ist eine Krücke. Aber wir brauchen eine Maßzahl dafür, wie sich die Wirtschaft entwickelt, für politische und ökonomische Planungen. Diese Maßzahl wird auch oft genommen, um das Wohlergehen zu beschreiben. Arme Länder mit kleinem BIP pro Kopf haben es nicht so gut wie reiche Länder mit großem BIP. Steigt das BIP über Jahre hinweg, so nehmen wir an, dass es uns besser geht als früher. Darüber lässt sich trefflich streiten, wird auch kräftig diskutiert, aber so lange wir kein besseres Maß gefunden haben, müssen wir mit dem BIP leben.

Erstaunlich, dass die Kritiker des Armutsbegriffs nicht ebenso vehement gegen die Definition und Messung des Bruttoinlandsprodukts vorgehen. Spätestens hier stellt sich die Frage, warum theoretisch richtige Einwände gegen den Armutsbegriff in den 2010er-Jahren so beliebt sind. Soll Armut vielleicht gar nicht mehr anhand belegbarer Zahlen diskutiert und das Thema lieber der Willkür des Berichterstatters überlassen werden? Soll demnächst nur noch die absolute Armut gemessen werden, also wie viele Menschen sich einen Warenkorb mit Mitteln zum physischen Überleben nicht leisten können? Dann wäre zumindest in den industrialisierten Ländern eine Armutsquote nahe null Prozent erreicht. Der Reichtum dürfte sich in Ruhe weiter konzentrieren, ungestört von sentimentalen Mitleidsgefühlen mit irgendwelchen Ausgeschlossenen. Gerne würden wir die Professoren, Funktionäre und Politiker, die über den europaweiten Armutsbegriff wettern – ohne nach einer sinnvollen Alternative zu suchen –, einmal für eine Woche Couchsurfing nach Köln-Chorweiler, Köln-Vingst oder Bielefeld-Baumheide entführen. Katholische und evangelische Geistliche haben 2010 angeregt, sich über die sechswöchige Fastenzeit hinweg einmal mit dem Sozialhilfesatz zu begnügen.[11] Wir ergänzen: aber bitte ohne den Weinkeller oder die Canapéplatten auf Empfängen zu plündern.

Ulrich Schneider, Hauptgeschäftsführer des Paritätischen Wohlfahrtsverbandes, sieht es so:»Dahinter steckt der Versuch einer Neudefinition der Armut: Armut soll im öffentlichen Diskurs – und damit auch politisch – auf ein Maß zurechtgestutzt werden, das auch Neoliberale gut schlafen lässt: | Keine Ungleichheits- und Gerechtigkeitsdebatten mehr und auch keine Umverteilungsdiskussionen. Es geht um die Etablierung eines rudimentären Armutsbegriffs, der System- und Verteilungsfragen ausblendet ...«[12]

Die fragwürdige Entwicklung von Armuts- und Reichtumsberichten

Süffisant schildert Ulrich Schneider die Entwicklung der Armutsquote in den ersten Armuts- und Reichtumsberichten der Regierung.[13] Im ersten Bericht 2001 gab es noch zwei verschiedene Berechnungen der Armutsquote: 10,2 Prozent der Haushalte galten als arm, weil sie Einkommen hatten, die unterhalb von 50 Prozent des Durchschnittseinkommens lagen. 6,2 Prozent hatten Einkommen, die unterhalb von 50 Prozent des Medianeinkommens lagen, und galten nach dieser Definition als arm.[14] Im zweiten Bericht von 2005 gab es die höhere Armutsquote mit Bezug auf das Durchschnittseinkommen nicht mehr. Schneider wörtlich:»Und noch eine Überraschung hielt der zweite Armutsbericht bereit: Die Armutsquote war weg. Kein Scherz!« Stattdessen wurde nur noch die sogenannte Armutsgefährdungsquote ausgewiesen für Haushalte, deren Einkommen unterhalb von 60 Prozent des Medianeinkommens lagen. Diese Quote liegt zwar höher als die Armutsquote, kann aber auch dazu dienen, das Armutsproblem zu verwässern und beliebiger erscheinen zu lassen. Schneider:»… eine Kommunikationsstrategie, die allerdings nach hinten losging. Denn ab sofort wurde in weiten Teilen der Presse die 60-Prozent-Quote zur neuen Armutsquote.«

Diese Episode zeigt, wie wichtig die Wortwahl und die exakte Definition eines Begriffs ist. Ein Phänomen, das erfahrene Statistiker ständig erleben und das sie zur Wachsamkeit erzieht.

Jedes Jahr gibt das Statistische Bundesamt eine Vielzahl von Daten zur Armut bzw. Armutsgefährdung heraus. Sie stammen aus der größten regelmäßigen Stichprobe in Deutschland, dem Mikrozensus. Dabei werden knapp 400 000 Haushalte befragt. Wegen der Auskunftspflicht sind Verzerrungen, wie sie bei freiwilligen Erhebungen vorkommen, gering ausgeprägt. Dem Geheimniskrämer bleibt, wenn ihn der Mikrozensus »erwischt«, nur die Lüge, mit der Angst, dabei erwischt zu werden. Verweigern kann er sich nicht. Insofern sind die Ergebnisse des Mikrozensus eine gute Näherung an die tatsächliche Situation in Deutschland. Leider erblicken viele der Ergebnisse das Licht der breiten Öffentlichkeit nicht. Deshalb hier einige Details:

Die Armutsgefährdungsquote der Älteren (65+) steigt seit 2009 kontinuierlich an, von damals 11,9 Prozent auf

14,6 Prozent in 2015, die der Rentnerinnen und Pensionäre im selben Zeitraum sogar von 12,1 auf 15,9 Prozent. Die sich ausbreitende Altersarmut wird durch die Daten deutlich belegt.

Allgemein sind von Armut vor allem folgende Gruppen betroffen:

- Alleinerziehende mit weit über 40 Prozent, also fast jeder zweite Haushalt,
- Erwerbslose mit knapp 60 Prozent, also mehr als jeder zweite Haushalt,
- Leute ohne deutsche Staatsangehörigkeit zu einem Drittel,
- Menschen mit niedrigem Bildungsniveau mit über 30 Prozent.[15]

Wo bleiben die sozialpolitischen Maßnahmen, um diese Armut zu reduzieren? Zumindest bei den ersten beiden Gruppen würde der einfache Wille von Politikern reichen: zur Erhöhung des Kindergeldes und der Zahlungen für Arbeitslose.

Gut acht von vier Hartz-IV-Beziehern ...

Das bedrückende Thema Armut möchten wir nicht übertünchen, aber zum Schluss sei uns ein erheiternder Seitenhieb gestattet. Als der Paritätische Wohlfahrtsverband (DPWV) im Februar 2016 seinen Armutsbericht herausgab, hat das die Redaktion des *Handelsblattes* etwas aus der Bahn geworfen. Im Teil über das Armutsrisiko Arbeitslosigkeit hatte der

Paritätische berichtet, dass 57,6 Prozent der Arbeitslosen armutsgefährdet sind. Diese Gruppe trägt also das höchste Armutsrisiko. Das *Handelsblatt* indessen fasste den Abschnitt wie folgt zusammen: »Arbeitslose bilden mit einem Anteil von 57,6 Prozent die größte Gruppe der von Armut betroffenen Menschen. Gut acht von vier Hartz-IV-Beziehern gelten nach der Definition der Sozialverbände als arm.«[16]

Acht von vier? Waren vielleicht vierzehn gemeint? Wie auch immer, das lässt offensichtlich auf eine ziemlich schlechte Endredaktion beim *Handelsblatt* schließen. Doch auch, wenn wir die missglückte Übersetzung der 56,7 Prozent in einfache Zahlen beiseite lassen, bleibt ein gravierender logischer Fehler übrig: Wenn 56,7 Prozent der Arbeitslosen arm sind, wie der DPWV berichtet hatte, heißt das nicht, dass 56,7 Prozent der Armen arbeitslos sind. Das ist so, als zöge jemand den Schluss: 20 Prozent (die Zahl ist frei erfunden) der aggressiven deutschen Fußballfans sind Borussenfans – also sind 20 Prozent der Borussenfans aggressiv. Dazu kommt beim *Handelsblatt* als dritter Denkfehler die Gleichsetzung von Arbeitslosen und »Hartz-IV-Beziehern« – die natürlich fast alle armutsgefährdet sind, sonst bekämen sie die Leistungen gar nicht erst.

Forschungsaufgaben zur Armut

1. Konstruieren Sie ein Zahlenbeispiel, an dem klar wird: »60 Prozent der Arbeitslosen sind arm« heißt nicht »60 Prozent der Armen sind arbeitslos«.
2. Wie wird der Hartz-IV-Satz in Deutschland berechnet? Auf welche Ausgaben müssen die Hartz-IV-Betroffenen nach

dem Willen des Gesetzgebers verzichten? Kontrollieren Sie Ihre eigenen Ausgaben über einen längeren Zeitraum. Auf was müssten Sie als Hartz-IV-Betroffener verzichten?

3. Hartz-IV-Betroffene werden mit 63 Jahren (Stand 2016) in Rente gedrängt oder sogar zwangsverrentet. Wie viele sind davon betroffen? Womit wird das begründet? Welche Folgen hat das für die Betroffenen?

4. Definieren Sie analog zur Armutsquote eine Reichtumsquote. Welchen Teil des Reichtums haben Sie dabei berücksichtigt? Suchen Sie anschließend heraus, welche Definitionen es dazu schon gibt.

1 www.fes.de; http://bit.ly/fes-ungleichheit (abgerufen am 12. 10. 2016).

2 »Die Frühverrentung vernichtet Jobs«, Interview mit Axel Börsch-Supan, in: *Süddeutsche Zeitung*, 12. 3. 2013, S. 26.

3 Institut für Arbeitsmarkt- und Berufsforschung (IAB): IAB-Kurzbericht 24/2014. Bezugsgröße sind hier die Empfänger von Arbeitslosengeld II.

4 Die offizielle Bezeichnung dafür lautet: Leistungen für Erwerbsfähige und Nichterwerbsfähige nach dem Zweiten Buch Sozialgesetzbuch (SGB II).

5 Für die Armutsgefährdungsquote gibt es drei verschiedene Datenquellen: den Mikrozensus des Statistischen Bundesamtes, EU-SILC des Europäischen Statistikamtes EUROSTAT und die Zahlen des Deutschen Instituts für Wirtschaftsforschung (DIW) aus dem Sozio-ökonomischen Panel (SOEP). Unterschiedliche Stichproben(größen) und Feinheiten bei der Messung führen zu verschiedenen Quoten, die aber alle nahe beieinanderliegen.

6 »Kommissionsbericht der Europäischen Gemeinschaft: Schlussbericht der Kommission an den Rat über das erste Programm von

Modellvorhaben und Modellstudien zur Bekämpfung der Armut.« Brüssel 1983.

7   Diese Frage trifft leider noch viel stärker auf die ausführliche EU-Definition von 2010 mittels 18 Indikatoren zur Lebenslage zu. Eine sehr gute, leider aber nicht messbare Beschreibung des Phänomens Armut. Dazu ausführlich: Christoph Butterwegge, Gerd Bosbach, Matthias W. Birkwald (Hg.): *Armut im Alter. Probleme und Perspektiven der sozialen Sicherung.* Frankfurt 2012, S. 373-376.

8   Zur Berechnung des Medians werden alle Haushalte nach ihren Einkommen sortiert. Der Median bildet die Mitte dieser Zahlenreihe. Beispiel: Bei der Zahlenreihe 10, 20, 40, 50, 1000 ist die Mitte, also der Median 40, weil jeweils zwei Werte darunter und darüber liegen. Bei großen Mengen von Zahlen kann man grob sagen: Der Median ist der Wert, unter dem 50 Prozent aller Messwerte liegen, während 50 Prozent darüber liegen.

9   Die Armut wird am Haushaltseinkommen festgemacht, sodass alle Personen eines Haushalts als arm oder nicht arm gelten. Der Deutsche Paritätische Wohlfahrtsverband trennt in seinem Armutsbericht nicht zwischen diesen beiden Quoten, sondern stuft auch die Armutsgefährdeten als arm ein.

10   Walter Krämer: »Das Gerede von Armut«. Gastbeitrag in der *Frankfurter Rundschau*, 6.10.2014.

11   Die evangelische Kirche Hamburg lt. *Hamburger Abendblatt*, 11.2.2010 (http://bit.ly/4-fasten).

12   Ulrich Schneider (Hg.): *Kampf um die Armut – Von echten Nöten und neoliberalen Mythen.* Frankfurt 2015, S. 10 f.

13   U. Schneider: ebd., S. 19 f.

14   Zum Median siehe Fußnote 8. Über das Spiel mit unterschiedlichen Mittelwerten (arithmetisches Mittel bzw. Durchschnitt und Median) siehe G. Bosbach, J. J. Korff: *Lügen mit Zahlen*, S. 163 ff.

15   Wir haben die exakten Daten des Statistischen Bundesamtes für 2015 (in Reihenfolge (jeweils Prozent): 43,8; 59,0; 33,7; 31,5) anschaulich gerundet, auch, um nicht die Illusion der vollständig richtigen Erfassung zu nähren, wie sie beim Lesen präziser Zahlen entstehen könnte. Auch Werte einer großen Stichprobe mit großer Genauigkeit bei der Erfassung und der Berechnung bleiben nur Näherungen an die Wirklichkeit.

16   www.handelsblatt.com, 23.2.2016 (http://bit.ly/acht-von-vier).

Die 57,6 Prozent beruhen auf Daten von 2014. Der Absatz über Arbeitslose war auf handelsblatt.com am 12. 10. 2016 nicht mehr zu sehen. Wir danken Paul M. Schröder (BIAJ) für den Hinweis auf den kuriosen Artikel.

4. Aufschwung, Abschwung, Arbeitslose:
Die Tricksereien mit Wirtschaftszahlen

Denn die einen sind im Dunkeln,
Und die andern sind im Licht
Und man siehet die im Lichte
Die im Dunkeln sieht man nicht.

BERTOLT BRECHT (1931)

Die Wirtschaft ist ein Feld, auf dem Zahlen die Welt bedeuten. Das kann die Wirtschaft an der Ecke sein, wo gereizt und gepokert wird. Das kann die Wirtschaft an der Börse sein, wo gezockt, investiert und bilanziert wird. Und die Unternehmen als Kern der Wirtschaft sind eine Fundgrube für Zahlentricks. Der Abteilungsleiter, der den Erfolg »seiner« Abteilung an Zahlen festmacht und sie dazu auch kräftig schönfärbt; die Marketingabteilung, die der Öffentlichkeit die Überlegenheit der eigenen Produkte zeigen möchte, und die Buchhaltung, die für die Steuer Kosten aufbläht und Einnahmen kreativ kleinrechnet. Da viel Geld und viel Macht auf dem Spiel stehen, wird mit Zahlen getrickst, was das Zeug hält – und das nicht nur in den Unternehmen selbst, sondern auch von politischer Seite. Das soll das Thema dieses Kapitels sein. Wir beginnen allerdings mit einem Dogma, bei dem die Zahlen erstaunlicherweise fehlen. Damit wollen wir Ihnen zeigen, dass Statistiken etwas Gutes haben können: Sie können sie nutzen, um falsche Lehrmeinungen vom Sockel zu stoßen.

Je höher die Löhne, desto weniger Arbeitsplätze?

Praktisch immer, wenn Gewerkschaften höhere Löhne und Gehälter durchsetzen wollen, hört man von den Unternehmerverbänden den Satz »Je höher die Löhne, desto weniger Arbeitsplätze«. Zur Begründung führen sie gerne einen Slogan an, den der damalige Wirtschaftsminister Helmut Schmidt 1974 prägte: »Die Gewinne von heute sind die Investitionen von morgen und die Arbeitsplätze von übermorgen.« Auch damals tadelte der sozialdemokratische Wirtschaftsfachmann (und kurz darauf Bundeskanzler) die Lohnforderungen der Gewerkschaften. Seine Gleichung »Höhere Löhne = niedrigere Gewinne = weniger Investitionen = weniger Arbeitsplätze« prägte das Denken sozialliberaler, wirtschaftsliberaler und konservativer Wirtschaftswissenschaftler nachhaltig. Jawoll, Herr Kapitän: Das Interesse der Unternehmer an höheren Gewinnen ist wichtiger als das Interesse der Arbeiter und Angestellten an höheren Löhnen. Viel zu selten wird hinterfragt, ob die Schmidt-Formel überhaupt stimmt.

Da Gewinne, Investitionen und Arbeitsplätze statistisch gut messbare Größen sind, könnte der behauptete Zusammenhang leicht belegbar sein. Das dürfte der Grund sein, warum die Formel so selten bezweifelt wird. Doch in Wirklichkeit wurde sie niemals empirisch, also anhand von

Daten, belegt. Stattdessen haben Wirtschaftsexperten die Formel wie ein Mantra so lange wiederholt, bis fast alle sie gehorsam nachbeteten. Sie gilt als eine der ewigen Wahrheiten, bei denen man gar nicht mehr weiß, wo sie herkommen, nur noch, dass sie sicherlich stimmen. So etwas wie der hohe Eisengehalt von Spinat.[1]

2008 habe ich (Gerd B.) mir zusammen mit Thomas Schneider an der Fachhochschule Remagen die Frechheit erlaubt, drei führende Wirtschaftsforschungsinstitute zu fragen, ob sie empirische Belege für Schmidts Leitsatz hätten. Doch allenthalben Fehlanzeige! Das arbeitgebernahe Institut der deutschen Wirtschaft aus Köln antwortete: »… eine Studie, die direkt Ihr Thema betrifft, ist mir nicht bekannt«. Das Rheinisch-Westfälische Institut für Wirtschaftsforschung (RWI) hatte selber zwar keine entsprechende Arbeit durchgeführt, ein Mitarbeiter half aber mit einem Hinweis weiter: »Ich glaube, mich erinnern zu können, dass es im DIW-Wochenbericht zumindest einen Artikel zu ›Gewinnen und Investitionen der Unternehmen‹ (Görzig, 1989?) gab.« Nett, aber dieser Artikel war fast 20 Jahre alt, und darin fehlte das Wesentliche: die Auswirkungen auf die Arbeitsplätze. Das RWI erläuterte weiter: »Mit ›Unternehmensgewinnen, Investitionen, Schaffung von Arbeitsplätzen‹ ist allerdings ein sehr komplexes Thema angesprochen, das Sie in dieser Form zumeist nicht fertig aufbereitet vorfinden werden.« Ach ja? Dabei gilt in der Öffentlichkeit dieser Zusammenhang als völlig gesichert. Belegen kann man ihn anhand vorliegender Wirtschaftsdaten aber offenbar nicht! Vom angesprochenen DIW aus Berlin bekamen wir den Hinweis, dass es bereits auf der gleichen Spur gewesen sei wie wir. Das Ergebnis der Berliner Wirtschaftsforscher war: An Helmut Schmidts einfacher Kapitänslogik scheint wenig dran zu sein. Bosbach und Schneider kommentierten das 2008:

»Insgesamt könnte sich fast der Eindruck ergeben, dass eines der Grundprinzipien, auf denen unsere Wirtschaftspolitik basiert, anhand von Fakten nie überprüft wurde. Aber das in einer Gesellschaft, in der tagtäglich Dutzende statistische Erhebungen als Beleg für fast alles herangezogen werden? Gerade die wichtigste wirtschaftspolitische Leitlinie soll nie auf dem Prüfstand gestanden haben? Sehr unwahrscheinlich. Ein eigener Blick auf die Daten der letzten dreißig Jahre zu Gewinnen und Arbeitslosigkeit lässt eher vermuten, dass die Ergebnisse den Lobbyisten der Wirtschaft einfach nicht passten.«[2]

Anschließende Gespräche mit Wirtschaftsfachleuten bestätigten unsere Vermutung von 2008. Es gab schon viele Versuche, die Logik von Helmut Schmidt, dass höhere Gewinne zu mehr Arbeitsplätzen führten, anhand von Daten empirisch zu belegen. Die Ergebnisse dieser Forschungen waren aber so mager, dass das Nachbeten des scheinbar über alle Zweifel erhabenen Mantras von Kapitän Schmidt sich als günstiger erwies. Damit ist eine der beliebtesten Methoden von Zahlentricksern beschrieben: ganz viel empirisch erforschen, das Unpassende im Tresor für hochgiftiges Wissen einschließen, das Passende noch etwas passender machen und in der Öffentlichkeit als die einzige und reine Wahrheit der Zahlen darstellen.

Auch wir setzten unsere Untersuchungen fort und hinterfragten weiter, was eigentlich an der Schmidt-Formel dran ist. Unser Schluss: Hohe Löhne und mehr Arbeitsplätze – das geht. Zumindest in Deutschland. Die folgenden Zahlen belegen das:

Bruttoverdienste in Deutschland in Euro

	West	Ost	Prozent
Stundenlöhne	16,05	12,37	−22,9
Monatsverdienste	4121,67	3069,00	−25,5

Datenquellen:
(1) Statistisches Bundesamt: Stundenlöhne aller Erwerbstätigen 2010
(2) Statistisches Bundesamt: Monatsverdienste von Vollzeitbeschäftigten 2015
Eigene Darstellung

Verdienstunterschiede zwischen Ost- und Westdeutschland.

Sie wissen, dass die Menschen in Ostdeutschland gut 20 Prozent weniger verdienen als die in Westdeutschland. Da niedrige Löhne angeblich Arbeitsplätze schaffen, müsste die Arbeitslosigkeit im Osten deutlich unter der im Westen liegen. Tut sie aber nicht, wie Sie ebenfalls wissen. Im Jahresdurchschnitt 2015 war die offizielle Arbeitslosenquote im Osten mit 9,2 Prozent deutlich höher als im Westen mit 5,7 Prozent.[3] Trotz gleicher Rechtsstruktur, neuerer Infrastruktur und praktisch gleichem Bildungsniveau haben die niedrigen Löhne in Ostdeutschland nicht zu besseren Arbeitsmarktchancen geführt.

Weltweit gesehen ist es nicht anders. Die meisten Billiglohnländer haben hohe Arbeitslosenquoten, die meisten reichen Länder mit hohen Löhnen haben vergleichsweise niedrige Arbeitslosenquoten. Offensichtlich gibt es wichtigere Faktoren für die Zahl von Arbeitsplätzen als die Löhne![4]

So schnell kann sich ein Mantra in heiße Luft auflösen. Man fragt nach Belegen, die es geben müsste; man betrachtet und überdenkt die Fakten zu Löhnen und

Arbeitsplätzen aus verschiedenen Blickwinkeln; und schon verliert das Mantra seine betäubende Zauberkraft. Leider haben die Nutznießer des Mantras genug Einfluss, um der breiten Öffentlichkeit das Selbstbewusstsein für ein solches Hinterfragen auszutreiben. Ausnahmen wie der oben erwähnte ausführliche Bericht im *Tagesspiegel* oder auf der Website der Arbeitsgruppe *Alternative Wirtschaftspolitik* sind selten.

Der schöngefärbte Arbeitsmarkt

Dass bei Arbeitsmarktzahlen getrickst wird, ist weithin bekannt und fast selbstverständlich. Regierungen, zuständige Ministerien und Behörden werden oft daran gemessen, ob die Arbeitslosenzahlen in ihrer Amtszeit oder Zuständigkeit gestiegen oder gesunken sind. Also liegt es nahe, die vielen hässlichen Eiterstellen der Arbeitslosigkeit unter schönem Tuch zu verbergen. Entsprechend gut bestückt sind die Nähkästchen der vielen verantwortlichen Schneider. Hier eine kleine Auswahl ihrer Werkzeuge.

Nicht darüber reden

Wenn über Armutsrisiken gesprochen wird, fällt uns sofort ein Moll-Dreiklang ein: alleinerziehend, kinderreich, Ausländer. Der stimmt zwar, aber das größte Armutsrisiko fehlt darin: die Arbeitslosigkeit. 59,0 Prozent der Erwerbslosen waren 2015 arm. Erwerbslose leiden in erschreckendem Ausmaß an Armut; ihre Armutsquote liegt deutlich höher als die der Alleinerziehenden, der Kinderreichen oder der Ausländer.[5]

Dazu kommt eine weitere unangenehme Wahrheit in Zahlenform: »6 Millionen Menschen wollen (mehr) Arbeit«, wie das Statistische Bundesamt für 2014 festgestellt hat.[6] Selbst einigen Arbeitsmarktforschern, fast allen Politikern und Fachjournalisten ist diese Zahl meist nicht geläufig; würde sie doch manchen Zweifel an den offiziellen Arbeitslosenzahlen und am ständigen Gerede vom demografisch bedingten Fachkräftemangel wecken (siehe dazu Kapitel 8).

Passend definieren
Wie man Arbeitslose wegdefiniert, ist eine fast unendliche Geschichte. Hier ein paar Highlights – oder besser: soziale Tiefpunkte – der offiziellen Arbeitslosendefinition: Als arbeitslos zählt nicht, wer krank ist; älter als 58 (in der Regel); von einem externen Arbeitsvermittler betreut wird[7]; sich weiterbildet (um die Zeit sinnvoll zu überbrücken) oder auf Kurzarbeit gesetzt wurde. In den Jahren 1986 bis 2009 gab es alleine 16 von der Regierung oder dem Gesetzgeber beschlossene Änderungen bei der Messung von Arbeitslosigkeit. 14 davon reduzierten die offizielle Arbeitslosenzahl, indem sie Teile der Betroffenen aus der Statistik hinausdefinierten.[8]

Wundersame Vergleiche
Arbeitslosenzahlen hängen von der Jahreszeit ab. Sie sinken regelmäßig jedes Jahr im Frühjahr und Herbst und steigen im Winter und im Urlaubsmonat Juli wieder an. Das lässt sich trefflich für manipulative Darstellungen nutzen, indem man die Arbeitslosigkeit eines Monats nicht mit der des jeweiligen Monats des Vorjahres, sondern mit der des Vormonats des laufenden Jahres vergleicht.[9]

So konnte die Bundesagentur für Arbeit oder die Bundes-regierung selbst in Jahren stetigen Anstiegs der Arbeitslo-sigkeit (zum Vorjahr) in vielen Monaten vermelden:»Die Arbeitslosigkeit ist im Vergleich zum Vormonat zurückge-gangen.« Oder, als nur ein Beispiel unter vielen, wie es noch kürzer und verfälschender im Jahr 2013 hieß:»Die Arbeits-losigkeit sinkt im März auf 3,098 Millionen.«[10] Dabei war die Arbeitslosenzahl im Vergleich zum Vorjahr (März 2012) um rund 70 000 gestiegen.

Anschließend wird dann zwar oft noch der Vergleich zum Vorjahr gebracht, aber ehe man das liest, haben die Über-schrift und die zuerst genannte Zahl ihre Wirkung bereits ent-faltet. In den Jahren 1992 bis 1998 und 2001 bis 2005, in denen die Arbeitslosigkeit im Vergleich zum Vorjahr ständig anstieg, hat dieser Trick geholfen, von der Misere des Arbeitsmarkts abzulenken und das Bild eines unkalkulierbaren Auf und Ab zu malen.[11] In den 12 Monaten vor der Bundestagswahl 2013 profitierten der Chef der Bundesagentur, Frank-Jürgen Weise, und die Regierung Merkel stark von diesem Trick. Statt jeden Monat zugeben zu müssen, dass die Arbeitslosigkeit gegen-über dem Vorjahr gestiegen war, konnte Weise sieben Mal das Loblied der Regierung singen, weil die Arbeitslosenzahl, mit der der Bericht immer beginnt, ein Sinken vermeldete. Und für die anderen Monate hatte er andere Ausreden im Köcher.

Notfalls verharmlosen
Wenn dann doch einmal alle Vergleichszahlen zeigen, dass die Arbeitslosigkeit gestiegen ist, ist der Chef der Bundes-agentur in seinen Pressemeldungen sprachlich einfallsreich. Im Januar 2013 leitete er seine Pressemitteilung mit dem Satz ein:»Die ungünstigen wirtschaftlichen Rahmenbedingungen

haben auf dem Arbeitsmarkt nur wenige Spuren hinterlassen. Der aktuelle Anstieg der Arbeitslosigkeit hat rein saisonale Gründe.« Im Februar 2013: »Der deutsche Arbeitsmarkt scheint die schwache wirtschaftliche Entwicklung der letzten Monate gut zu verkraften und zeigt sich insgesamt weiter robust. Der Anstieg der Arbeitslosigkeit im Februar hat jahreszeitliche Gründe.« Im Juli 2013: »Im zweiten Quartal ist die deutsche Wirtschaft allen Anzeichen nach wieder stärker gewachsen. Davon profitiert auch der Arbeitsmarkt.«

Das liest sich angenehm flauschig, doch die Zahlen waren hart: Die Arbeitslosigkeit stieg in den genannten Monaten um 40–50 000 gegenüber dem Vorjahr und um bis zu 300 000 gegenüber dem Vormonat! Hatte Weise bei seinen lenorgespülten Formulierungen sein schlechtes Gewissen im Blick – oder doch eher die Bundestagswahl im September 2013?

Eine Verharmlosung liegt uns besonders schwer im Magen. Sie ist leider fast schon üblich, für uns aber höchst ärgerlich: Allein die offiziell gemeldete Arbeitslosigkeit der letzten Jahre lag im Jahresdurchschnitt bei knapp 3 Millionen. Da sind 3 Millionen Menschen ohne Job, und die Verwalter und politisch Verantwortlichen dieser Not feiern das fast als Vollbeschäftigung! Hinter der nackten Zahl der offiziell 2.794 664 arbeitslosen Menschen im Durchschnitt des Jahres 2015 sehen wir eine riesige Menge von meist traurigen Einzelschicksalen. Das mit hinausposaunten Erfolgsmeldungen vom Arbeitsmarkt[12] vertuschen zu wollen, erscheint uns zynisch – und wir hoffen, dass Sie das ähnlich sehen.

Die Zahl der Erwerbstätigen steigt – oder nicht?

Das mag ja alles stimmen, denken Sie jetzt vielleicht, aber es stimmt doch auch, dass wir in Deutschland ständig die Zahl der Erwerbstätigen steigern. Ist das denn kein Erfolg auf dem Arbeitsmarkt?

Erwerbstätigenzahl und Arbeitsstunden

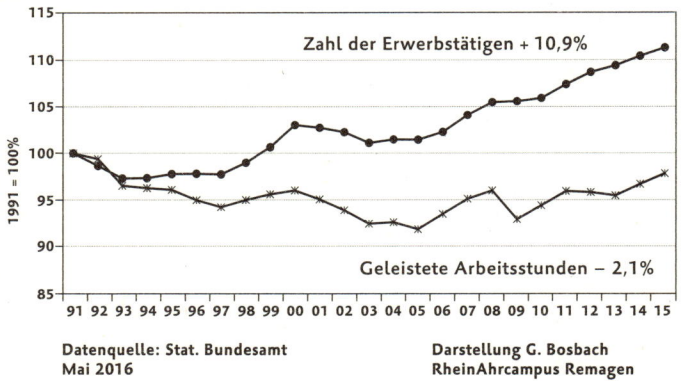

Datenquelle: Stat. Bundesamt
Mai 2016

Darstellung G. Bosbach
RheinAhrcampus Remagen

Die Zahl der Erwerbstätigen steigt zwar – aber nicht die Zahl der Arbeitsstunden.

In der Tat ist die Anzahl der Stellen in Deutschland seit 1990 um knapp 11 Prozent gestiegen. Die Zahl der insgesamt in Deutschland geleisteten Arbeitsstunden ist allerdings gefallen. Das »Jobwunder« basierte also darauf, dass die Arbeitszeit auf mehr Köpfe verteilt wurde. Leider nicht so, wie es die Gewerkschaften in den 1980er-Jahren bei ihrem Kampf für die 35-Stunden-Woche angestrebt hatten, durch eine generelle Arbeitszeitverkürzung bei den Vollzeitstellen. Stattdessen stieg die Zahl der Teilzeitbeschäftigten seit 1991 von 5,5

Millionen auf über 14,8 Millionen im Jahr 2015. Von den 28,9 Millionen Vollzeitstellen des Jahres 1991 waren Ende 2015 nur noch 23,9 Millionen übrig.[13]

Die Hans-Böckler-Stiftung kam 2015 zu dem erschreckenden Ergebnis: »In Deutschland waren 2014 rund 39 Prozent aller abhängig Beschäftigten in Teilzeit, Leiharbeit oder Minijobs tätig.«[14] Sollen wir das wirklich als Verbesserung des Arbeitsmarktes feiern? Im Kapitel 7 zur Generationengerechtigkeit werden wir darauf noch eingehen müssen, da vor allem jüngere Menschen von diesen Verschlechterungen betroffen sind.

Doch wie viele sind es denn nun wirklich? Das würden wir Ihnen gerne sagen. Es geht aber leider aus vielen Gründen nicht. Die meisten Gruppen, die aus der offiziellen Arbeitslosenstatistik ausgeklammert sind, werden zwar von der Bundesagentur für Arbeit (BA) akribisch erfasst, aber eben nicht alle. So fehlt beispielsweise die »Stille Reserve«, also Leute, die von der Arbeitsagentur weder Geld bekommen noch Stellenangebote erwarten, weil sie sich die Meldeprozedur ersparen. Deren Zahl kann die BA naturgemäß nicht nennen, und sie ist auch schwer zu schätzen. Für 2014 schätzte das Institut Arbeit und Qualifikation der Universität Duisburg-Essen (IAQ) diese Gruppe auf knapp 1 Million Menschen in Deutschland.

Um die Größenordnung der Arbeitslosigkeit besser abschätzen zu können, präsentieren wir Ihnen ein paar bekannte Daten im Überblick.

Daten zum Arbeitsmarkt

von der Bundesagentur für Arbeit (Dezember 2015)

gemeldete Arbeitssuchende	4,8 Mio.
Empfänger von Arbeitslosengeld I oder II	5,0 Mio.

zum Vergleich:

gemeldete Arbeitslose	2,7 Mio.
gemeldete Stellen	0,6 Mio.
gemeldete Unterbeschäftigung	3,5 Mio.

sonstige Quellen (für 2014)

Stille Reserve	0,9 Mio.	(IAQ)
Ungenutztes Arbeitskräftepotenzial	6,0 Mio.	(Statistisches Bundesamt)

Oft übersehene Fakten im Umfeld der offiziell gemeldeten Arbeitslosigkeit.

Bemerkenswert und entlarvend ist das Verhältnis von gemeldeten Stellen zu den Arbeitslosen mit mehr als vier offiziellen Arbeitslosen für eine Stelle. Die Arbeitssuchenden – das sind neben den Arbeitslosen zum Beispiel Menschen, die eine Teilzeitstelle haben, aber gerne in Vollzeit oder zumindest mehr Stunden arbeiten möchten – haben es noch schwerer: Acht Bewerber gibt es pro offene Stelle!

Diese Fakten sind den zuständigen Damen und Herren, etwa der Bundesministerin für Arbeit und Soziales, Andrea Nahles (SPD), und Frank-Jürgen Weise[15], die sich gerne mit Erfolgsmeldungen vom Arbeitsmarkt brüsten, natürlich bekannt. Der Mangel an anständig bezahlten Arbeitsplätzen ist offensichtlich das Hauptproblem des Arbeitsmarktes[16], auch wenn noch so viele Erwerbstätigen-Zahlenrekorde gefeiert werden und noch so oft ein Fachkräftemangel an die

Wand gemalt wird. Die Mär vom flächendeckenden Fachkräftemangel ist mit so vielen Lügen und Tricks gespickt, dass wir ihr ein eigenes Kapitel gewidmet haben (Kapitel 8). Dort werden Sie auch den Chef der Bundesagentur für Arbeit, Frank-Jürgen Weise, wieder bei der Arbeit beobachten können.[17]

Zum Thema Arbeitslosenzahlen bescherte uns *Die Welt* kurz vor Weihnachten 2014 ein freundliches Geschenk. Die Redakteure hatten sich offenbar den Vorwurf, immer nur schlechte Nachrichten zu bringen, zu Herzen genommen und erfreuten ihre Leser mit der Meldung, es gebe weniger Langzeitarbeitslose. Damit meinten sie, ihrer Grafik zufolge, dass der Anteil der Langzeitarbeitslosen an allen Arbeitslosen gesunken sei.

Weniger Langzeitarbeitslose

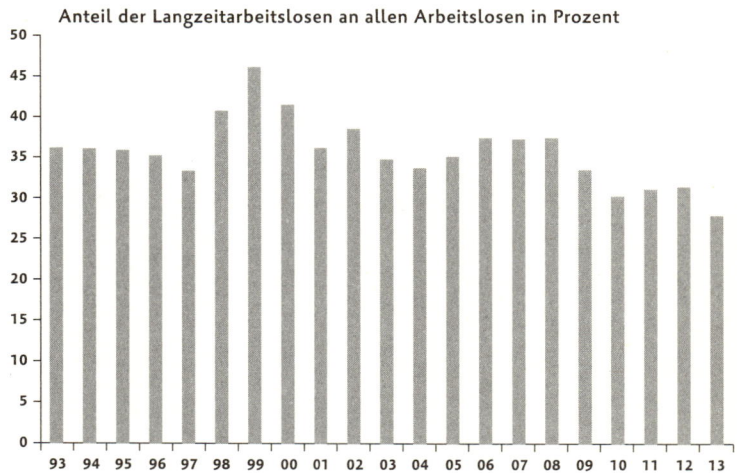

Anteil der Langzeitarbeitslosen an allen Arbeitslosen in Prozent

So sah es Die Welt *(18. Dezember 2014). Leider eine Täuschung. Die Grafik wurde später im Internet gelöscht.*

Gerne hätten wir den Daten geglaubt, ist doch Langzeitarbeitslosigkeit für die Betroffenen ein besonders hartes Schicksal. Doch Paul Schröder vom Bremer Institut für Arbeitsmarktforschung und Jugendberufshilfe (BIAJ) holte uns in die Wirklichkeit zurück. Er stellte fest: Die Daten stimmten, aber sie waren genau falsch herum gereiht. Die Balken sind spiegelverkehrt angeordnet. Der Balken für 2013 ist in Wirklichkeit der für 1993! Die letzten, scheinbar sinkenden Zahlen waren in Wirklichkeit ein Anstieg in den frühen 1990er-Jahren. So herum stimmt die Grafik:

Steigender Anteil der Langzeitarbeitslosen seit 2009

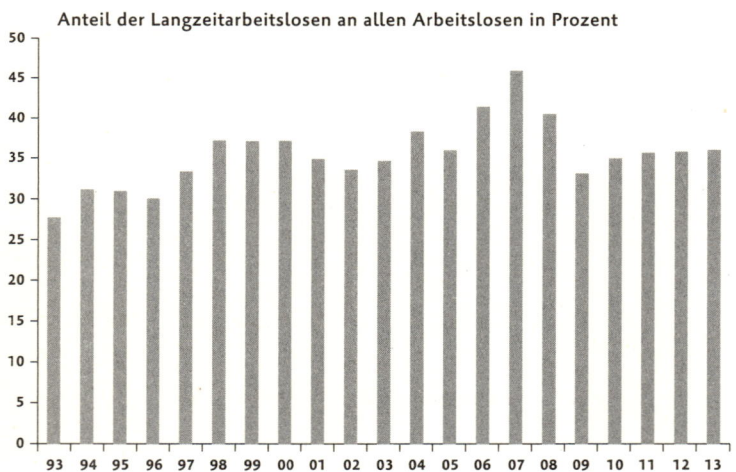

So die Realität: Der Anteil stieg mit kleinen Unterbrechungen von 1993 bis 2007, sank bis 2009 wieder ab und steigt seitdem wieder.

Wie konnte das passieren? War das ein dreister Täuschungsversuch? Wir wissen es nicht, haben aber eine Theorie, auf welchen Kommunikations- und Denkfehlern das Ganze beruhte. Wir fanden im Netz nämlich folgende korrekte Darstellung zum Thema:

Die ursprüngliche Darstellung

Anteil der Langzeitarbeitslosen seit 1993
(Anteil der Langzeitarbeitslosen an allen Arbeitslosen in Prozent)

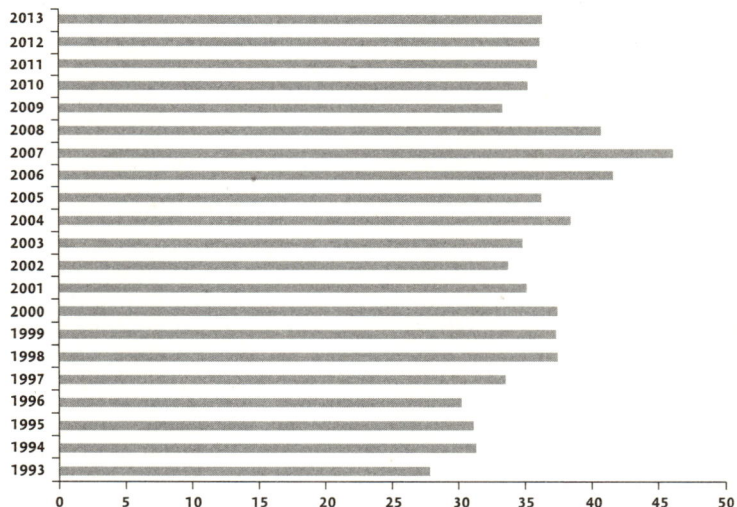

Diese korrekte Darstellung könnte das Debakel der Welt *eingeleitet haben.*

Eine mögliche Chronologie des Fehlers: Ein Grafiker dreht aus Platzgründen oder aus Gründen der Optik die Grafik um 90° gegen den Uhrzeigersinn. Dann hat er genau die Balken der falschen *Welt*-Grafik; allerdings beginnen sie links mit dem Jahr 2013 und enden rechts mit dem Jahr 1993. Einem Korrektor fällt dieser »Fehler« auf, und er »korrigiert« ihn, indem er die Jahreszahlenleiste umdreht, damit die frühen Jahre, wie üblich, links stehen – und fertig ist das schöne Weihnachtsmärchen. Der zuständige Redakteur sieht die

79

Grafik erst im falschen Zustand und dichtet die beglückende Überschrift hinzu: »Weniger Langzeitarbeitslose«. Regierung und Unternehmer danken für die journalistische Beihilfe zur Vernebelung eines großen sozialen Problems. Gegen diese Version des Hergangs spricht allerdings der Umstand, dass der Redakteur den zwischen 25 und 30 Prozent stehenden Balken für 2013 mit den 36,3 Prozent hätte in Einklang bringen müssen, die in seinem Text standen.

Dummheit oder Berechnung? Wie gesagt, wir wissen es nicht. Aber es ist sicherlich weit entfernt von solider Recherche und Ergebniskontrolle. Der Kabarettist Max Uthoff drückte es bei einem Auftritt in Köln so aus: »*Die Welt* ist die *Bild*-Zeitung für Hausbesitzer.«

Die Mär von den vielen Arbeitsplätzen durch niedrige Lohnerhöhungen und steigende Gewinne dient hauptsächlich den Profitinteressen der Unternehmer und ihrer Aktionäre. Das Schönfärben der Arbeitslosenzahlen hat direkt zwei Gewinner: Unternehmen können ihre Gewinnsteigerungen weiter als gesellschaftlich nützlich darstellen, und Politiker malen das Bild ihres wirtschaftspolitischen Handelns in freundlichen Farben.

Tummelplatz für Zahlentrickser: Unternehmen

Im Juli 2015 trat Hisao Tanaka, der Chef des japanischen Elektro- und Nuklearkonzerns Toshiba, zurück. Man hatte aufgedeckt, dass der veröffentlichte Gewinn für 2014 um mehr als 1 Milliarde Euro zu hoch ausgewiesen worden war. Bilanzmanipulationen hatten bei Toshiba Tradition, zumindest seit 2008, wie eine Untersuchungskommission feststellte: Der

Konzern hatte seine Bilanzen in sechs Geschäftsjahren um umgerechnet 1,13 Milliarden Euro geschönt. An dieser Meldung wunderte uns eigentlich nur, wie ehrlich Tanaka das zugegeben und wie tief er sich vor den Belogenen verbeugt hat. Erstaunlich war auch, wie ausführlich die Medien darüber berichteten.[18] Viele aktuelle und ehemalige Verantwortliche deutscher Firmen könnten sich an Herrn Tanaka ein Beispiel nehmen, statt nach der Aufdeckung von Manipulationen routinemäßig die Schuld auf Untergebene abzuwälzen. Deutsche Bank, Siemens und VW bilden dabei nur die Spitze des Eisbergs.

Reges Treiben in den Hinterräumen der Firmenzentralen …

Dafür ist nicht, wie viele denken, die Bosheit einzelner Menschen verantwortlich, vielmehr hat das System. Bei großen Firmen geht es um sehr viel Geld. Besitzer und Anleger fürchten nichts mehr als schlechte Nachrichten und peinliche Daten. Das wissen Vorstandsvorsitzende, Vorstandsmitglieder, Aufsichtsratsmitglieder und alle in der Hierarchie darunter. Überbringer schlechter Nachrichten sind schnell weg von den Honigtöpfen. Also wird bei den ausgewiesenen Zahlen gnadenlos schöngefärbt. Und die eingesetzten Kontrolleure? Die Wirtschaftsprüfer werden von ihren Auftraggebern gut bezahlt und sind somit von ihnen abhängig. Für Ehrlichkeit werden sie selten belohnt. Entsprechend oft haben wir erlebt, was dann passiert. Hierfür ein paar Beispiele:

In München sprach ich (Gerd B.) mit einem externen Wirtschaftsprüfer. Dieser klagte über die Änderung einer Verordnung, wodurch die für letztes Jahr ausgewiesenen Kosten erhöht wurden. Deshalb müsse er die Bilanz seines Auftraggebers, eines Autokonzerns, anpassen. Denn der habe ihm vor der »Prüfung« genau gesagt, welchen Gewinn er ausgewiesen haben wolle. So sprach der nach dem Aktiengesetz offiziell bestellte Wirtschaftsprüfer eines deutschen Autokonzerns!

Ein anderes Mal musste ich als Statistiker der Kassenzahnärztlichen Bundesvereinigung eine komplette Datenanalyse vernichten. Das Ergebnis, so mein Chef, würde dem Vorstand missfallen. Die Fakten belegten ganz eindeutig den häufigen Abrechnungsmissbrauch bei Zahnärzten – was früher oder später ohnehin auffliegen musste. Aber der Vorstand bekam sie nicht zu sehen. Ein halbes Jahr später wurde der Missbrauch von der Boulevardpresse aufgedeckt und reißerisch verpackt. Der damalige Gesundheitsminister Horst Seehofer musste eine für Zahnärzte vorteilhafte Abrechnungsregel zurückziehen. Frühzeitig informiert, hätte der Vorstand vielleicht noch korrigierend eingreifen können.

Doch der Abteilungsleiter hatte Angst, dem Vorstand eine schlechte Nachricht zu überbringen.

In Köln gab es einst ein großes Industrieunternehmen, das für seine Motoren bekannt war. Die größten ausgewiesenen Gewinne erbrachte die Abteilung Anlagenbau. Auf Betriebsversammlungen wurden die Kollegen dieser Abteilung mit Applaus begrüßt, wussten die Kollegen doch um die große Bedeutung der Abteilung für die gute Firmenbilanz. Zehn Jahre dauerte der Schwindel ungefähr, 1996 flog er auf. Die Verantwortlichen hatten zunächst, um gigantische Auftragseingänge vorweisen zu können, die Konkurrenz mit verantwortungslosen Billigangeboten ausgestochen und zum Beispiel den Bau von Zementfabriken in Saudi-Arabien viel zu billig kalkuliert. Als sich die Pannen häuften, zugesagte Fristen nicht eingehalten werden konnten, Konventionalstrafen fällig wurden, wurde alles mit gefälschten Rechnungen und Bilanzen kaschiert, damit die Herren ihr Ansehen und ihre Macht im Konzern nicht gefährdeten.[19] Der Vorstand des Gesamtkonzerns hatte im Glauben, im großen Geld zu schwimmen, viele Fehlentscheidungen getroffen. Der Konzern rauschte fast in die Pleite, den Anlagenbau gibt es nicht mehr, und der Rest ist sehr klein geworden.

Manchmal erwischt es auch korrupte Wirtschaftsprüfer. Als der amerikanische Energiekonzern Enron 2002 nach der Aufdeckung zahlreicher Scheingeschäfte und Bilanzfälschungen zusammenbrach, war das zuständige Wirtschaftsprüfungsunternehmen Arthur Andersen ebenfalls am Ende. Der Enron-Skandal hatte so viel Staub aufgewirbelt, dass die Regierung den Prüfern die Lizenz entzog.[20]

Egal wie gut das Controlling ist, das Schönfärben von Zahlen innerhalb von Unternehmen und in der Selbstdarstellung ist systemimmanent. Leitungen möchten den Eigentümern gute Zahlen vorlegen und gleichzeitig Steuern sparen. Abteilungsleiter präsentieren die Ergebnisse ihrer Arbeit mit den besten Zahlen und kaschieren eigene Fehler. Verstärkt wird die Sucht nach guten Zahlen durch den Drang nach Wachstum. Möglichst mehr als im Vorjahr, gerne auch mehr als die Konkurrenz oder die Wirtschaftsanalytiker erwartet haben. Da muss der Realität oft mit kreativer Zahlendarstellung nachgeholfen werden.

Unangenehm war für uns dabei, dass auch unser Buch *Lügen mit Zahlen* von einem Techniker-Newsletter seinen Abonnenten empfohlen wurde, um Methoden kennenzulernen, mit denen man »gute Kennzahlen« erzeugen kann.[21] Einladungen zu Vorträgen nehmen wir dagegen gerne an. Immerhin können wir dort vor Manipulationen warnen und über Reinfälle von Zahlentricksern berichten. Das erhaltene Honorar wird dann sofort für soziale Zwecke gespendet.

Pro-TTIP-Lügner aufgeflogen

2015 und 2016 tobte in der EU ein heftiger Streit um das sogenannte Freihandelsabkommen TTIP, das die EU-Kommission mit den USA aushandeln wollte. Mehreren Journalisten und Thilo Bode von der Organisation Foodwatch gebührt Dank, weil sie sich in diesem Zusammenhang ein paar Werbezahlen genauer angesehen haben, mit denen der Bundesverband der Deutschen Industrie (BDI) und die Initiative Neue Soziale Marktwirtschaft (INSM)[22] Propaganda für angebliche Vorteile des geplanten Abkommens machen wollten. Laut BDI und INSM sollen Wirtschaft und Handel europaweit durch TTIP jährlich um 119 Milliarden Euro wachsen. Für jeden Vier-Personen-Haushalt ergäben sich daraus 545 Euro zusätzliches Einkommen pro Jahr. Angesichts solcher Zahlen, so die implizite Botschaft der Unternehmer-Lobbyisten, sollten wir wegen ein paar demokratischer Rechte, die dabei vielleicht verloren gehen, doch nicht übertrieben kleinlich sein. Als Beleg zitierte man eine internationale wissenschaftliche Studie, aber man zitierte sie falsch. Man wies die für 10 Jahre berechneten Vorteile einfach als jährliche Vorteile aus, verzehnfachte sie also kurzerhand.[23] Auch die 10-Jahres-Werte entnahmen die Trickser dem unwahrscheinlichen oberen Bereich der Berechnungen, natürlich ohne zu erwähnen, dass er von den Forschern als optimistische Obergrenze bezeichnet wurde. Übrig blieb, korrekt gerechnet in der besten aller Varianten, eine Steigerung des europäischen Bruttoinlandsprodukts um jährlich 12 Milliarden Euro, was bei diesem großen Markt nur weniger als 0,1 Prozent Wachstum entspricht. Und für die vierköpfige Familie bleiben in der optimistischen Variante gut 50 Euro pro Jahr oder 1,04 Euro pro Monat und Nase.

Es folgte das übliche Nachspiel: Die Studie, eben noch als objektive Wahrheit über handfeste Vorteile präsentiert, wurde flugs für irrelevant und zweifelhaft erklärt, sobald TTIP-Gegner Zahlen daraus zitierten. Und ein nicht ganz so übliches Nachspiel. Bei Redaktionsschluss dieses Buches scheint TTIP zumindest in der ursprünglich geplanten Form vom Tisch zu sein. Wir gratulieren den Aktivisten und Aufklärern, denen wir diesen Erfolg zu verdanken haben. Die Methode freilich, Extremvarianten aus Studien als sichere Prognose zu verkaufen, wird uns wohl leider erhalten bleiben.

Forschungsaufgaben zur Wirtschaft

1. Im Geschäftsbericht des Allianz-Konzerns zum Jahr 2015 steht unter anderem der operative Gewinn im Bereich Lebens- und Krankenversicherung. Wie passt der zu den Meldungen, dass sich wegen der niedrigen Zinsen (2015, 2016) in diesen Geschäftsfeldern nichts mehr verdienen lasse?
2. Was sagen die Börsenkurse über die Lage der Wirtschaft? Kontrollieren Sie Ihre Vermutung anhand der Entwicklung des DAX seit 2000.
3. Analysieren Sie die Arbeitslosigkeit in Ihrer Region oder Stadt. Beachten Sie auch die als nicht arbeitslos gezählten Empfänger von Leistungen der Bundesagentur für Arbeit beziehungsweise des Arbeitsmarktservice (Österreich), der Arbeitslosenversicherung (Schweiz) und der Sozialhilfe (Schweiz).
4. Versuchen Sie, die offizielle Zahl der Arbeitslosen anschaulich darzustellen. Die Katholische Arbeitnehmerbewegung zum Beispiel hat für jeden Kölner Arbeitslosen ein (Arbeits-) Los von einem Balkon geworfen und anschließend das viele Papier weggeräumt.

---

1 1890 wurde der gemessene Eisengehalt zehnfach zu hoch veröffentlicht. Erst 40 Jahre später fiel der Fehler Fachleuten auf und wurde korrigiert. Der vermeintlich hohe Eisengehalt von Spinat blieb aber mindestens bis 1970 in den Köpfen vieler Eltern bestehen, zum Leidwesen ihrer Kinder! Mehr dazu in G. Bosbach, J. J. Korff: *Lügen mit Zahlen*, S. 241 f.

2 Zitiert nach Gerd Bosbach, Thomas Schneider: »Ideologie stößt auf Fakten – Der Supergau der Wirtschaftsweisen oder weil nicht sein kann, was nicht sein darf«, unveröffentlichtes Manuskript, August 2008. Dabei haben wir den ersten Schritt der Formel (»höhere Löhne = niedrigere Gewinne«) einmal so stehen lassen, obwohl er ebenfalls zweifelhaft ist. Denn der Branchenvergleich zeigt Branchen, in denen sowohl die Löhne als auch die Gewinne überdurchschnittlich hoch oder niedrig sind.

3 Quote gemessen an allen zivilen Erwerbspersonen.

4 Oder es gibt sogar eine genau umgekehrte Kausalität: Eine hohe Arbeitslosenquote, also ein Überangebot an Arbeitskräften, führt zu niedrigen Löhnen. Das klassische liberale Prinzip von Angebot und Nachfrage legt eine solche Relation nahe.

5 Alleinerziehend 41,9 Prozent, kinderreich 24,6 Prozent (ohne Alleinerziehende), Ausländer 32,5 Prozent; alle Daten nach dem Mikrozensus 2014.

6 »Im Jahr 2014 wünschten sich nach Ergebnissen der Arbeitskräfteerhebung rund 6 Millionen Menschen im Alter von 15 bis 74 Jahren Arbeit oder mehr Arbeitsstunden.« Pressemitteilung des Statistischen Bundesamtes vom 21. 5. 2015 (http://bit.ly/6-millionen).

7 Kein Witz, sondern eine Änderung vom 1. Mai 2009.

8 *Methodenbericht: Umfassende Arbeitsmarktstatistik,* Bundesagentur für Arbeit, Nürnberg 2009, S. 38-41. (PDF auf http://bit.ly/methodenbericht). Leider ist uns eine Auflistung der Erfassungsänderungen für 2009-2016 nicht bekannt.

9 Neben dem Vergleich zum Vormonat und zum gleichen Monat des Vorjahres gibt es als dritte Betrachtungsweise die saisonbereinigten Arbeitslosenzahlen. Sie sind für die Analyse von Entwicklungen sehr brauchbar, werden aber in der Öffentlichkeit selten diskutiert – paradoxerweise vielleicht gerade deshalb, weil die Bezeichnung »saisonbereinigt« den Verdacht der Schönfärberei nahelegt.

10 *Tagesschau,* 28. März 2013.

11 In den Monaten April, Mai und September war immer ein Sinken zu vermelden, in den Monaten März und Oktober fast immer.

12 Der geringfügige Rückgang dieser Zahl um 200 000 (von 2,98 Millionen 2011 auf 2,79 Millionen 2015) wurde mehrmals auf solche Weise abgefeiert. Dazu unser Weblog luegen-mit-zahlen.de, 8. 1. 2014 (http://bit.ly/schattenseiten).

13 Datenquelle: verschiedene Veröffentlichungen des Instituts für Arbeitsmarkt- und Berufsforschung (IAB).

14 *Böckler Impuls* 6/2015, S. 4.

15 Wir haben hier die zum Zeitpunkt der Entstehung des Textes zuständigen Personen benannt, sind aber sicher, dass auch deren Nachfolger die Informationen kennen.

16 Die Wirtschaftsjournalistin Ulrike Herrmann hat darauf hingewiesen, dass der Begriff »Arbeitsmarkt« im Kapitalismus sehr fragwürdig ist, weil ein Teil der »Marktteilnehmer«, nämlich die Arbeitssuchenden, in der Regel sehr wenig Entscheidungsfreiheit haben, ein Angebot auf diesem »Markt« abzulehnen. U. Herrmann: *Der Sieg des Kapitals*, Frankfurt 2013, S. 76–79.

17 Weise hat seinen Posten nach Redaktionsschluss dieses Buches geräumt. Wir sind gespannt, welche Tricks seine Nachfolgerin oder sein Nachfolger draufhat.

18 Zum Beispiel *Handelsblatt*, 21.7.2015.

19 *Kölner Stadt-Anzeiger*, 29.5.1996.

20 Mehr zum Fall Enron bei Jens J. Korff: *Die dümmsten Sprüche aus Politik, Kultur und Wirtschaft – und wie Sie gepflegt widersprechen*, S. 139–143. Mehr über Unternehmensberater und Wirtschaftsprüfer bei Werner Rügemer (Hg.): *Die Berater. Ihr Wirken in Staat und Gesellschaft*. Bielefeld 2004. Sowie Ders.: *Ratingagenturen. Einblicke in die Kapitalmacht der Gegenwart*. Bielefeld 2012.

21 TMM Newsletter, März 2011. Er wird von Technik & Marketing München per E-Mail an circa 2000 Führungskräfte im Technikbereich verschickt.

22 Die dem Arbeitgeberverband Gesamtmetall nahestehende Stiftung wurde um die Jahrtausendwende durch ihr Trommeln gegen die gesetzliche Rente unrühmlich bekannt. Dabei schreckte sie auch nicht vor bezahlten »Botschaftern« zurück, die in der medialen Öffentlichkeit fleißig als angebliche Fachleute die Forderungen der Initiative vertraten. Dazu ausführlich Holger Balodis, Dagmar Hühne: *Die Vorsorgelüge. Wie Politik und Rentenversicherungen uns in die Altersarmut treiben*. Berlin 2012, S. 80-87.

23 luegen-mit-zahlen.de, 13.3.2015 (http://bit.ly/ttip-luegen). »Im Land der Lügen – Wie uns Politik und Wirtschaft mit Zahlen manipulieren«, Die Story im Ersten, Erstausstrahlung 11.4.2016.

5. Schlagzeilen im Eigenbau:
Wie Medien und Meinungsforscher die Welt erklären

*Ich habe oft **die** Meinung, wenn ich liege,*
und eine andere, wenn ich stehe.
Zumal wenn ich wenig gegessen habe und matt bin.

GEORG CHRISTOPH LICHTENBERG

Verlassen wir kurz die Welt der harten Themen und betrachten, wie Meinungsforscher die Meinungen der Bürgerinnen und Bürger zu diesen Themen erfassen und der interessierten Öffentlichkeit präsentieren. Gemäß unserem Ziel, Zahlentrickser zu entlarven, werden wir die Schwächen und schwarzen Schafe der Branche aufs Korn nehmen. Bitte berücksichtigen Sie bei Ihrer Einschätzung dieses Komplexes aber immer die folgenden zwei Aspekte:

Erstens ist das Messen von Meinungen schwieriger als das Messen von Zahlen und Fakten. Bei Meinungen gibt es oft keine klaren Grenzen; zwischen gefühlter und bewusster Meinungsäußerung liegen manchmal Welten, und situative Stimmungen beeinflussen auch viele Bewertungen.

Und zweitens wollen auch Meinungsforscher leben. Das können sie nur von Aufträgen, sie sind also von den

Interessen ihrer Auftraggeber abhängig. Denn der zahlt ungern für ein Ergebnis, das ihm nichts nützt. Wenn er aber zähneknirschend doch zahlen muss, dann war das vielleicht der letzte Auftrag. »Wes Brot ich ess', des Lied ich sing'«, weiß der Volksmund über solche Abhängigkeiten.

Die Wissenschaftler unterscheiden deshalb zwischen Bestätigungsforschung und Erkenntnisforschung. Bestätigungsfoschung nennen sie es, wenn der Auftraggeber, überspitzt gesagt, nur wissen will, ob 60 oder gar 70 Prozent der Befragten sein Produkt, seine Meinung oder seine Partei toll finden. Als Erkenntnisforschung gilt, wenn jemand wirklich wissen will, was die Leute gut finden und was schlecht. Behalten Sie bitte diesen Aspekt beim Lesen von Ergebnissen der Meinungsforscher immer im Blick.

Zeitumstellung! Wie Probleme künstlich aufgebauscht werden

Streiten kann Spaß machen, vor allem, wenn es um relativ unwichtige und begrenzte Fragen geht, wie die Zeitumstellung im Frühjahr. Auch wir, die beiden Autoren, sind über Sinn und Unsinn der Sommerzeit unterschiedlicher Meinung. Jeder kennt das Thema; die einen haben Probleme mit der Zeitumstellung, die anderen nicht – ein ideales Feld für repräsentative Umfragen! Drei Viertel der Bundesbürger waren im Frühjahr 2016 laut einer Umfrage des Meinungsforschungsinstituts Forsa gegen die Zeitumstellung.[1] Doch wurde auch neutral gefragt? Glaubt man der mehrseitigen Auswertung – der Fragebogen wurde leider nicht veröffentlicht –, wurden die Leute nur nach Problemen mit der

Zeitumstellung befragt. Von den Vorteilen der Sommerzeit (eine Stunde länger Tageslicht nach Feierabend, eine Stunde mehr für Garten, Park, Badesee, Wandern, Radfahren usw.) war anscheinend in der Befragung keine Rede. Kein Wunder also, dass die Befragten nur an die Probleme dachten, an das lästige Umstellen der Uhren, die verkürzte Nacht, und die Vorteile des hellen Sommerabends vergaßen. Bei Menschen, die in eine solche Stimmung versetzt wurden, wundert das Ergebnis gegen die Sommerzeit nicht mehr.

Bei der anschließenden öffentlichen Ergebnisdarstellung über die Probleme, die viele Leute mit der Zeitumstellung haben, hat der Auftraggeber der Umfrage, die Deutsche Angestellten-Krankenkasse, sogar recht herzhaft in die Trickkiste gegriffen: »Vier von fünf fühlen sich schlapp«, behauptete die DAK in einer Zwischenüberschrift. Im Kleingedruckten steht dann, wie es wirklich war: 71 Prozent der Befragten haben, wie sie sagen, keine gesundheitlichen Probleme mit der Zeitumstellung. 29 Prozent gaben an, schon einmal Probleme gehabt zu haben. Von *diesen* 29 Prozent (und nicht etwa von allen Befragten) sagten 81 Prozent, also rund vier Fünftel, sie hätten sich wegen der geklauten Nachtstunde schon einmal schlapp gefühlt. Unterm Strich sind das 23 Prozent der Befragten, also weniger als einer von vier.

Das ist ein beliebter Trick bei der Darstellung von Umfrageergebnissen. Hat nur eine Minderheit die Antwort gegeben, die ein Auftraggeber herausstellen will, wird über eine andere, abstraktere Frage zunächst eine passende Teilgruppe der Befragten gebildet; und dann bekommt er innerhalb dieser Teilgruppe doch noch die gewünschte Mehrheit für eine der konkreten Antworten zustande. Viele Leser werden diesen Doppelschritt übersehen und glauben, die »vier von fünf« bezögen sich auf alle Befragten. Bei einem Allerwelts-phänomen wie dem Schlappheitsgefühl erscheint ein solches Zahlenverhältnis auf den ersten Blick auch plausibel.

Die deutschen Ängste – eine Versicherung macht Werbung

Die unbeugsamen Gallier in einem gewissen Dorf haben nur eine Angst: dass ihnen der Himmel auf den Kopf fallen könnte. Die Deutschen haben deutlich mehr Ängste. Ihre Ängste sind so legendär, dass britische oder amerikanische Beobachter sogar auf die Idee kamen, die »German Angst« zu einer Art Markenzeichen zu ernennen. Das Phänomen beschäftigt natürlich auch Meinungsforscher, und so erschien im Frühjahr 2016 schon zum 25. Mal die Auswertung der Umfrage »Die Ängste der Deutschen«. Danach fürchteten sich die Deutschen, einer Presseerklärung der R+V Versicherung zufolge[2], am meisten vor

1. Terrorismus (73 Prozent der Nennungen),
2. politischem Extremismus (68 Prozent),
3. Spannungen durch Zuzug von Ausländern (67 Prozent),
4. Überforderung durch Flüchtlinge (66 Prozent),
5. Kosten der EU-Schuldenkrise (65 Prozent),
6. Überforderung der Politiker (65 Prozent),
7. im Alter zum Pflegefall zu werden (57 Prozent),
8. einer schweren Erkrankung (55 Prozent),
9. steigenden Lebenshaltungskosten (54 Prozent),
10. Krieg (54 Prozent).

2015 stand die Angst vor »vermehrt auftretenden Naturkatastrophen« noch an der Spitze der Liste. Angst vor »steigenden Lebenshaltungskosten« und vor der »Euro-Schuldenkrise« waren frühere Spitzenreiter. Sind das auch Ihre Ängste? Oder haben Sie vielleicht ganz andere auf Lager? Wir zum Beispiel geben zu, Angst davor zu haben, plötzlich nicht mehr.laufen zu können oder beim Autofahren einen Menschen oder eine Katze zu überfahren. Derart persönliche Ängste scheinen in diesem Ranking aber nicht das Thema zu sein.

Das Problem solcher Umfragen besteht darin, dass die Meinungsforscher den Befragten eine relativ kleine Auswahl an möglichen Antworten, hier also den Ängsten, vorgeben müssen. Sie können nicht tausend denkbare Ängste abfragen.[3] Das Problem verschärft sich, wenn sie die Entwicklung bestimmter Ängste über die Jahre hinweg verfolgen wollen. Denn dann müssen sie einige wenige Ängste über etliche Jahre hinweg immer wieder abfragen. Welche das sind, unterliegt der Entscheidung des Meinungsforschers in Zusammenarbeit mit dem Auftraggeber oder schlicht in dessen Interesse.

Der Auftraggeber ist in diesem Fall eine Versicherung. Benutzt sie das Thema Ängste als allgemeinen PR-Aufhänger nach dem Motto »Seht mal, die kümmern sich sogar um unsere Probleme und unsere Zukunft«? Oder versucht sie sogar, konkrete Ängste mit ihren Versicherungsprodukten zu verknüpfen – wie die Angst, Pflegefall oder krank zu werden, die Angst vor Verarmung im Alter, die Angst vor Geldentwertung? Das wissen wir nicht. Aber ohne Marketinggedanken würde keine Versicherung so viel Geld für die Meinungsforschung ausgeben. Und damit sind wir beim nächsten Trick.

Die Ergebnisse müssen eine breite Öffentlichkeit erreichen. Dazu braucht es hohe, möglichst spektakuläre Zahlen. 73 Prozent haben große Angst vor dem Terrorismus, selbst die im Ranking auf Platz 10 abgeschlagen liegende große Angst vor dem Krieg haben angeblich 54 Prozent, also mehr als jeder zweite. Und bei den oben aufgeführten hohen Zahlen muss es sehr viele Leute geben, die mindestens fünf der abgefragten Ängste gleichzeitig bedrücken. Wir haben das nicht geglaubt und den Trick schnell gefunden. Die Befragten durften zu jeder Bedrohung auf einer Skala von »gar keine Angst« bis zu »sehr große Angst« in sieben Stufen ihre Angst einschätzen. Und alle, die etwas jenseits der Mitte angekreuzt haben, wurden als Menschen mit »großer Angst« vor dieser Bedrohung zusammengezählt. Wer also auch nur etwas mehr als die normale Angst hat, dem wird gleich eine »große Angst« unterstellt. Kein sauberes Vorgehen, aber so wurde das Ziel erreicht. Die Versicherung hat ihren jährlichen Aufmerksamkeit erregenden PR-Auftritt.

Manipulierte Fragen lassen Arbeitgeber gut aussehen

Wie Meinungsforscher durch die Auswahl der vorgegebenen Antworten versuchen, das Ergebnis einer Umfrage im Interesse des zahlenden Auftraggebers zu frisieren – das durfte ich (Gerd B.) auch einmal hinter den Kulissen beobachten. Die Vorgeschichte dazu: Der Kölner Reporter und Schriftsteller Günter Wallraff hatte 1985 in seiner Reportage *Ganz unten* als »Türke Ali« teilweise unmenschliche Arbeitsbedingungen bei einer bekannten Schnellrestaurantkette aufgedeckt. 25 Jahre später bot ihm die Betreiberfirma an, eine repräsentative Befragung der Belegschaft durchführen zu lassen, die er selbst gestalten dürfe. Wallraff bat mich, den Kontakt zu einem bekannten Meinungsforschungsinstitut herzustellen. Meine dortige Kontaktperson wollte unbedingt als Erstes wissen, wer die Studie finanziert: Wallraff oder die Restaurantkette. Nachdem sie erfahren hatten, dass die Restaurantkette bezahlte, legten die Meinungsforscher einen Fragebogen vor, worin die Angestellten unter anderem gefragt wurden, wie stark die Kollegen am Arbeitsplatz motiviert seien. Bei den Antwortoptionen gab es die Auswahl zwischen »äußerst hoch«, »sehr hoch«, »hoch«, »nicht sehr hoch« und »wenig motiviert«. Die Option »hoch (motiviert)« bildete die Mitte der Skala, also den in Umfragen üblichen Standardplatz für Personen, die sich zu der Frage nicht eindeutig äußern wollen. Außerdem fehlte die Kategorie »gar nicht (motiviert)«. Da Günter Wallraff und ich in diesem Fall das Sagen hatten, blieb der Fragebogen nicht in dieser auch insgesamt einseitigen Form, die offenbar zum Standardrepertoire der Meinungsforscher für arbeitgebernahe Mitarbeiterumfragen gehört. Die ungewöhnliche Konstellation, dass ein Konzern die Studie bezahlt und sein Kritiker darüber bestimmt, hatten die Meinungsforscher nicht auf Anhieb begriffen.

Ein besonders dreister Fall der für uns offensichtlichen Manipulation durch einseitig vorgegebene Antwortoptionen begegnete uns im Sommer 2015. Wir stutzten bei der Schlagzeile: »Merkels Griechenland-Politik gefällt vielen Grünen-Anhängern« (*Die Zeit*).[4] Sie stützte sich auf eine Umfrage des Meinungsforschungsinstituts Forsa im Auftrag des Magazins *Stern*. Der Medienkritiker Stefan Niggemeier deckte damals auf, dass die Forsa-Ergebnisse auf einer sehr einseitigen Auswahl an Antwortoptionen beruhten.[5] Die Befragten hatten praktisch nur die Möglichkeit, sich zwischen Merkels Spardiktat für Griechenland und einem Hinauswurf Griechenlands aus dem Euro (Grexit) zu entscheiden. Jeder, der gegen einen Grexit war, wurde von Forsa und *Stern* also zur Unterstützung von Merkels Spardiktaten gedrängt. Die Deutsche Presse-Agentur dpa wies in einer Korrektur ihrer ersten Meldung auf diese Problematik hin.[6] Besonders abstrus erschien vielen Beobachtern die Forsa-»Erkenntnis«, dass Merkels Griechenlandpolitik bei den Anhängern der Grünen sogar populärer gewesen sei als bei den Anhängern der CDU/CSU. Dieser Effekt dürfte vor allem der von Forsa formulierten Alternative geschuldet sein. Ein Bann gegen Griechenland war bei kosmopolitisch angehauchten Grünen-Anhängern offenbar weniger populär als bei deutschnational angehauchten CDU/CSU-Anhängern. Daraus aber zu schließen, dass die von Merkel und Finanzminister Wolfgang Schäuble durchgesetzte Austeritätspolitik mit Massenentlassungen, Rentenkürzungen, Belastung des Tourismussektors, hemmungslosen Privatisierungen usw. bei den Grünen-Anhängern populär sei, ist in unseren Augen eine Definitionslüge. Wenn Leute, vor die Wahl zwischen Pest und Cholera gestellt, sich für die Cholera entscheiden, heißt das keineswegs, dass sie die Cholera befürworten und die Cholera somit populär sei. An dieser Stelle haben das Forsa-Institut oder der für die Veröffentlichung verantwortliche *Stern* die Interpretation der Studienergebnisse auf unzulässige Weise überdehnt.

Forsa-Chef Manfred Güllner verteidigte das Vorgehen seines Instituts auf stern.de mit dem Argument, dass es in

Brüssel und im Bundestag eben nur um die genannten Alternativen Spardiktat oder Grexit gegangen sei.[7] Jeder Hinweis auf dritte Möglichkeiten wie etwa einen Teil-Schuldenerlass für Griechenland auf Kosten jener Banken, die den Griechen jahrzehntelang Kredite angeboten hatten, um den deutschen Export anzukurbeln und selbst gut zu verdienen, war in den Augen Güllners »ideologisch verbohrt«. Obwohl damals in der europäischen Wissenschaft und Öffentlichkeit weitere Alternativen diskutiert wurden, etwa eine Abkehr von der deutschen Exportoffensive, Lohn- und Rentenerhöhungen in Deutschland und damit die Stärkung des Konsums, der Importe und der Nachfrage nach griechischen Tourismus-Dienstleistungen.

Die Fragwürdigkeit »unabhängiger« Experten

Güllner und die ideologische Verbohrtheit – das ist ein Komplex, den wir uns kurz genauer anschauen wollen. Manfred Güllner schreibt nämlich regelmäßig politische Kommentare in verschiedenen Zeitungen, darunter im *Kölner Stadt-Anzeiger*, und nutzt sein Image als angeblich überparteilicher Politik-Experte, um immer mal wieder gegen Grüne, Linke und linke Sozialdemokraten auszukeilen. Bei der SPD (und speziell ihrem linken Flügel) diagnostizierte Güllner zum Beispiel Ende 2015 im historischen Rückblick ein »Regierungs-Unwilligkeits-Gen« und »ideologische Verquastheit«, weil es dort Leute gab – Güllner nennt als Beispiel Erhard Eppler –, die Umweltschutzauflagen und eine gerechtere Vermögensverteilung durchsetzen wollen.[8]

2012 veröffentlichte Güllner ein Buch über die Grünen, in

dem er den Anhängern dieser Partei vorwirft, einer Diktatur Vorschub zu leisten und die Demokratie zu untergraben. Seine Wortwahl ist so drastisch, dass ihn die *Spiegel*-Redakteure, die ihn zum Buch interviewten, fragten: »Sie beschreiben die Grünen fast, als wären sie die neuen Nazis ...«[9] Güllner dementierte, diesen Vergleich ziehen zu wollen, um ihn dann offensichtlich auf soziologisch-historischer Ebene doch wieder anzudeuten. Seinen Diktaturvorwurf begründet er mit einer merkwürdigen Argumentationskette. Güllner behauptet, dass die Grünen die anderen Wähler vergraulen würden. Angeblich sei die Wahlbeteiligung in den Hochburgen der Grünen besonders niedrig, und dafür macht Güllner die Grünen verantwortlich. Er schließt also von einer Korrelation, einem quantitativen Zusammenhang, auf eine Ursache-Wirkungs-Beziehung – obwohl die auch genau umgekehrt sein kann. Es könnte schließlich auch so argumentiert werden, dass da, wo die Wahlbeteiligung aus anderen Gründen niedrig ist, die Grünen höhere Prozentwerte bekommen, weil ihre Wählerinnen und Wähler offenbar treuer zur Wahl gehen als die Anhänger von CDU oder SPD. In diesem Fall liefe Güllners Argumentation auf die absurde Pointe hinaus, dass die Grünen die Demokratie zerstören, weil sie als engagierte Demokraten so treu zu jeder Wahl gehen.[10]

Wir erwähnen das hier, um zu zeigen, dass auch vermeintlich überparteiliche Experten wie Güllner offensichtlich politische Vorlieben und Abneigungen hegen und denen manchmal auch freien Lauf lassen. Unsere Frage an die Deutsche Presse-Agentur lautet daher: Was muss ein Mann wie Güllner eigentlich noch tun, um seinen Status als »unabhängiger Experte« zu verlieren? Können wir ernsthaft glauben, dass er bei Umfragen seines Instituts, die seine Lieblingsgegner betreffen, auf Manipulationsmethoden wie die oben beschriebenen verzichtet? Zum Beispiel hat Güllners Forsa-Institut im Sommer 2015 im Auftrag des Energiekonzerns RWE untersucht, wie viele Bundesbürger Kohlekraftwerken und speziell der Braunkohle kritisch gegenüberstehen. In Güllners Zusammenfassung taucht dann auch prompt wieder sein Lieblingsfeindbild auf, wenn er einer angeblichen Minderheit von Kohlekritikern »persönliche, ideologische Gründe« unterstellt.[11] Meinten Güllner und seine Auftraggeber im RWE-Vorstand damit etwa das »persönliche« Motiv, das Weltklima zu schützen?

Wenn Forsa in anderen Antwortoptionen »die Bedeutung der Braunkohle für die Wirtschaftskraft Deutschlands« in den Vordergrund stellt und die »Wahrung von Gemeinwohlinteressen« als Gegenbild zur »Ideologie« der Kohlekritiker aufbaut, wird sehr deutlich, dass es sich hier um eine vermutlich gut bezahlte Auftragsarbeit für den Vorstand des RWE-Konzerns handelt.

Warum die Umfrage am Wahltag viel repräsentativer ist als andere

Sie mögen uns an dieser Stelle fragen, ob unsere Kritik an den Meinungsforschern nicht überzogen ist. Schließlich liegen ihre Prognosen des Wahlergebnisses an den Wahltagen in der Regel sehr nahe am späteren offiziellen Wahlergebnis. Zeigt das nicht die hohe Qualität dieser Forschung? Ja, aber nur sehr, sehr bedingt. Zum einen ist das Thema sehr einfach. Es geht um die ganz schlichte und klare Frage, wen Sie gewählt haben. Die Antwortmöglichkeiten sind ebenso klar und eindeutig, nicht zu vergleichen mit der Stärke von Ängsten oder Problemen mit der Zeitumstellung. Zum anderen ist die Wählerbefragung am Wahltag eine Werbeshow der Meinungsforscher, in die sie regelmäßig einen riesigen und völlig untypischen Personalaufwand investieren. Sie befragen nämlich bei einer Bundestagswahl ungefähr 100 000 Wählerinnen und Wähler, und das persönlich direkt nach der Stimmabgabe vor dem Wahllokal. Das ist eine gewaltige Stichprobe, die mit den üblichen 1000- bis 2000-köpfigen Stichproben von Telefonumfragen nicht zu vergleichen ist. Die einmalige Größe der Stichprobe am Wahlsonntag verringert den üblichen Lotterieeffekt dramatisch, unter dem repräsentative Umfragen sonst leiden. Ist die Stichprobe relativ klein – etwa wenn 1000 Befragte 81 Millionen Bundesbürger abbilden sollen –, dann passiert es immer wieder, dass sich durch Zufall in der Stichprobe die Anhänger einer bestimmten Meinung oder Partei häufen. So wie ein Käufer aus einer Lostrommel, die 10 Prozent Gewinnlose enthält, mit sieben Losen zwei Gewinne erwischt, während ein anderer mit zehn Losen zehn Nieten zieht. Aufgrund dieses Lotterieeffekts dürften Meinungsforscher das Ergebnis der Stichprobe nicht einfach als Ergebnis auf die Gesamtbevölkerung übertragen, sondern müssten Angaben zur Unsicherheit der Hochrechnung ergänzen.[12] Dazu kommt eine Fülle von Fehlerquellen, die das Ergebnis einer normalen Sonntagsfrage verzerren: Leute behaupten beispielsweise, sie würden die Partei X wählen, bleiben bei der Wahl aber zu Hause, oder sie behaupten aus spontanem Ärger, sie würden nicht zur Wahl gehen, gehen am Wahltag aber aus Tradition doch hin. Wenn die Meinungsforscher am Wahltag aber nur tatsächliche Wähler direkt nach ihrer Stimmabgabe befragen, fallen diese Unsicherheiten weg. Es täuscht also, von der Güte der Prognose am Wahltag auf die Güte gewöhnlicher Umfragen zu schließen.

Noch mehr Vorsicht ist bei Online- und Fernseh-Umfragen aller Art geboten. Denn die sind, anders als professionelle Umfragen, grundsätzlich nicht repräsentativ. Das liegt daran, dass sich in der Regel nur Leute, die die strittige Frage besonders stark bewegt, die Mühe machen, die Umfrageseite im Netz zu suchen und dort ihr Votum abzugeben beziehungsweise die jeweilige Sendung anzusehen und die teure Votingnummer anzurufen. Das können starke Befürworter eines vorgeschlagenen Projekts, Gesetzes oder Ähnliches sein oder starke Gegner, während sich Menschen, denen die Frage weniger wichtig ist, an der Umfrage gar nicht beteiligen, ihre Meinung fällt also unter den Tisch. Solche Verzerrungen durch vorsortierte Stichproben haben 2009 dazu geführt, dass bei einer von Stefan Raab auf Pro7 durchgeführten »Telefon-Bundestagswahl« im Rahmen einer großen Wahlsendung einen Tag vor der tatsächlichen Wahl die Linke auf den zweiten Platz aller Parteien kamen, dicht gefolgt von der FDP.

Ein ähnlich gestricktes Beispiel bescherte uns eine österreichische Gratiszeitung 2008 mit der Schlagzeile: »Haider: 79 Prozent glauben an Mord!«[13] (Zur Erinnerung: Jörg Haider war ein österreichischer Nationalist, der 2008 bei einem Autounfall ums Leben kam.) Gefragt waren nur die Leser der Gratiszeitung, geantwortet hatten vermutlich überwiegend diejenigen Leser, die sich mit dem Unfalltod oder gar Selbstmord ihres stark alkoholisierten (1,8‰) Idols nicht abfinden wollten. Wenn er schon tot ist, dann soll er wenigstens heldenhaft gestorben sein, als Opfer einer geheimnisvollen Verschwörung der Illuminaten, Tempelritter, Freimaurer, Wallstreetjuden, CIAnkies oder Mossadniks! So konnte nur eine grob verzerrte Stichprobe herauskommen.

Ein Wort zur Marktforschung

Wir sind bis hierhin meist im gesellschaftlichen und politiknahen Bereich geblieben, auch wenn einige Auftraggeber aus der Versicherungsbranche kamen. Eine quantitativ viel größere Rolle spielt die Meinungsforschung aber in der Wirtschaft – und dort vor allem in der Marktforschung. Marktforscher versuchen zum Beispiel, durch Umfragen herauszubekommen, ob ein bestimmtes Produkt, sagen wir Kaffee zum Mitnehmen, eher junge, eher mittlere oder eher ältere Zielgruppen anspricht, eher Frauen oder eher Männer, eher

Sparsame oder eher Großzügige, und welche Wünsche die Käufer in welchen Situationen dazu bewegen, ihr Portemonnaie zu zücken. Wenn die Anbieter die Antworten kennen, können sie ihre Werbung, ihren Vertrieb oder sogar ihre Produkte darauf einstellen. Wir möchten annehmen, dass die Auftraggeber hier Interesse an richtigen Ergebnissen haben, da ihr Geschäftserfolg davon abhängt. Deshalb wird die Forschung in der Regel ergebnisoffen und in diesem Sinne neutral ablaufen. Trotz dieses eindeutigen Vorteils haben solche Umfragen eine Menge anderer Probleme. Die meisten davon gehören aber nicht hierher, sondern in Fachbücher über Marktforschung.

Doch es gibt ein übergreifendes Problem, das wir nicht verschweigen wollen. Methoden, Ziele und daraus abgeleitete Maßnahmen werden in der Öffentlichkeit nur sehr selten diskutiert, weil sie in der Regel Betriebsgeheimnisse der Auftraggeber oder der Marktforschungsunternehmen sind. Andererseits haben die Ergebnisse dieser Forschung oft erhebliche Auswirkungen auf die gesamte Gesellschaft. Wunschvorstellungen und Werte von Millionen von Konsumenten werden beeinflusst oder sogar erst geweckt – denken Sie nur an schnelle und komfortable Autos, den Drink mit netten Freunden oder die Freiheit des Zigarettenrauchers. Medien richten ihre Formate auf die Werbung aus, manchmal sogar die Inhalte. Die von der privaten Gesellschaft für Konsumforschung (GfK) ermittelten Einschaltquoten der deutschen Fernsehsender bestimmen über das Wohl und Wehe von Sendungen. Denn die Preise für Werbung während und zwischen den Sendungen hängen nun mal wesentlich von der Zuschauerquote ab. Trotz dieser überragenden Bedeutung für unsere Mediengesellschaft bleibt die

Ermittlung der Quoten überwiegend im Panzerschrank der GfK.[14] Dass Marktforschung und ihre gesellschaftlichen Folgen weitgehend im Verborgenen gehalten werden und damit nicht von einer kritischen Wissenschaft und Öffentlichkeit hinterfragt werden können, halten wir für bedenklich.

99-Prozent-Umfragen

Wie gut, dass manche Umfrageergebnisse keinerlei Zweifel aufkommen lassen! 99 Prozent der Deutschen bevorzugen den Euro. Das hat das Meinungsforschungsinstitut FOA (First Of April) im Auftrag der DWN (Deutschen Wirtschafts-Nachrichten) 2013 in einer repräsentativen Umfrage herausgefunden. Auf die Frage »Welche Währung ist Ihnen lieber?«, antworteten 99 Prozent der Befragten mit »Euro«. Nur 1 Prozent bevorzugten alternativ den Yuan. Das Ergebnis wurde durch zwei Kontrollfragen bestätigt. Auf die Frage »Wie möchten Sie Ihr Gehalt bekommen?«, antworteten 97 Prozent: »In Euro«. Nur 3 Prozent entschieden sich für die Alternative »In Kartoffeln«. Bei der dritten Frage war das Ergebnis nicht ganz so eindeutig. Sie lautete: »Wenn Zypern pleitegeht, was soll die EU zurückbekommen?« 93 Prozent antworteten »Euro«, 7 Prozent bevorzugten einen Dankesbrief von EU-Kommissar Mario Draghi.[15]

Forschungsaufgaben zur Meinungsforschung

1. Welches Ergebnis der Meinungsforschung fanden Sie in den letzten Wochen interessant? Versuchen Sie, Details dazu zu finden. Wie war die genaue Frage? Was wurde vorher gefragt? In welche Stimmung versetzte das die Befragten? Wie hat das Forschungsinstitut seine Befragten gefunden? Wie viele wurden befragt?
2. Was ist eine »repräsentative Stichprobe«?
3. Wie kommt das Statistische Bundesamt an die Teilnehmer der Einkommens- und Verbrauchsstichprobe (EVS)? Welche Verzerrungen ergeben sich aus einer so zusammengesetzten Stichprobe? Wie versucht das Amt, diese Verzerrungen herauszurechnen? Haben Sie eine Verbesserungsidee? Falls ja, lassen Sie das Amt und/oder uns davon wissen. Es liegt hier nämlich keine böse Absicht vor.

1   Pressemitteilung der DAK vom 21.3.2016 (http://bit.ly/zeitumstellung1).
2   www.ruv.de, 12.7.2016 (http://bit.ly/aengste2016).
3   Freie Antworten sind in größerer Menge nicht auswertbar. So kann »Angst vor dem Abstieg« beruflich, finanziell, kurz- oder langfristig gemeint sein. Oder gar als Abstieg des Lieblingsvereins.
4   www.zeit.de, 14.7.2015 (http://bit.ly/merkel0715; abgerufen am 31.10.2016).
5   www.stefan-niggemeier.de, 15.7.2015 (http://bit.ly/niggemeier0715; abgerufen am 31.10.2016).
6   www.twitter.com, 15.7.2015 (http://bit.ly/dpa0715; abgerufen am 31.10.2016).
7   www.stern.de, 15.7.2015 (http://bit.ly/stern0715; abgerufen am 31.10.2016).

8   Manfred Güllner: »Helmut Schmidt und die SPD«. *Frankfurter Neue Presse*, 12. 11. 2015 (http://bit.ly/unwilligkeit; abgerufen am 24. 10. 2016).
9   *Der Spiegel*, 23. 09. 2012 (http://bit.ly/guellner-gruene1; abgerufen am 26. 10. 2016).
10   Zur Kritik dieser Positionen Güllners siehe auch Karsten Polke-Majewski: »Meinungsforscher verbreitet bizarre Thesen«, in: *Die Zeit*, 24. 9. 2012 (http://bit.ly/guellner-gruene2; abgerufen am 26. 10. 2016).
11   M. Güllner: »Verteufelt nur von einer Minderheit«, in: *Kölner Stadt-Anzeiger*, 29. 7. 2015.
12   Wurden beispielsweise bei der Sonntagsfrage für die Partei X in ihrer Stichprobe 22,5 Prozent ermittelt, dann müsste bei einer Stichprobe mit 1500 Wählern, sinngemäß ergänzt werden: Wenn am nächsten Sonntag Bundestagswahlen wären, würde die Partei X mit 95-prozentiger Wahrscheinlichkeit ein Ergebnis zwischen 20,4 und 24,6 Prozent erzielen. (Dieser Satz ist nicht ganz korrekt. Die korrekte Interpretation finden Sie in Statistik-Büchern unter dem Stichwort »Vertrauensintervall«.)
13   Den Hinweis auf diesen Artikel haben wir Andreas Quatembers Buch *Statistischer Unsinn. Wenn Medien an der Prozenthürde scheitern*, Springer 2015, zu verdanken.
14   So hat ein Mitarbeiter der GfK den stark geschützten Bereich der Fernsehquotenermittlung bezeichnet. Zur Kritik der Quotenerfassung: tvspielfilm.de (http://bit.ly/gfk-kritik1); www.bpb.de/147511/zuschauerforschung-durch-die-gfk vom 30. 8. 2012 (beide abgerufen am 31. 10. 2016).
15   Satireseite der *Deutschen Wirtschafts-Nachrichten*, 9. 4. 2013 (http://bit.ly/99-prozent-euro; abgerufen am 31. 10. 2016).

6. Schrumpfen, Pflegen und Vergreisen:
Vier Einwände gegen das demografische Gruselkabinett[1]

Unsicher ist's auf dieser Erden
Drum will der Mensch versichert werden.
Hat er die Zukunft nicht vertraglich,
so wird's ihm vor ihr unbehaglich.

EUGEN ROTH

Seit Jahren wird eine demografische Entwicklung prognostiziert, die einem Gruselkabinett ähnelt. In dem Schreckensbild, das gezeichnet wird, steht eine Masse an immer älter werdenden Alten wenigen jungen Menschen gegenüber, auf deren Schultern die gesamte Last liegt, wodurch das bestehende soziale und wirtschaftliche Gefüge alarmierend ins Wanken gerät. Der Bevölkerungswissenschaftler Herwig Birg und andere sprachen bereits von einer Verdopplung des Altenquotienten.[2] Und seit 2012 warnen Frank-Jürgen Weise (Bundesagentur für Arbeit), Robert Egeler (Statistisches Bundesamt) und andere vor einem angeblich drohenden gravierenden Mangel an Arbeitskräften. Aber selbst wenn die Vorhersagen über eine steigende Lebenserwartung, weniger Kinder und mehr Rentner tatsächlich so eintreffen sollten, wie Demografen sie skizzieren – wäre das denn wirklich ein so riesiges soziales und wirtschaftliches Problem?

Vorab sei gesagt, dass sich Langzeitprognosen immer als moderne Kaffeesatzleserei erweisen. Welche Zahlen des Jahres 2010 hätte Konrad Adenauer 1960 denn tatsächlich vorhersagen können? Richtig, die Jahreszahl. Sonst aber fast gar nichts. Und in der heutigen schnelllebigen Zeit sollen wir 50 Jahre in die Zukunft schauen können? Selbst 1985, also vor »nur« gut 30 Jahren, wusste Helmut Kohl samt seinem Beraterstab kaum etwas über die Welt von heute. 25 Jahre Wiedervereinigung, Auflösung des Ostblocks, Kriege in Irak, Libyen, Syrien und ihre Folgen für uns; Industrie 4.0, 3-D-Drucker, Google, Wikipedia, Facebook, WhatsApp: So gut wie nichts davon war vor gut 30 Jahren zu erahnen. Selbst vor 20 Jahren waren Dinge wie Riester- und Rüruprente, Finanzkrise und Europäischer Stabilitätsmechanismus nicht in Sicht. Es ist unseres Erachtens daher schwer nachzuvollziehen, dass viele sonst so kluge Leute trotzdem 50-Jahres-Prognosen mit der zukünftigen Wirklichkeit verwechseln. Da Blicke in die ferne Zukunft also immer höchst unsicher sind, schauen wir zum Vergleich lieber zurück ins bekannte 20. Jahrhundert. Die durchschnittliche Lebenserwartung stieg von 1900 bis 2000 um über 30 Jahre; der Anteil der unter 20-Jährigen halbierte sich von 44 auf 21 Prozent. Und der Anteil von 65 Plus hat sich mehr als verdreifacht – von 4,9 auf 16,7 Prozent. Die demografischen Veränderungen des 20. Jahrhunderts waren weit größer als das, was für das 21. Jahrhundert erwartet wird. Nach der heutigen Logik der Demografen hätte diese »Katastrophe« drastische Kürzungen der Renten und eine drastische Verlängerung der Arbeitszeit nötig machen müssen. Was geschah stattdessen? Der

Sozialstaat wurde im letzten Jahrhundert massiv ausgebaut, die wirtschaftliche Entwicklung war immens. Und bei alledem wurden die Arbeitszeiten in einem heute nicht mehr vorstellbaren Maß reduziert: Aus 60 Wochenstunden im Jahr 1900 wurden 40, aus (maximal) zwei Wochen Jahresurlaub wurden (in der Regel) sechs, und auch die Lebensarbeitszeit wurde um mehr als fünf Jahre gekürzt! Die Demografie-»Logik« erweist sich also als Trugschluss, sobald wir sie rückwirkend auf das 20. Jahrhundert anwenden.

Wir lernen daraus: Die Altersstruktur einer Bevölkerung bestimmt nicht zwangsläufig ihr Wohlergehen. Das zeigen auch weitere Betrachtungen, die der Logik der demografischen Schwarzmaler und Sparapostel widersprechen.

■ Wenn die Kinderzahl pro Frau so wichtig wäre, wie zum Beispiel der Bielefelder Demografiepapst Herwig Birg behauptet[3], müsste es Frankreich ökonomisch deutlich besser gehen als Deutschland. Immerhin bekommt in Frankreich jede Frau etwa 2 Kinder, in Deutschland im Durchschnitt nur 1,5.

■ Wie geht es den Staaten dieser Welt mit jungen Bevölkerungen? Das sind zum Beispiel Bolivien, Bangladesch oder die Philippinen. Sie sind arm. Wer dagegen sind die reichen Staaten? Deutschland, Japan, die Schweiz, Australien – also die mit einer »alten« Bevölkerung.

■ Seit Jahren wird bei uns über einen demografisch bedingten Ärztemangel geklagt. Wie kann das sein? Haben wir doch seit vielen Jahrzehnten einen scharfen Numerus clausus für das Medizinstudium, der viele junge Menschen am Ergreifen des Arztberufs gehindert hat. An zu wenig jungen Leuten hat es also nicht gelegen. Den

Regierungen war und ist seit Jahrzehnten die Ausbildung neuer Ärzte zu teuer.

- »Studenten in Deutschland: So viele gab es noch nie« (*Der Spiegel*, November 2014) – »511 600 Ausbildungsstellen stehen 559 400 Bewerber gegenüber« (Bundesagentur für Arbeit, Oktober 2014) – »Zu große Klassen, zu wenig Lehrkräfte« (WDR 5, August 2014). »Verlorene Jugend – Die Jugendarbeitslosigkeit ist in Südeuropa sehr hoch – in Spanien trifft sie jeden Zweiten« (*Die Zeit*, August 2014). So weit eine Auswahl von Überschriften des Jahres 2014.

Merkwürdig, wie solche Widersprüche im Demografie-Diskurs meist ausgeblendet werden. Wir sehen übervolle Hörsäle, wir hören von Jugendlichen ohne Chance auf Ausbildungs- oder Arbeitsplätze, glauben aber trotzdem, es gebe zu wenig Kinder! Wie kann das angehen?

Wirkungsvolle Zahlenspiele in der Demografie-Debatte

In einer Pressekonferenz am 28. April 2015 kommentierte Robert Egeler, damaliger Präsident des Statistischen Bundesamtes, die Ergebnisse der »13. Koordinierten Bevölkerungsvorausberechnung zur Bevölkerungsentwicklung in Deutschland bis 2060«: »Die Anzahl der Menschen im Erwerbsalter wird stark schrumpfen. Als Erwerbsalter wird hier die Spanne von 20 bis 64 Jahren betrachtet. Im Jahr 2013 gehörten gut 49 Millionen Menschen dieser Altersgruppe an ... Geht die Zuwanderung langfristig auf 100 000 Personen zurück (Variante 1 ›Kontinuität bei schwächerer Zuwanderung‹), gibt es 2060 ein noch kleineres Erwerbspersonenpotenzial: 34 Millionen oder 30 Prozent weniger als 2013.«[4]

Direkt nach dieser Pressekonferenz warnte das *Handelsblatt* mit fetter Überschrift vor einem Rückgang der Zahl der Erwerbsfähigen um fast ein Drittel: »Statistisches Bundesamt: Deutschland verliert massenhaft Erwerbstätige« – und weiter: »Ein Blick ins Jahr 2060: Wenige Junge, viele Alte und wenige, die arbeiten.«[5] Müssen also bald zwei Menschen die Arbeit von dreien schultern? Um auf dieses Horrorszenarium zu kommen, mussten die Warner viele Faktoren »übersehen«. Hier die drei wichtigsten:

1. Der Rückgang um 30 Prozent ist keine Herausforderung für morgen, sondern eine, für deren Bewältigung wir 47 Jahre Zeit haben. Aufs Jahr betrachtet, liegt der Rückgang bei unter 0,8 Prozent. Anders ausgedrückt: Nächstes Jahr müssen 99 das schaffen, was heute 100 schaffen. In Wirklichkeit ist es dank Punkt 2 und 3 aber noch weniger »schlimm«.

2. Der Rückgang des Erwerbspersonenpotenzials auf 34 Millionen entstammt einer Modellrechnung, in der die Zahl der Gesamtbevölkerung um gut 16 Prozent sinkt. Eine deutlich kleinere Bevölkerung braucht zu ihrer Versorgung aber auch weniger Erwerbstätige. Es kommt also nicht auf die absolute Zahl an, sondern auf den Anteil der Erwerbspersonen an der Gesamtbevölkerung.

3. Sowohl für 2013 wie für 2060 wurde ein Renteneintrittsalter von 65 Jahren unterstellt. Und das, obwohl die Lebenserwartung nach derselben Prognose um 6,5 Jahre steigen soll. Und obwohl die Rente ab 67 schon für 2029 beschlossen ist! Warum sollten wir gut 6 Jahre länger leben, unter Arbeitskräftemangel leiden und dennoch keinen Tag länger arbeiten? Eine solche Annahme ist schlicht Unfug.

Wenn wir diese drei für Statistiker und andere denkende Menschen eigentlich selbstverständlichen Faktoren einbeziehen, nach Punkt 2 also nicht die Anzahl, sondern den Bevölkerungsanteil der Personen im Erwerbsalter betrachten, dann haben wir es, wie die folgende Tabelle zeigt, nur noch mit einem Absinken um 0,28 Prozent pro Jahr zu tun. Das Monster der 30 Prozent schrumpft zu einem Mäuschen: Bis 2060 müssen wir jedes Jahr einen von 350 Erwerbsfähigen wegen der Alterung ersetzen.

Hexerei eines Zahlenkünstlers? Nein, es ist genau umgekehrt: Eine an sich harmlose Veränderung haben Robert Egeler und andere unter Nutzung dreier Rechentricks zu einem Monster aufgeblasen und somit künstlich eine Dramatik erzeugt. Die drei »übersehenen« Faktoren erklären nebenbei auch, warum die rasante Alterung des letzten Jahrhunderts sozial und wirtschaftlich relativ problemlos gemeistert werden konnte. Und das trotz der enormen Vernichtung von Menschen und Material durch zwei Weltkriege.

Entwicklung des Anteils der erwerbsfähigen Personen

13. koordinierte Bevölkerungsvorausberechnung für Deutschland
Statistisches Bundesamt, 28. April 2015
Variante 1
Wanderungssaldo 100 000; 1,4 Kinder pro Frau
Lebenserwartung Mädchen + 6,0 J., Jungen + 7,1 J.
Bevölkerungsstand 31. 12. 2013

	2013	2060	Rückgang 2060 zu 2013
20 bis unter 65-Jährige	49,2 Mio.	34,3 Mio.	30,2 %
Bevölkerung	80,8 Mio.	67,6 Mio.	16,3 %
Anteil 20 bis unter 65-Jährige	61,0 %	50,8 %	16,7 %
Anteil 20 bis unter 67-Jährige		53,4 %	12,5 %
jährlicher Rückgang			**0,28 %**

Datenquelle: Statistisches Bundesamt
Darstellung Gerd Bosbach; 28. April 2015

Der Anteil an erwerbsfähigen Personen (20- bis unter 67-Jährigen) sinkt nach Prognosen jährlich um 0,28 Prozent. Das soll der Untergang des Abendlandes sein?

Warum das eigentliche Problem nicht die demografische Entwicklung ist

Obige Betrachtungen sind in der Sache kaum zu bestreiten, stoßen aber bei vielen auf ungläubiges Staunen; so stark widersprechen sie unseren gewohnten Sorgen. Genauso verhält es sich mit dem volkswirtschaftlichen Kuchen: Stellen Sie sich vor, Sie haben eine Konditorei. Heute haben Sie 5 Kilogramm Kuchen zur Verfügung und zehn Gäste. In 20 Jahren haben Sie laut Prognosen 6 Kilogramm Kuchen zur Verfügung und neun Gäste. Werden Ihre Kuchenstücke in 20 Jahren kleiner oder größer sein als heute? Größer natürlich. Übertragen auf die Volkswirtschaft bedeutet das: Ein Wirtschaftswachstum, selbst ein langsames, führt dann, wenn die Bevölkerungszahl abnimmt, dazu, dass alle *mehr* Waren und Dienstleistungen bekommen können und nicht weniger. Einen Abbau von Renten und Sozialleistungen kann man mit der angeblich schrumpfenden Bevölkerung also nicht sinnvoll begründen – zumindest, solange die Wirtschaftsleistung weiter zunimmt. Selbst eine stagnierende Wirtschaft erlaubt bei sinkender Bevölkerungszahl größere Anteile für jeden.[6]

Der Verteilungskuchen

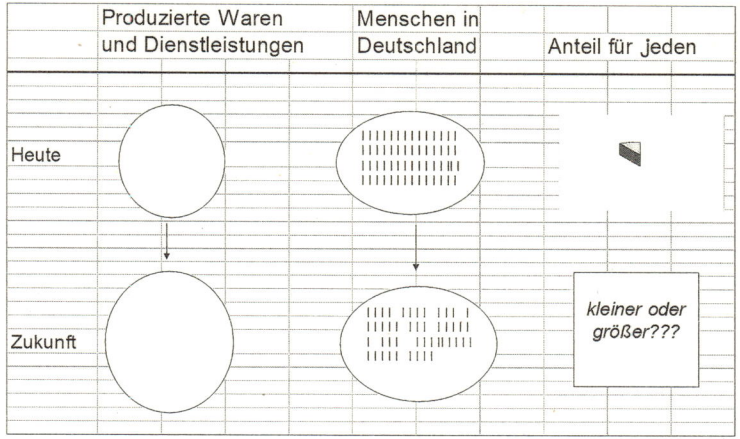

	Produzierte Waren und Dienstleistungen	Menschen in Deutschland	Anteil für jeden
Heute			
Zukunft			*kleiner oder größer???*

Ein wachsender Kuchen bei weniger Essern erlaubt größere Stücke für alle!

Alle könnten also mehr bekommen, auch Rentnerinnen, Arbeitslose und alleinerziehende Mütter – wenn es nicht eine kleine Gruppe gäbe, die schon vorher ein immer größeres Stück aus dem Kuchen herausschneidet. Das ist ein Problem der gesellschaftlichen Umverteilung und nicht eines der Demografie!

Meistens wird die Vergangenheit benutzt, um zu zeigen, wie häufig Menschen Kriege geführt und andere schreckliche Dinge getan haben. Hier wollen wir sie einmal benutzen, um unseren »Demografie-Optimismus« zu begründen. Denn die deutsche Geschichte seit der Wiedervereinigung 1990 war und ist nach gängiger Sicht demografischer Panikmacher eine einzige Katastrophe. Dennoch wissen fast alle, dass diese »Katastrophe« in Wirklichkeit eine Erfolgsgeschichte war. Hierzu ein paar Zahlen, die das belegen: In den Jahren 1991 bis 2014 ist die Lebenserwartung um etwa 4,5 Jahre gestiegen, der Anteil der über 64-Jährigen wuchs um mehr als ein Drittel von 15,0 auf 20,8 Prozent, der Anteil der unter 20-Jährigen sank von 21,5 auf 18,2 Prozent. So weit das »Drama«, und das in nur 24 Jahren. Doch wo blieben die prognostizierten ökonomischen Probleme? Das Bruttoinlandsprodukt stieg real gemessen um 34,2 Prozent, also um mehr als ein Drittel, wie die nachfolgende Grafik zeigt. Und das trotz der Aufbauprobleme direkt nach der Wiedervereinigung, trotz der Stagnation Anfang des Jahrtausends und des scharfen Einschnitts durch die Finanzkrise 2009.

Bruttoinlandsprodukt und notwendige Arbeitsstunden

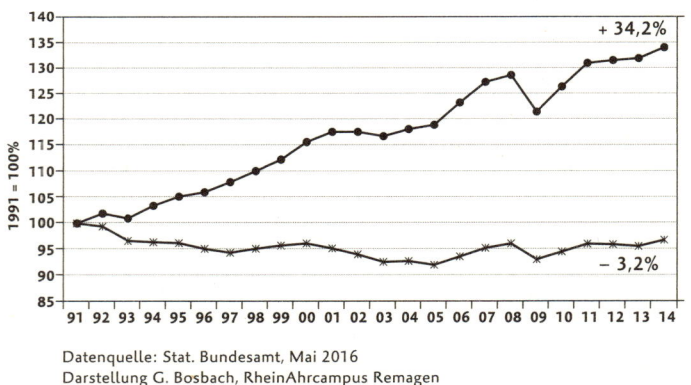

Datenquelle: Stat. Bundesamt, Mai 2016
Darstellung G. Bosbach, RheinAhrcampus Remagen

Das wirtschaftliche Wachstum in Deutschland seit 1991 trotz alternder Bevölkerung.

Also alles kein Problem? Leider doch. Der wachsende Kuchen wurde sehr ungleich verteilt, und die Sozialversicherungen, die nur aus den Löhnen bezahlt werden, haben mit dem Wachstum der Wirtschaft nicht Schritt halten können. Die Arbeitszeit in Stunden sank (vor allem durch mehr Teilzeitstellen), die Reallöhne stiegen abgesehen von den letzten zwei, drei Jahren kaum, die Ausgaben der Sozialversicherungen stiegen aber weiter, genau wie viele andere Ausgaben auch. Deshalb mussten Renten- und Krankenversicherungen ihre Beiträge erhöhen. Das Problem ist, dass die Sozialsysteme nur über die Löhne und Einkommen von Arbeitnehmern finanziert werden, und das auch nur bis zur Beitragsbemessungsgrenze, also ohne die hohen Einkommen. So werden die Sozialsysteme von einer Lokomotive der Volkswirtschaft abgekoppelt.[7]

Widersprüche und durchsichtige Zahlentricks, wohin man schaut! Zur Erklärung hilft der Hinweis von Voltaire nur bedingt weiter: »Je häufiger eine Dummheit wiederholt wird, desto mehr bekommt sie den Anschein von Klugheit.«

Eine »Katastrophe« mit Gewinnern

Seit 2003 hören wir erstaunt fast täglich einen Politiker oder Journalisten über Bevölkerungszahlen reden. Das war nicht immer so. Noch um 1995 war Bevölkerungsstatistik nur ein Thema für staubtrockene Statistiker. Ein Beispiel für diesen Wandel: 1990 habe ich als Berater des Statistischen Bundesamtes in Bonn, dem damaligen Regierungssitz, die Anzahl der Kleinkinder und die Altersstruktur von Lehrern betrachtet. Da die Kinder bald zur Schule, eine Menge Lehrer aber in Pension gehen würden, war klar, dass mehr Lehrer ausgebildet werden sollten. Aber keine Chance! Die Regierung hatte damals kein Interesse an »Bevölkerungsplanung«, wie sie das Betrachten demografischer Daten nannte. Wahrscheinlicher

Hauptgrund war der Wunsch, nicht mehr Geld für die Bildung ausgeben zu müssen, egal was die Fakten erforderten. Mitte der 1990er-Jahre kamen die übersehenen Kinder – oh Wunder! – zur Schule, und prompt stellten die Kultusminister einen »plötzlichen« Lehrermangel fest. Mittlerweile ist das Interesse an dem Thema stark gestiegen. Heute ist die Bevölkerungsstatistik unter dem Namen Demografie in aller Munde. Doch meist geht es dabei nicht um reale Fakten, sondern um Prognosen für die nächsten Jahrzehnte. Wie zweifelhaft solche Prognosen sind, haben wir bereits beschrieben. Dennoch werden seit 2003 viele wichtige politische Entscheidungen genau damit begründet.

Den fragwürdigen Umgang von Politikern mit demografischen Zukunftsprognosen – wenn sie denn zu ihrer eigenen Meinung passen – habe ich in meiner Beraterzeit in Bonn an fast höchster Stelle kennenlernen dürfen. Der damalige »Altkanzler« Helmut Schmidt forderte 1990 detaillierte Zukunftsprognosen für Deutschland 2020 an, differenziert nach Rentnern, Studierenden, Bundesländern und anderen Faktoren. Zur Erinnerung: 1989 war die Mauer gerade gefallen, und große Wanderungsbewegungen hatten begonnen. In kurzer Zeit kamen über 3 Millionen sogenannte Russland-Deutsche nach Deutschland, außerdem viele Ungarn, Slowaken, Polen usw. Eine vernünftige Bevölkerungsprognose über 30 Jahre war also unmöglich. Aber das störte Helmut Schmidt nicht, er wollte unbedingt Daten haben. Der Statistiker wagte, den Staatsmann zu fragen, wie hoch in 2020 wohl das Renteneintrittsalter sein und ob es bis dahin eine Regelstudienzeit geben werde. Dies sind notwendige Rahmengrößen für die Berechnung des Rentner- und Studierendenanteils der Bevölkerung. Die Antwort kam prompt und brüsk: Das müssten wir

Statistiker doch besser wissen. Als ich dem Büro von Helmut Schmidt sarkastisch empfahl, Langfristprognosen so langfristig anzulegen, dass der Auftraggeber im Jahr der Wahrheit auf keinen Fall mehr im Amt und am besten schon tot sei,[8] reagierte Schmidt persönlich mit Druck auf die Wissenschaftlichen Dienste des Deutschen Bundestages, ihn keinesfalls ohne Daten abzuspeisen. Deshalb half ich mit einer Prognose der UNO aus dem Jahr 1985 aus, mit dem deutlichen Hinweis, dass diese Prognose von einem stabilen Ostblock ausgegangen war, also durch die politische Entwicklung überholt sei. Aber es kam, wie es kommen musste: Die Daten der Prognose passten Helmut Schmidt in den Kram, und er nutzte sie für einen langen, warnenden Artikel, natürlich ohne Hinweis auf die hinfällig gewordenen Annahmen.

Wie konnte ein seit 1990 beobachteter Prozess der Alterung plötzlich so ein Gewicht bekommen? Wie konnte ein staubtrockenes Statistik-Thema zum ständigen Thema der *Tagesschau* werden? Wie können so viele schreiende Widersprüche totgeschwiegen werden? Das war kein Versehen, sondern eine professionell geplante öffentliche Kampagne, gestartet durch die *Initiative Neue Soziale Marktwirtschaft*, einer vom Arbeitgeberverband Gesamtmetall gegründeten Denkfabrik. Denn es gibt einflussreiche Gewinner der Demografie-Angst:

■ Die Versicherungsbranche profitiert durch Riester- und Rüruprente, betriebliche Altersvorsorge und Kürzungen bei der Gesetzlichen Rente. Staatlich bezuschusste und von der Bundesregierung beworbene private Produkte waren ein milliardenschweres Geschenk für die Branche. Der Ökonom Hans-Werner Sinn (Ex-Präsident ifo-Institut) brachte zeitweise sogar einen gesetzlichen Zwang zum Kauf von privatwirtschaftlichen Vorsorgeprodukten ins Spiel.[9]

- Die Arbeitgeber konnten sich dank der Demografie-Angst aus der paritätisch finanzierten Rente verabschieden, da ihre Arbeitnehmer die Riesterrente alleine bezahlen. Damit sparen sie nach Daten der Deutschen Rentenversicherung mindestens 20 Milliarden Euro pro Jahr![10]
- Die Medien hatten attraktive Schlagzeilen nach dem alten Journalistenprinzip »Only bad news are good news« (»Nur schlechte Nachrichten sind starke Nachrichten«).
- Politiker hatten plötzlich für vieles einen Sündenbock, der sie scheinbar aus der Verantwortung nahm. Ärztemangel, leere Sozialkassen, Mangel an Fachkräften[11]: Überall schützt das Schild »Demografie« vor tieferen Blicken auf Machtstrukturen, eigene Fehler und Interessenkonflikte. Was für ein Unfug das ist, zeigt der »demografisch bedingte Ärztemangel«, wie oben gesehen, in grellen Farben: Jahrzehntelang sparen sie das Bildungssystem zu Tode, lassen Tausende junger Menschen, die Arzt oder Ärztin werden wollen, nicht Medizin studieren, und dann schreien sie auf einmal: »Die Demografie ist schuld!« Geht's noch?

Bei der sehr gut finanzierten und koordinierten Kampagne zum Thema Demografie ging es also nicht um Wahrheit, sondern um den Nutzen von Interessengruppen und viel Geld. Interessierte Kreise haben die eigenen Interessen geschickt als kluge Reaktion auf scheinbar »objektive Notwendigkeiten der demografischen Entwicklung« dargestellt.[12]

Eine Bemerkung zum Schluss: Mit diesem Beitrag wollen wir der weit verbreiteten »Demografie-Angst« begegnen. Das heißt nicht, dass wir der Meinung wären, die Alterung einer Gesellschaft werfe keine Probleme auf. Aber aus unserer Sicht sind das bei Weitem nicht die Hauptprobleme der Gesellschaft. Wenn wir erfolgreich an den Dingen arbeiten, die wir für Hauptprobleme halten, und zum Beispiel die Arbeitslosigkeit[13] nennenswert abbauen, unsere Jugend[14] ausreichend qualifizieren, den großen Reichtum in unserer Gesellschaft wieder stärker für die Finanzierung von Sozialleistungen und Infrastruktur nutzen und Migranten gut integrieren, dann wäre genug für alle da. Wir müssten eine wachsende Zahl älterer Menschen nicht als Bedrohung und Belastung empfinden, sondern könnten sie eher als Chance und Bereicherung unserer Gesellschaft sehen. Schließlich sind wir selbst bald oder heute schon diese älteren Menschen. Dann könnten wir uns fast alle auf ein längeres, überwiegend gesundes Leben freuen.

Auch bei scheinbar sicheren Themen, wie den Folgen der demografischen Entwicklung, lohnt ein genauerer Blick. Sind die Folgen wirklich so wie beschrieben oder überhaupt klar vorhersagbar? Ist die demografische Entwicklung tatsächlich für die gesellschaftliche Entwicklung so ausschlaggebend, wie immer indirekt unterstellt wird? Wie in diesem Kapitel gezeigt, haben uns beim Hinterfragen die folgenden einfachen Methoden weitergeholfen.

- Sich ins Jahr 1965 oder 1985 zu »beamen« und zu versuchen, eine Vorausschau auf das Jahr 2015 vorzunehmen, erlaubt uns, die Fähigkeit von 30- oder 50-Jahres-Prognosen abzuschätzen.
- Veränderungen über 50 Jahre sind kein taugliches Maß, sie sind immer groß. Fragen wir lieber, ob die Veränderung pro Jahr zu Problemen führt.

- Wichtige andere Faktoren müssen wir bei Zukunftsbetrachtungen berücksichtigen: Rente ab 67 bei Analysen für 2060, späteres Eintreten von Krankheiten und Pflege bei angenommenen sechs Jahren mehr Lebenserwartung.
- Querdenken lässt auch ganz aktuell scheinbar sichere Erkenntnisse wanken. Staaten mit junger Bevölkerung sind den alten Staaten ökonomisch unterlegen, die höhere Geburtenrate Frankreichs löst die gesellschaftlichen Probleme nicht, und bei Ärztemangel muss der Numerus clausus als Ursache miteinbezogen werden.

Und wenn bei den Überlegungen scheinbar Unglaubliches herauskommt, hilft die Frage nach den Nutznießern. Je größer deren Nutzen, umso stärker können Tricks und Lügen die öffentliche Meinung beherrschen.

Forschungsaufgaben zur Demografie

1. Fragen Sie Ältere, wie sie im Jahr 1965 gelebt haben und was man damals über die heutige Zeit vermutet hat. Denken Sie an Themen wie Telekommunikation, Medien, Fernsehen, Zahlungsverkehr, Medizin, Arbeitswelt, Reisen, Familienleben. Überlegen Sie anschließend, wie sinnvoll 50-Jahres-Prognosen sein können.
2. Betrachten Sie die aktuelle Bevölkerungsvorausberechnung des Statistischen Bundesamtes von 2015. Dort gibt es acht Varianten für 2060. Wie weit fallen die Ergebnisse der Varianten auseinander?
3. Vergleichen Sie die 10. Bevölkerungsvorausberechnung des Amtes von 2003 mit der wirklichen Entwicklung der Folgejahre.

Achten Sie dabei auf den Zensus 2011, der ergeben hat, dass die Bevölkerungszahl um knapp 1,5 Millionen *überschätzt* worden war.

4. Wie hat sich die Weltbevölkerung seit 1950 entwickelt? Welche Vorhersagen gibt es für 2050? Beleuchten Sie in diesem Licht die »Schrumpfungsängste« in Deutschland.

1 Teile dieses Kapitels erschienen in kürzerer Form bereits in der CDU-Senioren-Zeitschrift *souverän*, Nr. 2/2015, S. 16 f. Dort unter dem Titel »Vier Einwände gegen die Schwarzmalerei«. Für dieses Buch haben wir einige Daten aktualisiert und die Betrachtung erweitert.

2 Herwig Birg: *Die alternde Republik und das Versagen der Politik. Eine demografische Prognose*, Münster/Berlin/Wien 2014, S. 101.

3 Dieter Hintermeier: »Kinder, Kinder«, in: *Frankfurter Neue Presse*, 17. 12. 2015 (http://bit.ly/geburten-in-d).

4 Statement auf http://bit.ly/egeler2015; abgerufen 9.3.2017, S. 11

5 www.handelsblatt.com vom 28. 4. 2015 (http://bit.ly/erwerbstaetige2060; abgerufen 5. 5. 2016).

6 Sollte es in Zukunft keinen nennenswerten Produktivitätsfortschritt mehr in Deutschland geben, werden wir in unserer globalisierten Wettbewerbswelt schnell ganz andere Probleme haben als die sich langsam verändernde Altersstruktur. Was nicht bedeutet, dass es mit dem herkömmlichen Wirtschaftswachstum immer so weitergehen muss wie früher (siehe Kapitel 11).

7 Mehr dazu in Kapitel 7.

8 Der Gedanke stammt aus einem Lehrbuch über Prognoserechnung, das ich 1988 zur Vorbereitung einer mündlichen Doktorprüfung benutzt habe. Der Titel ist mir leider entfallen.

9 Im Mai 2008, nach *Ruhr-Nachrichten*, 8. 5. 2008 und nachdenkseiten.de/?p=3211.

10 Faustdaten zu den Rentenfinanzen 2015. In: *Rentenversicherung in Zahlen 2015*, Stand 12. Juni 2015, hrsg. von der Deutschen Rentenversicherung, S. 10. In der Berechnung wurde angenommen, dass die

Arbeitgeber alternativ die Hälfte des Riesterbeitrags von 4 Prozent tragen würden. Da wahrscheinlich ein Beitrag von 6 Prozent nötig wäre, um das alte Rentenniveau zu erhalten, betrüge dann die Ersparnis der Arbeitgeber sogar über 30 Milliarden Euro pro Jahr!

11 Mehr dazu in Kapitel 8.

12 Mehr zu den Kampagnen bei Diana Wehlau: »Rentenpolitik unter Druck – Einflussnahme und Lobbying der Finanzbranche am Beispiel der Riester-Rente«. In: *Armut im Alter – Probleme und Perspektiven der sozialen Sicherung*, hrsg. v. Christoph Butterwegge, Gerd Bosbach u. Matthias Birkwald, Frankfurt 2012, S. 204–224. Sowie bei Holger Balodis, Dagmar Hühne: *Die Vorsorgelüge*, Berlin 2012.

13 Deren wahres Ausmaß wird häufig verschleiert. Mehr dazu in Kapitel 4.

14 Wie widersprüchlich: Es wird ständig über zu wenige Kinder und Jugendliche geklagt, aber selbst diesen mangelt es in großen Teilen Deutschlands an Kitas, kleinen Schulklassen, Ausbildungsplätzen, Studienplätzen und anständig bezahlten Arbeitsplätzen (siehe Kapitel 8).

7. Reiche Rentner, arme Jugend?
Im Zwielicht der Generationengerechtigkeit

Die Jungen rennen schneller,
aber die Älteren kennen die Abkürzungen.

FRANK A. MEYER

Unter dem Schlagwort »Generationengerechtigkeit« stilisieren sich verschiedene Expertinnen und Politiker gerne zu Rächern einer angeblich enterbten Jugend empor. Sie ziehen mit der Moralkeule gegen egoistische Alte zu Felde, die, so ihre Behauptung, die Grundlagen der Zukunft der Jugend kurzsichtig verprassen. Zu hohe Ausgaben für die Renten, die Belastung des Staates mit Sozialausgaben, die zu höheren Staatsschulden führten, unterlassene Maßnahmen für die Umwelt, all dies wird den »herrschenden« Alten vorgeworfen.

Viele Jugendliche haben es zu Beginn des 21. Jahrhunderts tatsächlich schwer. Es fehlt an vernünftigen Arbeitsplätzen, an interessanten Ausbildungsstellen, und die meisten Hochschulen platzen aus allen Nähten. Ist der Abschluss dennoch geschafft, warten oft nur Praktika oder befristete Verträge. In Spanien, Italien und Griechenland ist die Jugendarbeitslosigkeit sogar katastrophal. Trotzdem sollen die Betroffenen von ihrem Lohn die aktuellen Rentner ernähren und zugleich selbst für ihre Altersvorsorge sparen. Vor Beginn

125

der Privatisierungswelle in der Altersvorsorge war diese Doppelbelastung für die meisten Deutschen, Österreicher oder Schweizer unbekannt. Und wie steht es um das Vertrauen in eine friedliche Zukunft, eine gesunde Umwelt oder einen fürsorgenden Staat? Leider Fehlanzeige. Da hatten »wir Alten« es überwiegend besser.

Wirklich? Und sind an den Problemen der Jugend wirklich die vielen Rentner schuld?

Es gibt schließlich auch junge Leute, die ganz andere Sorgen haben: Wie soll das ererbte Geld möglichst sicher oder gewinnbringend angelegt werden? Soll man das Haus mit dem großen Garten behalten, vermieten oder besser verkaufen? Wenn verkaufen, wann ist der beste Zeitpunkt? Wie vermeidet man Erbstreitigkeiten unter den Geschwistern? Wer soll die von Papa geerbte Firma leiten?

Genau wie »die Jugend« bilden auch »die Rentner« keine einheitliche Gruppe. Bei den Berliner, Hamburger, Münchner, Wiener und Zürcher Tafeln stehen Jung und Alt gemeinsam um Lebensmittel an. Junge und alte Flaschensammler belagern die Glascontainer und bevölkern die Bahnsteige. Die Armutsquote der Generation 65+ ist inzwischen genauso hoch wie die der gesamten Bevölkerung, und sie steigt seit 2009 ständig weiter an.[1]

Mit den »reichen Rentnern« und der »armen Jugend« ist es offenbar doch nicht so weit her. Auch die anderen Argumente der »Kämpfer für die Generationengerechtigkeit« stehen auf wackligen Füßen, wenn wir sie genauer betrachten.

Warum es kein Allheilmittel ist, Staatsschulden zu vermeiden

»Staatsverschuldung ist neben Umweltschutz der Bereich, in dem ein Interessengegensatz zwischen der heutigen und zukünftigen Generationen am offensichtlichsten ist: Die herrschende Generation kann die Kosten für ihren Konsum den nachfolgenden Generationen aufbürden, ohne dass sich diese dagegen wehren können«[2], behauptet die »Stiftung für die Rechte zukünftiger Generationen«, die lange von dem Tübinger Politologen Jörg Tremmel angeführt wurde. Damit benennt er zwei Vorwürfe direkt – Staatsverschuldung und fehlenden Umweltschutz – und indirekt wirft er offenbar den Alten vor, die Herrschaft über den Rest der Bevölkerung auszuüben.

Das mit der Staatsverschuldung klingt auf den ersten Blick plausibel. Doch wir wollen genauer hinsehen und schauen, was die realen Folgen der politischen Forderung sind, dass sich der Staat nicht mehr verschuldet – und ob dies wirklich im Interesse der jungen Generation ist.

Wer gegen Staatsschulden und zugleich gegen Steuererhöhungen agitiert, möchte den Staat auf strenge Sparprogramme verpflichten. Solche gibt es schon seit Jahrzehnten (zum Beispiel 1974, 1982, 2003-05). Doch wo spart der Staat, wenn die Sparwut tobt? Meistens an den sogenannten weichen Stellen, die keine starke Lobby haben, zum Beispiel an der Bildung. Die viel beschworene Schuldenbremse wirkt sich also oft zum direkten Nachteil der Jugend aus, der sie angeblich nutzen soll:

■ Schulklassen sind oft immer noch so groß, dass ein zeitgemäßes Lernen für alle Schüler kaum möglich ist.

- Die Hochschulen melden ständig neue Studierendenrekorde, ohne dass der Personalstand entsprechend angepasst würde. Meine Hochschule in Remagen nimmt im Bereich Betriebs- und Sozialwirtschaft mehr als dreimal so viele Studierende auf wie zu Beginn vor 20 Jahren vorgesehen. Gute Betreuung erhalten an den meisten Hochschulen nur noch wenige Studenten.

- Nordrhein-Westfalen hat 2006/07 die Größe der Lehrerreserve für erkrankte Kollegen mit Hinweis auf die Schuldenbremse halbiert. Seitdem sind Unterrichtsausfälle und mehr Stress für die Lehrer vorprogrammiert.

- Schul- und Hochschulbauten verfallen teilweise ungehindert. An der Kölner Universität mussten zweitweise Netze unter die Decken gehängt werden, um Studierende vor herabstürzenden Deckenteilen zu schützen. Und beim Besuch einer Diskussionsveranstaltung im Kölner Hauptgebäude 2015 durfte ich mich auf einem derselben quietschenden Klappsitze niederlassen, die ich dort schon zu Beginn meines Studiums 1974 genossen hatte.

- Deutschland steht im Vergleich der OECD-Länder mit seinen Bildungsausgaben weit unten in der Statistik. Für 2012 wurden 4,4 Prozent des Bruttoinlandsprodukts gemessen, der Schnitt aller OECD-Länder beträgt dagegen 5,2 Prozent.

Sparen im Bildungssektor führt nicht nur zu persönlichen Nachteilen der Betroffenen: weniger wissen, weniger verdienen, schlechtere oder gar keine Jobs. Es schadet auch der Wirtschaft. Schlechter ausgebildete Leute werden meist schlechter arbeiten. Das stört die Produktivitätsentwicklung, verringert tendenziell die Steuereinnahmen und vergrößert so am Ende vielleicht sogar das Verschuldungsproblem des Staates.

Ganz abstrus wird es, wenn dringend nötige Investitionen ausbleiben oder reduziert werden, um Schulden zu senken. Die Folgen solcher Fehlentscheidungen sehen wir gerade überdeutlich beim deutschen Straßen- und Schienennetz. Deutschland hat beim Schienennetz eine der niedrigsten Investitionsraten pro Einwohner in West-Europa. Die Briten investieren fast doppelt so viel, die Österreicher viermal so viel und die Schweizer sogar siebenmal so viel.[3] Was sicher nicht daran liegt, dass das jetzige Netz der Deutschen Bahn schon optimal ausgebaut und in einem Top-Zustand wäre. Ähnliches gilt auch für das Straßennetz. Gibt es irgendwo in Deutschland eine stark befahrene ältere Brücke, die noch voll intakt ist? In Köln unseres Wissens nicht. Und das soll zum Wohl der jungen Generation sein? Auch dieses Sparen schadet der Lebensqualität der Menschen und zugleich der Wirtschaft. Das viel beschworene Wirtschaftswachstum profitiert ganz bestimmt nicht von einer kaputtgesparten Infrastruktur.

Das Sparen des Staates wird also meist zum Eigentor, da Kürzungen bei Bildung und Investitionen unsere zukünftige Entwicklung gefährden. Jörg Tremmel und der CDU-Politiker Jens Spahn, Gründungsmitglied einer fraktionsübergreifenden Gruppe, die sich nach eigenen Angaben für Generationengerechtigkeit einsetzt, erwähnen deshalb tunlichst keine Kürzungen auf diesen Feldern oder schließen sie sogar aus. Stattdessen fordern sie vage, die »Konsumausgaben des Staates« zu reduzieren. Was nach unserer Erfahrung in der Regel darauf hinausläuft, staatliches Personal abzubauen, staatliche Dienstleistungen einzustellen und staatliche Gebäude verkommen zu lassen. Aber ist es gut für die Jugend, wenn das im Sozialwesen, bei der Justiz, der Kultur oder beim Umweltschutz passiert?

Tremmel und Spahn haben auf diese Einwände keine Antworten; vielleicht haben sie auch andere Interessen. Wer profitiert denn heute davon, wenn der Staat weniger Geld für Infrastruktur, Bildung, Soziales oder Umweltschutz ausgibt? Vor allem diejenigen, die im anderen Fall mehr Steuern an den Staat zahlen müssten. Wir erinnern an die großen Steuergeschenke für Reiche und Unternehmer zu Beginn der 2000er-Jahre: Kapitalertragssteuer, Senkung des Spitzensteuersatzes bei der Einkommensteuer, Reduktion der Steuern für große Kapitalgesellschaften, Streichung der Steuern bei Firmenübernahmen, Verzicht auf eine Vermögenssteuer (seit 1997), weitgehender Verzicht auf die Erbschaftssteuer – siehe unser Kapitel 3 über Reichtum. Auf diese Steuergeschenke wollen die Gewinner nicht verzichten. Weiterhin profitieren von den Sparmaßnahmen bei der Infrastruktur diejenigen, die diese Bereiche gerne privatisieren wollen. Wenn der Staat dort mangels Mittel und Personal »versagt« und es nicht mehr schafft, die Rheinbrücken in Schuss zu halten, rechnen sich Konzerne Chancen aus, sich als private Retter feiern und bezahlen zu lassen. Dass sie sich die Filetstücke mit der besten Renditeerwartung herauspicken und den »schäbigen Rest« dann doch dem Staat überlassen, und dass sie es bis heute nicht geschafft haben, einen funktionsfähigen Flughafen für Berlin zu bauen, derlei Kleinigkeiten sollen wir erst hinterher erfahren und büßen.[4]

Wenn Reiche und Unternehmer zu wenig Steuern zahlen, der Staat deshalb zu wenig investiert, wenn Konzerne öffentliche Dienstleistungen privatisieren und dabei die Filetstücke herausreißen, hat das alles sehr wenig mit den Interessen der jungen Generation zu tun – eher im Gegenteil. Dazu ein Beleg: Die Allianz Versicherung möchte gerne in eine Gesellschaft investieren, die mit dem Staat gemeinsam Autobahnen baut. Konzernchef Markus Faulhaber beantwortete dazu im Oktober 2014 Fragen des *Tagesspiegels*. Faulhaber: »Wir würden gerne Autobahnen finanzieren.« – »Welche Rendite brauchen Sie?« – Faulhaber: »Das hängt vom Risiko ab. Wenn wir Eigenkapital einsetzen, erwarten wir schon etwa 7 Prozent, bei riskanteren Investments auch mehr.«[5] Das bedeutet: Wenn der Staat die Finanzierung alleine regelt und Kredite am Kapitalmarkt aufnimmt, muss die Jugend nach heutigen Kapitalmarktbedingungen später 0 Prozent Zinsen zahlen. Wenn der Staat die Finanzierung dem Versicherungskonzern überlässt, muss die Jugend später praktisch 7 Prozent Zinsen zahlen. Im Fall 1 sind es Staatsschulden, also böse, böse, böse! Im Fall 2 sind es private Vorleistungen, deren Rückzahlung der Staat aus Steuermitteln garantiert. Das gilt nicht als Staatsschulden, also prima, prima, prima!

Immerhin danken wir Markus Faulhaber für seine Offenheit. Damit könnte auch dem Letzten klar werden, welche Folgen das Duo Schuldenbremse und Privatisierung der Filetstücke für die Bevölkerung hat.

Die Angstmache vor den Staatsschulden

»Jedes Ding hat zwei Seiten« sagt der Volksmund, in der chinesischen Philosophie heißen sie Yin und Yang. Wenn es um Staatsschulden geht, wird in der öffentlichen Diskussion aber fast immer nur eine Seite gezeigt: das Geld, das dem Staat fehlt, also eine Art Loch. Das Loch wächst, es wächst schnell, und mit ihm wächst die Angst vor der Zukunft.

Staatsschulden Deutschland: Bund, Länder und Gemeinden (in Milliarden Euro)

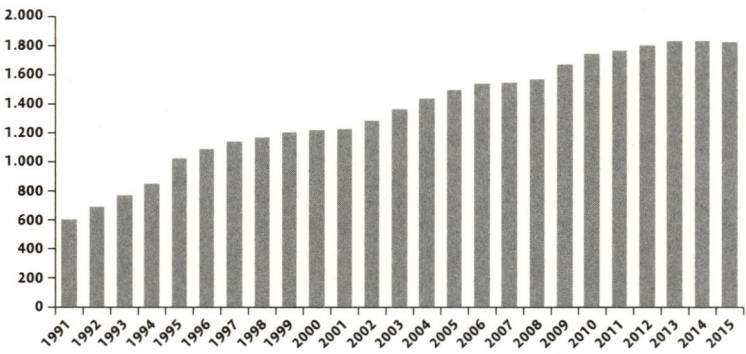

Datenquelle: Deutsche Bundesbank, Stand jeweils 4. Quartal des Jahres; Darstellung Gerd Bosbach, August 2016

Erschreckende Darstellung der Staatsschulden. Meist wird sie grafisch noch dadurch übertrieben, dass man die senkrechte y-Achse nicht bei 0 beginnen lässt, sondern zum Beispiel bei 500 Milliarden Euro. Durch diesen Trick wirkt der Anstieg noch steiler, noch bedrohlicher.[6]

Die andere Seite der Staatsschulden sind die Vermögen derjenigen, die dem Staat Geld geliehen haben. Denn wo es Schuldner gibt, müssen auch Gläubiger sein, die ihr Geld verleihen. Ein typischer Fall von »Yang ohne Yin«: Die zweite Seite der Medaille wird bewusst oder unbewusst ausgeblendet. In normalen wirtschaftlichen Zeiten verdienen die Gläubiger an den Zinsen ganz gut. Bei den heutigen Unsicherheiten auf dem Kapitalmarkt haben die Geldverleiher zumindest eine sehr sichere Anlage für ihr Geld, denn der deutsche Staat hat stets pünktlich seine Raten und Zinsen gezahlt – zumindest seit 1952.[7] Auch, wenn er dafür wieder neues Geld aufnehmen musste, wie es vornehm statt Leihen heißt. Also gibt es auch Profiteure der Staatsschulden, zu denen auch die Besitzer großer Privatvermögen zählen. Werfen wir deshalb einen Blick auf die Entwicklung der deutschen Geldvermögen.

Nettogeldvermögen der privaten Haushalte in Deutschland (in Milliarden Euro)

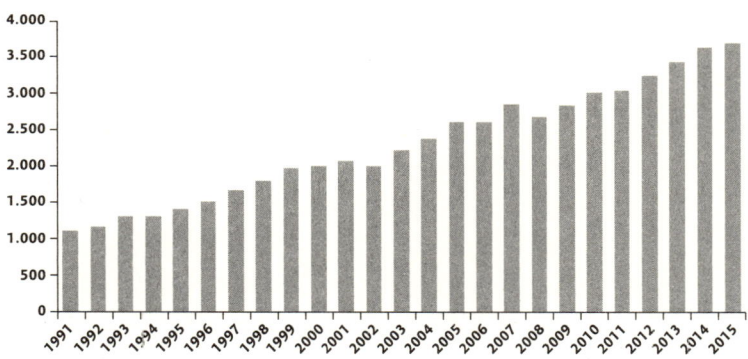

Datenquelle: Deutsche Bundesbank, Stand jeweils Jahresende;
Darstellung Gerd Bosbach, August 2016

Die andere Seite der Schulden: die Nettogeldvermögen.

Haben Sie kurz geglaubt, wir hätten versehentlich dieselbe Grafik noch einmal gebracht? Kein Wunder, die Diagramme ähneln einander sehr. Seit 1991 haben sich sowohl die Staatsschulden als auch die Geldvermögen mehr als verdreifacht.

Aber ein paar feine Unterschiede gibt es doch. Aus den Daten berechnet sich der Anstieg der Staatsschulden auf 303 Prozent, der des Nettogeldvermögens auf 337 Prozent. Das Vermögen ist um etwa 10 Prozent stärker gestiegen als die Schulden. Noch viel gravierender ist der Unterschied in der absoluten Höhe: Das Nettogeldvermögen der Deutschen (also abzüglich aller Schulden) ist heute etwa doppelt so groß wie die Staatsschulden.

Das sieht doch so aus, als wäre alles gut: Uns stehen in Deutschland 1800 Milliarden Euro mehr Nettogeldvermögen allein der privaten Haushalte zur Verfügung, als es Schulden gibt. So gesehen ist genug Geld da, um generationengerechte Investitionen in Bildung und Infrastruktur finanzieren zu können.[8] Leider gibt es ein solches »Wir« in Deutschland nicht, da wir es mit einer Gesellschaft zu tun haben, die in Reiche, Durchschnittsverdiener und Arme zerfällt. Die einen haben ganz überwiegend das Geldvermögen, die anderen bräuchten einen finanzkräftigen Staat für Bildung, Arbeitsförderung und Soziales. Dieser Interessenkonflikt wird unter anderem im deutschen Bundestag ausgetragen. Wer in solchen Gremien mehr Einfluss aufbauen kann, setzt seine Interessen in entscheidenden Momenten durch.

Sie können sich also denken, warum die andere Seite der Schulden so selten in der Öffentlichkeit gezeigt wird. Jörg Tremmel und Jens Spahn, den intelligenten Kämpfern für die sogenannte Generationengerechtigkeit, dürfen wir unterstellen, die Zusammenhänge zu kennen und bewusst nicht breit zu thematisieren. Zum Schutz der Reichen dieser Republik und wohl auch zum eigenen Wohl. Dass die Schulden der einen die Vermögen der anderen sind, ist eigentlich selbstverständlich. Und doch liegen in dieser Blickrichtung spannende und ungewohnte Einsichten, die die Gerechtigkeitsfrage nicht entlang von Generationen, sondern ganz woanders aufwerfen. Sie macht deutlich, dass die Fragen, ob Geldvermögen nach Jung und Alt verteilt und ob eher Junge oder eher Alte von der Kürzung staatlicher Leistungen betroffen sind, falsch gestellt sind. Denn die Probleme haben mit Jung und Alt kaum etwas zu tun, sondern viel eher mit Reich und Arm, mit Einflussreich und Unwichtig. Das sehen viele so – auch wenn Jörg Tremmel mit seiner Behauptung, die Alten seien die Einflussreichen offenbar gerne davon ablenkt.

Wie 2013 die *WirtschaftsWoche* berichtete, meint Tremmel »Deutschland ist schon eine Gerontokratie«, wir hätten also einen Staat, in dem die Alten herrschen.[9] Er stützt sich dabei auf die auch von der *WirtschaftsWoche* vertretene Ansicht, dass ältere Menschen oder Senioren die Mehrheit der Wählerinnen und Wähler stellen, die Mehrheit der Abgeordneten in den Parlamenten und die Mehrheit der Regierungsmitglieder. Aber hat er damit recht?

Wahlberechtigt sind in Deutschland alle Bürgerinnen und Bürger ab 18 Jahren. 2013 waren knapp 35 Prozent davon über 60 Jahre alt.[10] Das reicht offensichtlich nicht für eine Mehrheit. Um eine Mehrheit der »Alten« zu konstruieren, muss Tremmel die Grenze bei 52 Jahren ziehen. Das erscheint uns willkürlich, würde er damit doch fast alle führenden Politiker, Führungskräfte der Wirtschaft, viele Wissenschaftler oder Lehrerinnen als alte Menschen abstempeln. Im Deutschen Bundestag war 2015 die Mehrheit der 630 Mitglieder unter 53 Jahre alt; nur 14 waren über 70. Wir sind auch dafür, dass mehr Menschen unter 40 in die Parlamente und in andere Führungspositionen gelangen, aber eine »Herrschaft der Alten« ist hier nicht zu erkennen.

Ein neues Argument für die eingebildete »Gerontokratie« fiel den selbst ernannten Verfechtern der Rechte der Jüngeren 2016 mit der Entscheidung der Briten zum Austritt aus der EU vor die Füße. »Ältere haben über Zukunft der Jüngeren entschieden«, behauptete das Sprachrohr der

»Generationenkämpfer« Jörg Tremmel im Juni 2016 in einem SWR-Interview. Aber auch diese Argumentation hat eine erhebliche statistische Schwäche.

Brexit: Waren die Alten schuld?

In der Enttäuschung vieler Europäer über den Ausgang des EU-Referendums in Großbritannien 2016 war schnell ein Sündenbock gefunden. Direkt nach Bekanntgabe des Ergebnisses kursierte in den sozialen Medien eine Darstellung wie hier in der folgenden Tabelle.

Die Ergebnisse des Brexit-Referendums nach Altersgruppen

Alters-gruppe	Durch-schnitts-alter	»Blei-ben«	»Aus-treten«	Lebens-erwar-tung	Anzahl der Jahre, die sie mit dem Ergebnis leben müssen
18–24	21	64 %	24 %	90	69
25–49	37	45 %	39 %	89	52
50–64	57	35 %	49 %	88	31
65+	73	33 %	58 %	89	16

Alte als Sündenbock? Eine britische Darstellung zum »Ergebnis« des EU-Referendums 2016. In Wirklichkeit basiert sie auf einer Wählerumfrage!

Die Tabelle[11] erweckte so direkt nach der Abstimmung den Eindruck, sie gäbe das offizielle Abstimmungsergebnis, nach Altersgruppen aufgeschlüsselt, an. In Wirklichkeit wurde bei der Abstimmung das Alter der Wähler natürlich nicht abgefragt. In Wahrheit beruhen die Zahlen auf einer Umfrage unter 1652 Wählerinnen und Wählern. Die Botschaft lautete:

Alte Menschen, die nur noch kurz mit den Folgen der Entscheidung zu leben haben, bestimmen über die Zukunft der armen Jugend. Damit das möglichst erschreckend wirkte, griffen die Autoren in die optische Trickkiste: Die Option »Austreten (Leave)« bekam die aggressiv wirkende Farbe Rot; die Option »Bleiben (Remain)« das sachliche Blau-Grün. Die größeren Prozentzahlen wurden im Original überproportional vergrößert dargestellt.

Aber viel wichtiger ist, dass die Autoren die Ergebnisse auf die restliche Lebenserwartung der Abstimmenden bezogen und die Wahlbeteiligung in der jeweiligen Altersgruppe verschwiegen. Andere Umfragen und Projektionen ergaben nämlich, dass sich die jüngeren und mittleren Jahrgänge deutlich schwächer an der Abstimmung beteiligt hatten als die älteren.[12] Bei dem knappen Ergebnis des Referendums (51,9 zu 48,1 Prozent für den Austritt) ist klar: Wären die Jungen genauso engagiert zur Wahl gegangen wie die Alten, wäre die Abstimmung anders ausgegangen.[13] Viele deutsche Medien griffen das Thema auf und malten das (Zerr-)Bild von einem Kampf der Generationen an die Wand:

- »Alt überstimmt Jung« (*Süddeutsche Zeitung*, 26. 6. 2016)
- »Herrschaft der Alten? Junge CDU-Politiker fordern Reformen« (*The Huffington Post*, 26. 6. 2016)
- »Ältere haben über Zukunft der Jüngeren entschieden« (Jörg Tremmel im SWR 28. 6. 2016)
- »Den Generationenkonflikt, den wir in Großbritannien gesehen haben, haben wir auch in Deutschland.« (Andreas Zick, der Bielefelder Soziologe, wurde in vielen Medien zitiert, 30. 6. 2016)

Seltsamerweise ging kaum jemand auf die Frage ein, warum sich Jüngere schwächer an Wahlen und Abstimmungen beteiligen als Ältere. Das Phänomen ist schon lange bekannt, in Westdeutschland seit 1953.[14]

Die Verfechter der »Generationengerechtigkeit« aus den unterschiedlichsten Lagern stützen sich also im Wesentlichen auf zwei Argumente: die Staatsverschuldung und die angebliche Altenmehrheit bei den Wählern. Beide Argumente sind schwach und irreführend, wie wir gesehen haben. Die Agitation gegen ältere oder kinderlose Wähler gefährdet zudem wichtige Grundlagen der Demokratie wie den Grundsatz des gleichen und geheimen Wahlrechts, wonach zwei Putzfrauen einen Generaldirektor überstimmen können. An diesem Grundsatz wird gerüttelt: Vertreter des sogenannten Familienwahlrechts möchten, dass Eltern unmündiger Kinder zusätzliche Wählerstimmen für ihre Kinder bekommen, und Vertreter des Kinderwahlrechts wollen, dass auch Kinder wählen können – was aufs Gleiche hinausläuft, denn die werden sich in der Regel an ihren Eltern orientieren. Das Wahlgeheimnis in den Familien wäre dadurch eingeschränkt.

Die Argumentation über die Lebenserwartung der Wähler läuft gedanklich darauf hinaus, das Stimmrecht älterer Menschen zu beschneiden, weil sie kürzer mit den Folgen der Wahlentscheidung leben müssen. Wie absurd diese Folgerung ist, mögen Sie daraus ersehen, dass die Älteren den Spieß genauso gut umdrehen könnten: Sie haben mehr Erfahrung mit politischen Fragen als die Jungen, also muss ihre Stimme mehr Gewicht haben. Besser, wir bleiben beim demokratischen Grundsatz »eine Person, eine Stimme«.

Die Damen und Herren von der Generationenfront sehen sich gerne als Rächer der Enterbten. Das sind ihrer Meinung nach die Kinder und Jugendlichen. Einige Schlagzeilen des Jahres 2016 zeichnen allerdings ein ganz anderes Bild der Lage:

»Vererbt statt erarbeitet«

»Viele Erben sind schon vorher gut versorgt«

»Hohe Erbschaftswelle, niedriges Erbschaftssteueraufkommen«

»Vermögen in Deutschland: 3,1 Billionen Euro warten auf Erben«

»Deutschland ist Land der Erben«

»Reiche Kinder kaufen Aktien und Immobilien«

»Kinder verfügen über 19 Milliarden Euro«

»Arbeiten im Rentenalter nimmt zu«

»Kölner Renten sinken unter Durchschnitt«

Auch die sogenannte Vermächtnis-Studie, die Sozialwissenschaftler 2016 im Auftrag der Wochenzeitung *Die Zeit* erstellt haben, zieht ein völlig anderes Resümee als diejenigen, die die Probleme hauptsächlich zwischen den Generationen sehen: »Dies ist die dritte Erkenntnis der Vermächtnis-Studie: Die Deutschen unterscheiden sich [in ihren Einstellungen und Wunschvorstellungen] nicht nach Alter. Sondern nach Bildung, Einkommen und Freundeskreis.«[15]

So wird es auch in den meisten Familien gelebt: Es überwiegt das Miteinander. Eltern versorgen ihre Kinder, Großeltern spenden reichlich Zeit und Geld. Kinder unterstützen die Älteren bei Umzügen, Einkäufen und anderen körperlich belastenden Tätigkeiten, Kinder erklären »den Alten« das Smartphone und neue Apps, Alte erzählen ihren Kindern, wie man Hecken schneidet, Kuchen bäckt oder Konflikte löst. Manchmal müssen Kinder ihre Eltern pflegen oder das passende Heim auswählen. Dabei wird zuweilen geflucht, aber in der Regel haben alle Beteiligten nicht nur das eigene Wohl im Blick, sondern auch das der Angehörigen.

So kooperativ läuft unser familiäres Zusammenleben wahrscheinlich schon seit der Steinzeit. Die mittlere Generation versorgt ihre Kinder und ihre Alten. Probleme gibt es vor allem dann, wenn die mittlere Generation nicht genügend Arbeit und Lohn findet. Dann funktioniert der Ausgleich zwischen Jung und Alt nicht mehr reibungslos. Wer einen Generationenkampf herbeiredet, löst diese Probleme nicht, sondern verschleiert die Ursachen. Wir setzen darauf, dass junge Leute von heute schlau genug sind, um zu begreifen, dass Zwangsmaßnahmen gegen Ältere ihnen später (und zwar früher als erwartet) selbst auf die Füße fallen würden. Lasst uns lieber gemeinsam für eine solidarische Verteilung des gesellschaftlichen Reichtums eintreten!

Forschungsaufgaben zur Generationengerechtigkeit

1. Welche Vorteile haben heutige Jugendliche gegenüber der Jugendzeit der heutigen 60- bis 65-Jährigen? Welche Nachteile? Suchen Sie das Gespräch mit der anderen Altersgruppe oder mit beiden.
2. Wie ist das Umweltverhalten der einzelnen Altersgruppen? Wählen Sie einen messbaren Indikator, zum Beispiel die Anzahl der Flüge, die Größe der Wohnfläche pro Kopf, gefahrene Autokilometer.

3. Wie viel Geld wird in den nächsten zehn Jahren vererbt? Suchen Sie nach Schätzungen.

4. Betrachten Sie in Ihrer Umgebung die Folgen von Einsparungen bei der Bildung und in der Infrastruktur. Konfrontieren Sie Politiker und Medien mit den Ergebnissen und fragen Sie sie danach, ob ihre Entscheidungen für die Zukunft tragfähig sind.

1   Von 11,9 Prozent in 2009 auf 14,6 Prozent in 2015 (Stand 3. 10. 2016).

2   www.generationengerechtigkeit.de (http://bit.ly/generationen1; abgerufen am 15. 8. 2016).

3   www.allianz-pro-schiene.de/themen/infrastruktur/daten-fakten/

4   Zu diesem Komplex verweisen wir auf diverse Veröffentlichungen von Werner Rügemer zu Public Private Partnership. Siehe beispielsweise www.nachdenkseiten.de/upload/pdf/PPPethecon.pdf.

5   www.tagesspiegel.de (http://bit.ly/faulhaber-autobahnen; abgerufen am 28. 10. 2016).

6   Außerdem »vergessen« die Dramatisierer gerne, die Preissteigerung herauszurechnen oder die Entwicklung der Staatsschulden mit der des Bruttoinlandsprodukts zu vergleichen.

7   In Kriegs- und Nachkriegszeiten war das anders. Im Londoner Schuldenprotokoll von 1952 haben die Alliierten dem westdeutschen Staat alle noch bestehenden Schulden aus der Zeit des Zweiten Weltkriegs erlassen.

8   Falls Ihnen 1800 Milliarden oder 1,8 Billionen wenig sagen, hier ein Vergleich: Alle Grundstücke und Anlagen der Deutschen Bahn hatten laut einer Statistik des Bundesverkehrsministeriums 2005 einen Bruttowert von rund 180 Milliarden Euro – also ein Zehntel dieser Summe. Zur Bahnstatistik www.deinebahn.de 2007 (http://bit.ly/deinebahn).

9   Nach *WirtschaftsWoche* 14. 11. 2013 (http://bit.ly/gerontokratie). »Gerontokratie« ist ein Wort aus dem Altgriechischen und bedeutet »Herrschaft der Alten«.

10 Angaben des Bundeswahlleiters für die Bundestagswahl 2013. Daten für die Bundestagswahl 2017 lagen bei Redaktionsschluss des Buchs noch nicht vor.
11 Abgebildet z. B. bei theguardian.com 24.6.2016 (www.theguardian.com/politics/2016/jun/24/young-remain-voters-came-out-in-force-but-were-outgunned; abgerufen am 27.3.2017)
12 Nach Sky Data gingen nur 36 Prozent von der jüngsten Gruppe an die Wahlurnen, von der ältesten dagegen 83 Prozent. Zitiert bei www.jjahnke.net/rundbr3490.pdf. Diese Zahlen wurden später kritisiert. Nach einer Umfrage vom Juli 2016 gaben 64 Prozent der 18-24-Jährigen an, zum Referendum gegangen zu sein; die über 65-Jährigen dagegen zu 90 Prozent (www.theguardian.com, 10.7.2016, http://bit.ly/eu-abstimmung). Beide Umfragen sind nicht unproblematisch, weisen aber in dieselbe Richtung: Die Wahlbeteiligung der Jüngeren liegt deutlich unter der der Älteren.
13 Dabei unterstellen wir eine ähnliche Einstellung zum Brexit innerhalb der Altersgruppen bei Wählern und Nichtwählern.
14 Bundeszentrale für politische Bildung (bpd.de), 1.9.2009 (http://bit.ly/bpd-wahlbeteiligung).
15 Zitiert nach R. Novotny u. a.: »Generation Gibtsnicht«. www.zeit.de, 3.3.2016 (http://bit.ly/vermaechtnis1). Der Bericht bezieht sich auf: *Die Zeit*, Institut für angewandte Sozialwissenschaft, Wissenschaftszentrum Berlin für Sozialforschung: »Das Vermächtnis – Die Welt, die wir erleben wollen«, Ergebnisse der gemeinsamen Untersuchung, 17. Februar 2016.

8. Schicksal Fachkräftemangel:
Ein Katastrophenszenarium verpufft

Das Märchen vom Fachkräftemangel
TITEL EINER ARD-STORY

Die vielleicht meistzitierte German-Angst-Prognose der 2010er-Jahre war und ist der angeblich drohende Fachkräftemangel. Frank-Jürgen Weise, Chef der Bundesanstalt für Arbeit, fasste ihn im Mai 2011 in eine schlagende Zahl: »Bis 2025 wird eine Lücke von 6 bis 7 Millionen Fachkräften entstanden sein.«[1] Die Weise-Zahl wurde rasch zum vielzitierten »Fakt«: *6,5 Millionen fehlende Fachkräfte im Deutschland des Jahres 2025.* So manchem Beobachter gefror das Blut in den Adern; Albträume von Krankenhäusern ohne Ärzte, Pflegeheimen ohne Pflegekräfte, Baustellen ohne Architekten und ohne Poliere, Maschinenbauunternehmen ohne Ingenieure und Restaurants ohne Köche kursieren bis heute. Zugegebenermaßen waren wir nicht unschuldig daran, dass Weise seine Zahl schon nach wenigen Wochen wieder aus dem Verkehr zog.[2] Dennoch hielt sich das Phänomen »Fachkräftemangel« als angebliches Faktum in der Welt und wird von Politikern und Unternehmerverbänden zu allerlei Zwecken benutzt.

Zahlenspiel Nr. 1:
Die 6,5 Millionen fehlenden Fachkräfte
des Herrn Weise

Wie kam die Weise-Zahl zustande? Die Suche nach der Quelle gestaltete sich damals gar nicht so einfach. Die Bundesanstalt für Arbeit (BA) zitierte im Mai 2011 ein »Hintergrundpapier« des Instituts für Arbeitsmarkt- und Berufsforschung (IAB), das der allgemeinen Öffentlichkeit zunächst nicht zugänglich war. Neugierig geworden, konnte ich (Gerd B.) mir das Papier über einen Journalisten einer Fachzeitschrift besorgen. Was ich las, überraschte. Um auf die 6 bis 7 Millionen fehlenden Fachkräfte zu kommen, musste Weise anscheinend viele merkwürdige Annahmen unterstellen. Eine kleine Auswahl:

- Es gibt keine Wanderungsbewegung mit dem Ausland, weder Zu- noch Abwanderung.
- Die Erwerbsquote der Erwerbsfähigen erhöht sich nicht – es werden zum Beispiel keine bisherigen Hausfrauen erwerbstätig.
- Die Rente ab 67, die Aussetzung der Wehrpflicht und die auf acht Jahre verkürzte Gymnasialzeit haben allesamt keine Auswirkungen auf den Arbeitsmarkt.

Das sind sehr seltsame Annahmen für eine Gesellschaft, die Angst davor hat, dass ihr die Fachkräfte ausgehen. Die Panikmacher übersahen außerdem den Effekt, dass eine steigende Arbeitsproduktivität und eine sinkende Bevölkerungszahl den zukünftigen Bedarf an Arbeitskräften reduzieren werden; aber an solche Kurzsichtigkeit ist schon fast *business as usual.* Und noch eine Feinheit: Wenn die gesamte Altersgruppe der Erwerbsfähigen, also alle 20- bis 65-Jährigen (nach damaliger Regelung), um 6,5 Millionen kleiner wird, spiegelt diese Zahl nicht 1:1 die Verringerung von Arbeits- und Fachkräften wider. Denn innerhalb der Altersgruppe gibt es auch heute Studierende, Arbeitslose, Hausfrauen, Hausmänner und andere, die nicht arbeiten und somit nicht als Fachkräfte wegfallen können. Gleiches gilt für die heute als »gering qualifiziert« Arbeitenden. Gleichwohl begingen viele Medien, zum Beispiel die *Frankfurter Allgemeine*, genau die gleichen Fehler, als die Weise-Zahl 2013 wieder auftauchte.[3] Es ist eine alte Erfahrung: Eine Zahl, die ein »Experte« einmal in die Welt gesetzt hat, kann lange leben, auch wenn sie eindeutig falsch ist und eindeutig widerlegt wurde. Beim angeblich hohen Eisengehalt des Spinats hat es rund vierzig Jahre gedauert, bis die Zahl widerlegt wurde, und weitere vierzig, bis sie langsam als überholt galt.

In Kapitel 4 über die Tricksereien mit den Wirtschaftszahlen sind wir Frank-Jürgen Weise schon beim Schönfärben von Arbeitslosenzahlen begegnet[4]. Das mag man als die übliche pastellfarbene Tünche über den hässlichen Löchern des Kapitalismus betrachten. Eine Zukunftsrechnung für ein Deutschland ohne Ab- und Zuwanderung, ohne Rente ab 67 usw. ist jedoch eine andere Nummer, zumal Weise seine abwegigen Annahmen bei der Präsentation seiner Zahl verschwiegen hat. Das Ergebnis einer theoretischen Modellrechnung zu veröffentlichen, ist an sich keine Lüge. Zur Lüge wurde die Weise-Zahl, als Weise und seine publizistischen Unterstützer diese Zahl ohne die ihr zugrundeliegenden Annahmen als realistische Prognose für die deutsche Zukunft veröffentlichten und dazu benutzten, eine politische Droh- und Druckkulisse aufzubauen. Zu dieser Einschätzung stehen wir.[5]

Weise hat die Motive für sein Tun nicht erläutert. Um seine Gründe zu verstehen, könnte ein Blick auf seinen Lebenslauf hilfreich sein:[6]

- Nach 12 Jahren als Bundeswehrsoldat stieg er bis zum Bataillonskommandeur der Reserve auf. Befehlen und Gehorchen hat er also gelernt.
- Seit 1985 war er Geschäftsführer, Vorstands- und Aufsichtsratsmitglied mehrerer Industrieunternehmen. Er weiß, wie man die Interessen der Firmenbesitzer und Großaktionäre durchsetzt.
- In die Bundesagentur für Arbeit (BA) stieg er 2002 direkt als Vorstandsmitglied ein, wobei alte Bundeswehrkontakte hilfreich waren. 2004 wurde er auf Vorschlag der Bundesregierung zum Vorstandsvorsitzenden der BA ernannt.
- Als Beirat der Bundesakademie für Sicherheitspolitik und Sprecher der Clausewitz-Gesellschaft pflegte er weiterhin seine Kontakte zur Bundeswehr.
- Nach Angaben von Wikipedia ist Weise Mitglied der CDU.
- 2015 wurde Weise zusätzlich zum Präsidenten des Bundesamtes für Migration und Flüchtlinge ernannt.

»Ein Offizier und Manager« – so fasste es die *Frankfurter Allgemeine* 2006 zusammen.[7] Und ich möchte aus meinen Erfahrungen in Bundesbehörden und Ministerien ergänzen: Menschen, die die Wünsche der Führungsspitze und der Regierenden erfüllen, ohne dass diese ausgesprochen werden müssen, werden sehr gerne in Leitungspositionen gebracht. Und dazu dürften 12 Jahre Anpassung und Unterordnung in der Armee sehr hilfreich sein.

Auf die Interessen hinter der »Mär vom Fachkräftemangel« werfen wir nach dem nächsten Abschnitt einen genaueren Blick.

Zahlenspiel Nr. 2:
Die 61 000 fehlenden Ingenieure des VDI

Weises Vorstoß im Mai 2011 war nicht der erste dieser Art. Ein Jahr zuvor, im Juni 2010, war der Verband Deutscher Ingenieure (VDI), vertreten durch seinen Präsidenten Willi Fuchs, mit der These an die Öffentlichkeit getreten: »Der Ingenieurmangel kommt mit Wucht.« Auch der VDI nannte sofort eine Zahl dazu. Es gebe 61 000 offene Stellen für Ingenieure, nicht als Prognose, sondern als aktuelles Faktum.[8] Die Wirtschaftsprüfer von Ernst & Young gesellten sich hinzu: Der Mangel an Ingenieuren, behaupteten sie 2011, koste allein den Mittelstand 30 Milliarden Euro pro Jahr.[9] Im Schock der Katastrophenmeldungen traute sich fast niemand, diese »Fakten« zu überprüfen. Stattdessen wurde gehandelt: Ausbau der Ingenieurstudiengänge, massive Werbung für die MINT-Fächer Mathematik, Informatik, Naturwissenschaften und Technik. Sogar die Anstellung von Fachleuten aus Ländern außerhalb der EU wurde deutlich vereinfacht.

Doch wenn man genau hinschaut, beruhen die 30 Milliarden Euro Auftragsverlust auf einer Selbstauskunft der betroffenen Unternehmen. Und das auch nur als Stichprobe mit zweifelhafter Hochrechnung. Die 61 000 offenen Stellen hat der VDI ganz einfach ermittelt: Er hat die Zahl der damals bei Arbeitsagenturen gemeldeten offenen Stellen versiebenfacht, mit der Begründung, dass die Unternehmen im Schnitt nur jede siebte offene Ingenieursstelle über eine Arbeitsagentur besetzen würden.[10] Natürlich erwähnte der VDI die Berechnungsformel in seinen Pressemitteilungen und Interviews so nicht und vertraute darauf, dass kaum ein Journalist die Details würde wissen wollen. Sollte das nach Tagen doch noch geschehen, war die VDI-Zahl bereits im Bewusstsein der breiten Öffentlichkeit verankert.

Die VDI-Formel bedeutet, dass auch eine besetzte Stelle, für die über die Arbeitsagentur ein Nachfolger gesucht wird, als sieben fehlende Ingenieure gezählt wird. Sind Personalvermittler eingeschaltet, die ihrerseits bei der Arbeitsagentur anfragen, zählt jede dieser Anfragen als weitere sieben fehlende Ingenieure. Wie kam der VDI überhaupt auf den Faktor 7? Zur Begründung verwies der Verband auf eine Untersuchung des arbeitgebernahen Instituts der Deutschen Wirtschaft (IW) aus dem Jahr 2009. Damals soll gemessen worden sein, dass Personaler im Schnitt nur jede siebte Stelle über die Arbeitsagentur besetzen. Selbst wenn das damals gestimmt haben sollte, kann man dieses Verhältnis einfach in die Zukunft hinein fortschreiben? Nein, denn 2009 war ein extremes Krisenjahr, in dem das Bruttoinlandsprodukt um 5,6 Prozent sank. In diesem Jahr wurden kaum Arbeitskräfte gesucht. Die Arbeitsagentur einzuschalten, war selten nötig, da die Unternehmen jede Menge Initiativbewerbungen arbeitsloser Ingenieure bekamen. In einem Aufschwungjahr mit höherem Arbeitskräftebedarf sieht das Verhältnis mit Sicherheit anders aus. Wenn andere Wege schwieriger werden, werden die Personalabteilungen viel häufiger auf die Arbeitsagentur zurückgreifen.

Das ist damals auch anderen Beobachtern aufgefallen. Nach zwei Jahren der Kritik erfuhr ein Fernsehteam auf seine Nachfrage vom VDI, man ziehe jetzt nur noch den Faktor 5 heran. Doch aus welchen Gründen werden jetzt immer noch so wenige offene Stellen bei den Arbeitsagenturen gemeldet? Antworten auf diese Frage erhielt das Fernsehteam nicht.

Äh, Chef, hier sind die Fachkräfte, deren Fehlen Sie vorgestern bei der Pressekonferenz beklagt hatten ...

Karl Brenke vom Deutschen Institut für Wirtschaftsforschung (DIW) verglich 2010 die Anzahl der Ingenieurstudenten mit dem vom VDI gemeldeten Bedarf.[11] Das Ergebnis war, dass die Anzahl der Absolventen eines Ingenieurstudiums den vom VDI gemeldeten jährlichen Bedarf 2010 deutlich überschritt. Der VDI konterte damals, indem er die Zahl der angeblich benötigten neuen Ingenieure einfach verdoppelte. Begründung: Von den ausgebildeten Ingenieuren arbeite nur die Hälfte im erlernten Beruf. Lag das (wenn es denn stimmte) vielleicht daran, dass die anderen keine freien Ingenieursstellen gefunden hatten? Fragen wie diese liefen ins Leere. Lieber zeigte man den Fernsehteams ein paar Einzelfälle, die ins Bild passten.

Inzwischen scheint es der VDI vorläufig satt zu sein, ständig beim Spinnen von Personalergarn erwischt zu werden. Anscheinend hatte der einst gute Ruf des Verbandes durch die Zahlenlügen gelitten. Michael Schwartz, Bereichsleiter Strategie und Kommunikation, blies das öffentliche Jammern über fehlende Ingenieure im April 2015 bei einem Gespräch mit der *Frankfurter Allgemeinen* wieder ab und »begründete«, warum nicht mehr von einem Ingenieurmangel geredet werden könne.[12] Karl Brenke vom DIW wies 2015 auf die Gefahr einer größeren Akademikerarbeitslosigkeit unter Ingenieuren hin.[13] Daran ist, wenn es tatsächlich so kommt, der VDI mitschuldig, denn seine Märchenzahlen haben viele Abiturienten zur Aufnahme eines Ingenieurstudiums verleitet.

Auch allgemein ist seit 2014 nur noch selten von einem akademischen Fachkräftemangel die Rede. Stattdessen warnt man seitdem verstärkt davor, dass uns die Handwerker, Facharbeiter und Pflegekräfte ausgehen könnten. Trotz dieser Alarme gab es im Ausbildungsjahr 2014/2015 nicht einen Mangel an Bewerberinnen und Bewerbern, sondern einen Mangel an Ausbildungsstellen.[14] So wird, wie bereits in Kapitel 6 ausgeführt, deutlich, dass demografische »Argumente« in diesem Zusammenhang fast immer Ausreden sind.

Wem nützt die Lüge vom Fachkräftemangel?

Die Arbeitgeber konnten sich in den Jahren der extrem hohen Arbeitslosigkeit 1997 bis 2006 – im Jahresschnitt knapp oder deutlich über 4 Millionen; im Winter sogar weit darüber – wie im Schlaraffenland fühlen. Es gab eine große Schar gut ausgebildeter arbeitsloser Fachkräfte[15], aus der sie sich die Besten herauspicken konnten. Die Ansprüche der Personalabteilungen stiegen entsprechend: Wie uns ein Personalvermittler berichtete, musste er großen Firmen stets mindestens zehn absolut passend ausgebildete Akademiker pro Stelle präsentieren. Unter solchen Bedingungen konnten die Firmen die Konditionen fast beliebig diktieren: Relativ niedrige Gehälter, befristete Verträge und beliebig viele unbezahlte Überstunden waren an der Tagesordnung. Als ab 2007 die Arbeitslosigkeit langsam auf rund 3 Millionen sank, verschlechterte sich die Marktlage für die Arbeitgeber geringfügig. Und wie so oft wurde in Deutschland wegen des drohenden Verlusts eines Privilegs sofort Katastrophenalarm ausgelöst, und eine über zwei oder drei Jahre hinweg beobachtete Entwicklung wurde sofort für die nächsten Jahrzehnte hochgerechnet. Fertig war das Horrorbild des »letzten Ingenieurs«. Das Ruder wurde bis zum Anschlag herumgerissen[16], das öffentliche Wehklagen über den Fachkräftemangel überstand sogar die tiefe Rezession von 2009. Mit Erfolg: Immer mehr Jugendliche nahmen ein Studium der Mathematik, der Informatik, einer Naturwissenschaft oder einer technischen Ingenieurwissenschaft auf (die sogenannten MINT-Fächer); die Bundesregierung erlaubte verstärkt den Zuzug akademischer Fachkräfte aus dem Nicht-EU-Ausland und bewarb überall – für die Unternehmer kostenlos – diese

Berufszweige. Und zurück war das Schlaraffenland für die Arbeitgeber. Davon weiß fast jede Bewerberin, fast jeder Bewerber ein Liedchen zu singen.

Wir wollen damit nicht anzweifeln, dass in einzelnen Regionen und Branchen nicht immer genug haargenau passende Bewerber sofort verfügbar sind (und sich um schlecht entlohnte Zeitverträge reißen). Aber solche Probleme zu lösen, gehört zum Standardrepertoire eines guten Personalmanagers. Bestünde wirklich ein gravierender Mangel, würden die Unternehmen zu ganz anderen Maßnahmen greifen, wie wir gleich zeigen werden.

Doch welchen Nutzen haben Politiker, die dieses Spiel mitmachen? Sicher wurden viele von ihnen schlicht durch die Unternehmer-Kampagne getäuscht. Fakten anzuzweifeln, die die Arbeitgeberseite vorlegt, gehört nicht zu den Stärken heutiger Politiker und ihrer Berater. Dazu kam, dass auch Betriebsräte und Gewerkschafter die Kampagne für sich nutzen wollten, um für die angebliche Mangelware Fachkraft bessere Arbeitsbedingungen herauszuholen. Endlich waren einzelne Unternehmer bereit, mehr über Gesundheit und Weiterbildung zu reden.

Politiker konnten das Gerede vom Facharbeitermangel aber auch einsetzen, um von anderen Problemen abzulenken. Die immer noch sehr hohe Arbeitslosigkeit von offiziell knapp 3 Millionen Menschen, die verfestigte Langzeitarbeitslosigkeit, fast immer mit Armut verbunden – das alles erschien plötzlich in einem anderen Licht. »Die Wirtschaft brummt, wir brauchen unbedingt Arbeitskräfte, und du bist immer noch arbeitslos? Bist du zu dumm oder zu faul oder beides?« Das mag sich so mancher Politiker gedacht haben, um den Widerspruch zwischen hoher Arbeitslosigkeit und angeblich hohem Bedarf an Arbeitskräften für sich zu deuten. Zumal der Fachkräftemangel wie ein sicherer Fakt gehandelt wurde, die hohe Arbeitslosigkeit dagegen als zweifelhafte Größe, die man mit den in Kapitel 4 beschriebenen Methoden unter den Teppich kehren kann.

Bei zwei öffentlich so präsenten einflussreichen Nutznießern – den Arbeitgebern und den arbeitgebernahen Politikern – ist es kein Wunder, wenn Fakten verbogen und Widersprüche übersehen werden. Ihnen kamen die von der Bundesagentur schöngefärbten Arbeitslosenzahlen und die von Herrn Weise behaupteten 6 bis 7 Millionen fehlenden Fachkräfte sehr zupass.

Wenn es wirklich einen Fachkräftemangel gäbe

Nehmen wir einmal an, es hätte den mit großem Tatütata ausgerufenen schrecklichen Fachkräftemangel in akademisch-technischen Berufen wirklich gegeben. Glauben wir kurz, er hätte dem Mittelstand wirklich Auftragsverluste von 30 Milliarden Euro beschert. Wie würden Sie sich als betroffener Unternehmer dann verhalten? Würden Sie nicht um die rare Ware Fachkraft kämpfen wie ein Löwe? Würden Sie nicht jemanden einstellen, auch wenn er oder sie nicht ganz zu Ihrer Stelle passt, und ihn oder sie entsprechend weiterbilden? Würden Sie nicht in die Hochschulen gehen, um Studierende schon früh an sich zu binden? Würden Sie nicht mit höheren Gehältern und besseren Verträgen locken? Doch leider war in Wirklichkeit von deutlich höheren Löhnen, von einem starken Zuwachs an unbefristeten Arbeitsverträgen, von einem Boom in der Weiterbildungsbranche flächendeckend nichts zu sehen. Wie früher auch wurde nur ein kleiner Teil der Studierenden von den Unternehmen frühzeitig angeworben, manche hatten sogar Schwierigkeiten, einen Praktikumsplatz zu finden.

Als Ende der 1980er-Jahre ein echter Mangel an Informatikern bestand, haben die Computerfirmen Zehntausende Absolventen anderer Fachrichtungen bis zu eineinhalb Jahre weitergebildet, mit Bezahlung. Davon konnten sie anschließend nicht alle gebrauchen, aber die anderen waren für die Firmen überlebenswichtig. So reagiert eine nachhaltig planende Industrie auf Mangel!

In einer bundesweit organisierten Diskussion des Projekts »Jobmotion – Impulse für gute Personalarbeit« im Oktober 2011 in Berlin, zu der auch Herr Weise eingeladen, aber nicht gekommen war, bestand der Vertreter eines Verbandes von Personalvermittlern mehrfach darauf, er könne trotz des großen Fachkräftemangels weiterhin Leute nur befristet einstellen. Mir platzte am Schluss der Kragen: »Ich als Chef einer betroffenen Firma würde nicht nur den guten Absolventen unbefristet einstellen, sondern seinen Lebenspartner direkt mit. Dann fällt der Umzug nicht so schwer, und wahrscheinlich werden wir sogar eine zweite gute Person bekommen. Dann müssen wir den Millionen-Auftrag auch nicht der Konkurrenz überlassen. Das rechnet sich.« Der Personalvermittler guckte, als hätte er ein Gespenst gesehen, das Publikum lachte, und der Widerspruch zwischen Jammern und Tun lag für alle auf dem Tisch.

Zum Schluss eine Randnotiz und eine Anekdote. Die Randnotiz schrieb die Bundesregierung im Jahr 2012. Sie senkte die Gehaltsschwelle, ab der hoch qualifizierte Ausländer aus Nicht-EU-Ländern in Deutschland eingestellt werden dürfen, von 66 000 auf 44 800 Euro im Jahr, für Ingenieure und Informatiker sogar noch weiter auf 34 200 Euro. Hallo? War da nicht einmal von »Marktwirtschaft« die Rede? Und davon, dass auf dem Markt Angebot und Nachfrage die Preise bestimmen? Und dann wollt ihr uns weismachen, dass die Gehälter, also die Marktpreise für die Mangelware »Ingenieure und Informatiker« *sinken?* Worum es Unternehmern und Regierung tatsächlich ging, hätten sie kaum offener erklären können: um billige Arbeitskräfte.

Die Anekdote passierte mir in Köln. Einen Tag nach einem Fernsehbeitrag, worin ich auf den Schwindel vom Ingenieurmangel hinwiesen hatte, erkannte mich eine Frau auf der Straße, blieb stehen und sagte:

»Sind Sie nicht Herr Professor Bosbach? Ich muss Ihnen danken. Sie haben unseren Familienfrieden gerettet!«

»Pardon – wie meinen Sie das?«

»Mein Sohn ist seit gut einem Jahr Ingenieur und hat die Abschlussnote 1,2. Doch er wohnt immer noch bei uns, weil er bis heute keine vernünftige Stelle gefunden hat. Mein Mann hat ihm das nicht mehr geglaubt. Immer wenn mein Sohn erzählte, dass er bei einem Vorstellungsgespräch mies behandelt worden sei, hat mein Mann zu ihm gesagt: ›Was machst du denn da bloß? Benimmst du dich daneben? Es ist doch Mangel an Ingenieuren! Die müssten dich doch mit Kusshand nehmen, wenn du dich richtig anstellst!‹ – Erst als wir gestern Ihren Beitrag im Fernsehen gesehen haben, haben wir endlich geglaubt, was uns unser Sohn immer berichtet hat. Er konnte gar nichts dafür.«

Eine schöne und zugleich traurige Geschichte: Denn wie viele Betroffene haben nie einen aufklärerischen Bericht gesehen oder gelesen? Wie viele Familien und Paare haben sich zerstritten, wie viele junge Menschen sind an sich selbst verzweifelt, wenn sie keine passende Arbeit fanden und die Schuld nur bei sich selber suchten? Liebe Leser, vielleicht verstehen Sie an diesem Beispiel, was uns antreibt, so engagiert gegen öffentliche Lügen anzuschreiben.

Forschungsaufgaben zum Fachkräftemangel

1. Wie viel Prozent der deutschen Betriebe bilden aus? Wie hat sich die Quote in den letzten Jahren mit sich mehrenden Berichten über einen Fachkräftemangel verändert?
2. Wenn Sie Zugang zu einer Personalabteilung haben: Wie viele Bewerber kommen auf eine ausgeschriebene Stelle? Wie viele nicht ganz passende Bewerber wurden eingestellt und dann intensiv auf den schwachen Feldern weitergebildet?
3. Fragen Sie in Weiterbildungseinrichtungen vor Ort nach dem Qualifizierungsboom, den der Fachkräftemangel ausgelöst hat.

1 *Die Welt*, 14.5.2011 (http://bit.ly/weises-6-millionen; abgerufen am 6.6.2016).
2 G. Bosbach: »6,5 Millionen fehlende Fachkräfte? Wie eine zweifelhafte Zahl das Licht der Welt erblickte«, www.nachdenkseiten.de/?p=10481.
3 2013 tauchten die 6 Millionen wieder auf im Zusammenhang mit dem Demografiebericht der Bundesregierung; etwa auf www.faz.net, 5.5.2013 (http://bit.ly/faz-6-millionen; abgerufen am 6.6.2016).

4 Bei Erscheinen dieses Buchs ist Frank-Jürgen Weise nicht mehr Vorstandsvorsitzender der Bundesagentur für Arbeit. Die von ihm in die Welt gesetzte falsche Zahl zum Fachkräftemangel wird uns aber weiter verfolgen. Sein Karriereweg dürfte auch nicht untypisch für andere Aufsteiger in Behörden sein.

5 Gegen ein Zitat von mir (Gerd Bosbach) in einem Filmbeitrag hat der Leiter der Presseabteilung der Bundesagentur für Arbeit 2014 eine juristische Drohung ausgesprochen: Ich wiederhole die richtige Bemerkung aber trotzdem weiter. Es war wohl eine leere Drohung.

6 https://de.wikipedia.org: Frank-Jürgen Weise (abgerufen am 17. 9. 2015).

7 www.faz.net, 25. 9. 2006 (http://bit.ly/offizier-weise; abgerufen am 6. 6. 2016).

8 www.faz.net, 22. 6. 2010 (http://bit.ly/vdi-fuchs; abgerufen am 6. 6. 2016).

9 Nach www.welt.de, 24. 1. 2011 (http://bit.ly/30-milliarden; abgerufen am 6. 6. 2016).

10 VDI Ingenieurmonitor, Sept. 2011, S. 4.

11 Wochenbericht des DIW, Nr. 46/2010, S. 2 ff.

12 »Die verschwundene Lücke kommt wieder«, in: www.faz.net, 15. 4. 2015 (http://bit.ly/ingenieurluecke2015; abgerufen 7. 6. 2016).

13 *Wochenbericht des* DIW, Nr. 47/2015, S. 1130 ff.

14 In einer Meldung der BA vom 29. 10. 2015 werden 30 000 Bewerber mehr als angebotene Stellen angegeben, allerdings unter der verharmlosenden Überschrift: »Bilanz des Berufsbildungsjahres 2014/2015: Rechnerisch ausgeglichen, aber große Disparitäten«, in: www.presseportal.de (http://bit.ly/ba53-ausbildungsjahr; abgerufen am 12. 6. 2016).

15 Wir beschränken uns in dieser Betrachtung auf das Beispiel der akademischen Fachkräfte.

16 Wer Jürgen Beetz' Buch *Feedback* über das Phänomen der Rückkopplung (Berlin/Heidelberg 2015) gelesen hat, erkennt hier gleich die positive Rückkopplung, die sich zur Katastrophe aufschaukeln kann. Sie ist auch unter dem Schlagwort »Schweinezyklus« bekannt.

9. Rüstungsausgaben:
Der Lieblingsball der Zahlenjongleure

Ja, auch dich haben sie schon genauso belogen,
so wie sie es mit uns heute immer noch tun.
Und du hast ihnen alles gegeben:
deine Kraft, deine Jugend, dein Leben.

HANNES WADER (1980)

Das Lied *Es ist an der Zeit*, das in der Friedensbewegung der 1980er-Jahre sehr bekannt war, wandte sich an einen toten Soldaten des Ersten Weltkriegs. Es hat uns damals stark beeindruckt und tut es noch, auch hundert Jahre nach diesem sinnlosen Tod. Wir bekennen uns zu unserer antimilitaristischen Grundeinstellung. Deshalb ärgern uns Lügen über die militärische Stärke des »Feindes« besonders; Lügen, die aufhetzen, eigene Aufrüstungen begründen und leider oft auch zum Krieg mit all seinem Elend führen. Die Lügen sind vielfältig und werden fast immer von allen Seiten vorgebracht. Das Militär findet immer Gründe, warum es für sich selber mehr oder bessere Waffen haben sollte, und die Waffenindustrie lebt vom Verkauf und Verbrauch ihrer Produkte. Damit die Parlamente die Milliarden, die das kostet, bewilligen, damit die Wählerinnen und Wähler das hinnehmen, muss die andere Seite als stark und bedrohlich dargestellt werden, die eigene als eher schwach und gefährdet.

Scheinbar objektive Zahlen sind dafür bestens geeignet, Zahlentrickser sind hier sehr gefragt.

Wir berichten von unseren Erfahrungen, und die sammeln wir hier in Deutschland, eingebunden in die europäische Verteidigung und die NATO. Also werden wir zwangsläufig die Lügen des westlichen Militärs und der westlichen Rüstungsindustrie aufgreifen. Logischerweise wird auch in anderen großen Ländern gehetzt und gelogen, aber dort kennen wir die Details nicht so gut. Deshalb beschränken wir uns exemplarisch auf einige Methoden der Verdrehung von Fakten, die bei uns im Westen üblich sind. Dies ist nicht ausgewogen, hat für den Leser aber auch einen Vorteil: Er kann viele alltägliche Erfahrungen mit den Nachrichten wiedererkennen.

Was wir hier ebenfalls ausklammern, ist die Rüstung gegen dschihadistische Terroristen in Afghanistan, Syrien, dem Irak usw., denn auf diesem Feld gelten die üblichen zahlenmäßigen Kräftevergleiche nicht.

In den meisten Veröffentlichungen wird nicht zwischen Militär- und Rüstungsausgaben differenziert. Deshalb verwenden wir diese Begriffe hier ebenfalls synonym. Aber genug der Vorrede.

Rüstungsausgaben eignen sich besonders gut als Maßstab für die Gefährlichkeit eines Gegners, da sie als scheinbar objektive Zahlenwerte daherkommen.[1] Hohe Ausgaben eines Staates oder eines Blocks für Militär und Rüstung scheinen auf eine aggressive Grundhaltung schließen zu lassen.

Über die russischen Rüstungsanstrengungen der Jahre seit 2004 gibt es viele Berichte. Hier eine kleine Auswahl von Schlagzeilen:

Die FAZ schreibt am 11. 2. 2015:

Wende bei Militärausgaben – Die Welt gibt wieder mehr Geld für Rüstung aus
Die weltweiten Verteidigungsausgaben steigen nach Jahren wieder an. Treibende Kräfte sind China, Russland und zahlreiche Dritte-Welt-Länder – Europa hingegen spart. Ein Risiko für den Westen, mahnen die Wissenschaftler.

Die BILD ängstigt ihre Leser zu Weihnachten, am 25. 12. 2015:

Putin rüstet Russland auf
New York Times spricht von »stärkster Aufrüstung seit dem Kalten Krieg«.

Der Spiegel bringt am 9. 2. 2016 die Überschrift:

Rüstungsreport – Der Westen verliert seine militärische Überlegenheit

Sat1 auf seiner Website am 5. 4. 2016:

Russland und China rüsten auf – Westeuropa nicht

Der *Stern* am 5. 4. 2016 in der ersten Zwischenüberschrift:

USA an der Spitze der Rüstungsausgaben

Verwirrend. Dabei berufen sich fast alle direkt oder indirekt auf die Zahlen des bekannten und überwiegend neutralen Stockholmer internationalen Friedensforschungsinstituts

SIPRI. Das Institut versucht seit 1966 mit viel Aufwand, den Nebel der weltweiten Militärausgaben zu durchdringen. Trotzdem sieht *Der Spiegel* den Verlust der militärischen Überlegenheit des Westens, der *Stern* dagegen spricht vom Rüstungsweltmeister USA. Hier müssen Zahlentricks benutzt worden sein.

Ein Musterbeispiel dafür gab *Spiegel Online* am 3.6. 2014:[2]

Rüstung: Russland gibt mehr Geld aus als USA und Europäer
Rüstungsausgaben im Vergleich – Russland hängt Europäer ab
US-Präsident Obama fordert im Zuge der Ukraine-Krise höhere Verteidigungsausgaben der europäischen Nato-Partner. Ein Blick auf die Zahlen zeigt: Im Vergleich zu Russland geben die Europäer ziemlich wenig Geld für Rüstung aus.

(...) In Zeiten der Ukraine-Krise und einer zunehmend als Bedrohung empfundenen Politik Russlands sehen die Amerikaner ihre europäischen Verbündeten als militärisch untergewichtig. Und in der Tat: Betrachtet man die Rüstungsausgaben im Verhältnis zur Wirtschaftsleistung, haben wichtige EU-Staaten ihre Entwicklung in den vergangenen zehn Jahren eher zurückgefahren, während Russland kräftig zulegte.

Nach Angaben einer Studie des Stockholm International Peace Research Institute (SIPRI) gehört das Land zu den 23 Staaten weltweit, die ihre Ausgaben für Rüstung seit 2004 mindestens verdoppelt haben. Der Anteil am jährlichen Bruttoinlandsprodukt (BIP) stieg um 108 Prozent. 2013 überholte Russland sogar die USA.

Auch nominal sind die russischen Militärausgaben beachtlich. 2013 beliefen sie sich laut SIPRI auf 87,8 Milliarden Dollar und lagen damit im europäischen Vergleich unangefochten an der Spitze. Spitzenreiter bleiben hier allerdings die USA mit 640 und China mit 188 Milliarden Dollar, obwohl die USA einen Rückgang um 7,8 Prozent verbuchte.

Dieser kurze Artikel wimmelt dermaßen von Zahlentricks, dass wir fast befürchten, der Redakteur könnte unser Buch *Lügen mit Zahlen* als Anleitung missverstanden haben. Welche Zahlendarstellungen wurden gewählt?

- Die für die Einstimmung wichtige Überschrift »Russland gibt mehr Geld aus als USA und Europäer« suggeriert einen Vergleich der absoluten Ausgaben. Das ist eindeutig falsch: Denn in absoluten Zahlen geben die USA und ihre europäischen Verbündeten sehr viel mehr Geld für Rüstung aus als Russland (siehe unten). Der Autor meinte in seinem Vergleich etwas anderes: nämlich den jeweiligen Anteil der Rüstungsausgaben an der Wirtschaftsleistung (gemessen im Bruttoinlandsprodukt). Der war 2013 tatsächlich in Russland erstmals höher als in den USA, wie SIPRI feststellte.
- »Russland hängt Europäer ab«, behauptet die zweite Überschrift. Sie wird im Artikel mit den absoluten Rüstungsausgaben begründet. Russland soll demnach 2013 87,8 Milliarden Dollar ausgegeben haben. Um auf diese Zahl zu kommen, hat SIPRI die Rüstungsausgaben von Russland, Armenien, Aserbaidschan, Weißrussland, Georgien, Moldawien und der Ukraine (!) zusammengerechnet.[3] Russland alleine kam auf 79,0 Milliarden Dollar. Die europäischen Staaten wurden in diesem Vergleich dagegen als Einzelländer betrachtet. Die drei größten Militäretats hatten 2013 laut SIPRI-Daten Frankreich mit 62,7 Milliarden Dollar, Großbritannien mit 60,8 und Deutschland mit 46,3. Das sind zusammen 169,8 Milliarden Dollar – mehr

als doppelt so viel wie Russland. Dennoch behauptet *Der Spiegel* fett gedruckt: »*Im Vergleich zu Russland geben die Europäer ziemlich wenig Geld für die Rüstung aus.*«

■ Um 108 Prozent soll der Anteil der russischen Rüstungsausgaben am Bruttoinlandsprodukt gestiegen sein. In Wirklichkeit ist das die im Satz davor erwähnte Steigerungsrate der absoluten Ausgaben von 2004 bis 2013.

■ Es folgt zwar am Artikelende ein kurzer Hinweis auf die 640 Milliarden Dollar, die die USA für ihre Rüstung ausgeben, und dies könnte die Verhältnisse wieder geraderücken (das ist achtmal so viel Geld wie Russland alleine für seine Rüstung ausgibt). Aber der Autor schiebt hier schnell eine gegenläufige Prozentzahl hinterher: Die Ausgaben der USA seien um 7,8 Prozent gesunken. Und somit ist die Wahrscheinlichkeit groß, dass die Leser die absolute Zahl, die so gar nicht in das Bild der stark bedrohten Westmächte passen will, wieder vergessen.

Welche Antworten sollen die ausgesuchten Zahlen des *Spiegel*-Artikels geben? Bilden Sie sich Ihre eigene Meinung! Wir sehen vier wichtige Fragen, die der Artikel tangiert:

Ist die Angst vor dem russischen Militär (und vor Putin) berechtigt?

Die Summe von 87,8 Milliarden Dollar wie auch die detaillierte Auflistung russischer Waffensysteme in der BILD-Ausgabe vom 25.12.2015 können durchaus Angst einflößen. Seit Jahrzehnten ist bekannt, dass Russland (und die USA) mit ihren jeweils etwa 7000 Atomsprengköpfen in der Lage sind, die gesamte Welt inklusive ihrer selbst gleich mehrfach zu vernichten. Wahnsinnige Herrscher, die über solche Waffen und Arsenale verfügen, wären eine große Gefahr für das Überleben der Menschheit.

Ist Russland stärker oder der Westen?

Wenn wir Angst davor haben, dass Russland fremde Länder erobern könnte, müssen wir seine Stärke mit der Stärke des Gegners vergleichen. Dabei hilft der isolierte Vergleich Russlands mit einzelnen westeuropäischen Ländern gar nichts, da NATO-Staaten durch das Militärbündnis verpflichtet sind, einander zu helfen. Wir müssen also die komplette NATO mit Russland vergleichen, zumindest aber ganz Westeuropa – und zwar die Rüstungsausgaben in absoluten Zahlen: Im Jahr 2015 gab Westeuropa mehr als doppelt so viel für Rüstung aus wie Russland, die NATO insgesamt sogar mehr als zehnmal so viel.[4] Gegen die NATO wäre selbst ein Zusammenschluss Russlands mit China ein militärischer Zwerg.

Was sagt uns die Entwicklung der russischen Militärausgaben?

Sie steigen rasant. Das gründet allerdings, wie oft bei hohen Steigerungsraten, auf einer kleinen Ausgangsbasis. Nach SIPRI-Daten war der Rüstungsetat Russlands 1992 kleiner als der Großbritanniens und ist bis 1998 noch weiter abgesunken.[5] Offensichtlich hatte Russland damals andere Probleme, als gegen die NATO zu rüsten. Würde sich die Aufrüstungsgeschwindigkeit der letzten 10 Jahre fortsetzen, könnte Russland in 25 Jahren die heutigen absoluten Rüstungsausgaben der USA erreichen. Wir prognostizieren aber, dass es in diesem Fall vorher wirtschaftlich zusammenbräche.

Wie stark leidet die Bevölkerung unter den Rüstungsausgaben?

Ein guter Indikator dafür ist tatsächlich der vom *Spiegel* herausgestellte Anteil der Militärausgaben an der Wirtschaftskraft. Er beträgt 4 Prozent in Russland, knapp 4 Prozent in den USA und knapp 2 Prozent in den meisten westeuropäischen Ländern. Das Geld für die Rüstung fehlt dem Staat in anderen Bereichen: Bildung, Soziales, Infrastruktur, Kultur. Dafür hat *Die Zeit* in ihrer Rüstungsübersicht vom 30. 6. 2016 einen anderen, ebenfalls sehr brauchbaren Indikator benutzt: Rüstungsausgaben pro Kopf der Bevölkerung. Die fünf Länder mit den höchsten Pro-Kopf-Ausgaben im Jahr 2016 sind demnach die USA (1808 Dollar), Norwegen (1344 Dollar), Großbritannien (858 Dollar), Dänemark (795 Dollar) und Italien (550 Dollar). Russland fehlte in der Auflistung. Der Wert liegt nach unserer Berechnung bei ungefähr 700 Dollar pro Kopf.

Nach unserer Einschätzung hat *Der Spiegel* seine manipulative Zahlenauswahl benutzt, um Stimmung zu machen: für höhere Rüstungsausgaben Deutschlands und anderer westeuropäischer Länder, so wie US-Präsident Obama es gefordert hatte. Praktisch alle oben zitierten Presseartikel haben mit unpassenden Vergleichen Angst erzeugt und die horrenden absoluten Rüstungsausgaben der USA, wenn überhaupt, nur weit unten beiläufig erwähnt und verharmlost.[6] Ja, das sind tatsächlich jene verdammten Lügen, die Hannes Wader 1980 in seinem Lied angeprangert hat.

Doch ist *Der Spiegel* nicht die Quelle dieser Zahlenverdrehungen. Sie gehen meist auf das Konto etlicher Denkfabriken, amerikanisch ausgedrückt *Think Tanks*, wie der RAND Corporation oder des International Institute for Strategic Studies (IISS). Auch NATO-Experten und Mitarbeiter der Verteidigungsministerien formulieren Begründungen für neue Rüstungsprojekte. Lobbyisten der Rüstungsbetriebe, die von den neuen Aufträgen profitieren, werden sicherlich ebenfalls Argumente suchen und den Regierungsstellen hilfsbereit zur Verfügung stellen. Es geht um Hunderte Milliarden Euro und Dollar im Jahr, Geld der Steuerzahler, das den Wünschen und Zwecken der Bevölkerung entzogen werden muss. Die Beeinflussung von Politikern (bis hin zur Korruption[7]) und die Manipulation der Öffentlichkeit sind also aus Sicht der Militärs und Rüstungsindustriellen »kriegsentscheidend« – hier passt die hässliche Metapher einmal. »Je weitreichender und teurer die Folgen einer Entscheidung, umso größer ist auch die Fälschungsgefahr! Für Geschäfte in Milliardenhöhe muss man ja nicht unbedingt über Leichen gehen. Aber ein paar ›unabhängige‹ Institute beauftragen, ein paar bekannte Experten auf seine Seite ziehen, ein paar Artikel und Fernsehbeiträge lancieren, lohnt sich dafür allemal.«[8] So haben wir 2011 die Maßnahmen der Regierung Schröder zur Stärkung der privaten Rente und somit der Versicherungen kommentiert. Auf große Rüstungsprojekte kann diese Warnung fast gleichlautend übertragen werden.

Duelle mit ungleichen Waffen

Schon vor dem Ersten Weltkrieg operierten die damaligen Militaristen in Deutschland, Frankreich und Großbritannien gerne mit Vergleichen bestimmter Waffenkategorien, um »Übergewichte« des Feindes und »Rüstungslücken« der jeweils eigenen Seite auszumachen. Dabei wurden bis vor Kurzem Waffen meist in wenige grobe Kategorien eingeteilt und dann passend zusammengezählt.

Erbsenzähler dieser Art unterscheiden nicht zwischen kleinen und großen, zwischen alten und neuen Waffen. Wenn ein High-Tech-Kampfbomber genauso viel zählt wie ein lahmer Vogel aus den 1970er-Jahren, kann eine Seite ihren technologischen Vorsprung gut verstecken.

In der »Nachrüstungsdebatte« der 1980er-Jahre war es üblich, dass die NATO in ihren Rüstungsvergleichen die

Marine wegließ, vor allem die auf Flugzeugträgern stationierten Kampfflugzeuge, oder die britischen und französischen Atomwaffen. Aus historischen und geografischen Gründen war das amerikanische Militär anders strukturiert als das sowjetische: mit mehr Marine und Luftwaffe und weniger Landstreitkräften. Verglich man nur die Landstreitkräfte, zum Beispiel die Panzer, konnte leicht der Eindruck eines sowjetischen Übergewichts erzeugt werden. Beim Vergleich der Truppenstärken zählte die NATO regelmäßig ihre zivilen Angestellten und das Personal privater Wachdienste nicht mit. Auf sowjetischer Seite waren fast alle entsprechenden Fachkräfte Soldaten und wurden deshalb mitgezählt.[9]

In den letzten Jahren haben wir solche Darstellungen nicht mehr gesehen, können uns aber aktualisierte Fassungen dieser Methode gut vorstellen, etwa bei der Weltraumbewaffnung.

Versteckte Rüstungsausgaben

Bei der Weltraumbewaffnung ist es schwer, eindeutig zwischen ziviler und militärischer Forschung zu unterscheiden. Und so lassen sich Ausgaben für eine Weltraumbewaffnung weitgehend unter »Forschung« verbuchen. Die Trägerraketen, die um die Erde kreisenden Satelliten werden ja auch überwiegend – so hoffen wir zumindest – friedlich genutzt. Gleiches gilt für die Lasertechnik. Wer kann und wer will da schon genau trennen? So können Regierungen einen Teil ihrer militärischen Forschung und Entwicklung im Vergleich mit anderen Staaten und gegenüber der eigenen Bevölkerung kleinrechnen. Schließlich sind Kürzungen im Sozialbereich, bei der zivilen Infrastruktur und in der Bildung zumindest vor Wahlen unbeliebt. Ein hoher »Verteidigungshaushalt« kommt dann ungelegen.

Besonders perfide ist das Versteckspiel, wenn militärische Kosten als Ausgaben für Soziales ausgelobt werden, etwa Witwenrenten für die in Afghanistan getöteten Soldaten oder Ausgaben für die medizinische und psychologische Betreuung ehemaliger Soldaten. Das Deutsche Institut für Wirtschaftsforschung (DIW) hat 2010 in seiner Studie »Eine erste Schätzung der wirtschaftlichen Kosten der deutschen Beteiligung am Krieg in Afghanistan« nicht nur auf die obigen Beispiele hingewiesen, sondern auch auf versteckte Ausgaben in den Bereichen zivile Sicherheit (zum Beispiel Flughäfen), Außenpolitik (Nutzung von Basen in Nachbarländern von Afghanistan), Entwicklungshilfe und Polizeiausbildung. Ein uns bekannter Experte aus dem Bundestag nennt zwei Verschleierungsmethoden: Man ändert ständig die Definitionen bestimmter Haushaltsposten, wodurch es unmöglich wird, die Ausgaben über mehrere Jahre hinweg zu vergleichen. Oder »das Ministerium scheißt fragende Bundestagsabgeordnete regelrecht mit Zahlen zu«. Die entscheidenden Angaben stehen dann zum Beispiel irgendwo in einem unübersichtlichen 200-seitigen Zahlenwerk mit zahllosen Fachbegriffen und kryptischen Abkürzungen. Dann such mal schön! Dass ein bestimmter Posten in einem solchen Werk nicht drinsteht, ist praktisch nicht nachweisbar.

Auch in Haushaltstöpfen der EU (etwa für die EU-Eingreiftruppe oder für die Forschung) werden militärische Ausgaben vor dem meist nationalen Blick der Bevölkerung versteckt. Diese Methode empfiehlt ein Experte des Strategic Studies

Institute (SSI) der US-Armee sogar ausdrücklich: »Das EU-Label scheint die Europäer in einer Weise dafür gewinnen zu können, Geld zum Ausbau militärischer Kapazitäten auszugeben, wie es die NATO nicht könnte.«[10]

Schließen wir mit einem positiven Beispiel. Als Bundeswirtschaftsminister Sigmar Gabriel im Juli 2016 seinen Rüstungsexportbericht vorstellte, hob er den (sicher lobenswerten) »signifikanten Rückgang« beim Export von Kleinfeuerwaffen (von 47 auf 32 Millionen Euro) hervor. Große Teile der Presse ließen sich von diesem positiv gefärbten Detail nicht blenden und übersahen die Hauptsache nicht: Insgesamt hatten sich die deutschen Rüstungsexporte von 3,97 Milliarden Euro im Jahr 2014 auf 7,86 Milliarden in 2015 verdoppelt. So wurde es dann auch berichtet.

An Kreativität fehlt es den Tricksern im Rüstungsbereich – wie eben ausschnittsweise gesehen – absolut nicht. Dazu haben sie dann meist noch das Recht auf Geheimhaltung. Gerade wenn es um besonders hohe Summen, wichtige Rüstungsfirmen oder um wichtige beteiligte Personen geht, stoßen Aufklärer auf eine Mauer des Schweigens.

Nach den traurigen Eingangszeilen soll das Ende anders klingen. Der Wiener Kabarettist Georg Kreisler ließ um 1965 einen Wiener Hundebesitzer strategische Betrachtungen anstellen, die denen im oben zitierten *Spiegel*-Artikel ähneln:

Wenn Russland und Kina zusamm' marschiern – Muss Österreich kapituliern.

Forschungsaufgaben zur Rüstung

1. Beobachten Sie die Berichterstattung zu nationalen und internationalen Rüstungsausgaben in Ihren Lieblingsmedien. Welche Informationen werden den Lesern gegeben, welche eher verschwiegen?
2. Welche Firmen in Deutschland, Österreich und der Schweiz haben eine besonders große Rüstungsproduktion (gemessen an der Umsatzhöhe)? Wie verteilen sich diese Firmen geografisch? Bestimmen Sie für die zehn größten den Anteil der Rüstung am Gesamtumsatz.
3. Versuchen Sie anhand der Ergebnisse aus Aufgabe 2 abzuschätzen, wie viel Prozent der Arbeitsplätze bundesweit oder landesweit/kantonsweit von Rüstungsaufträgen abhängen.
4. Welche Bereiche wurden vom Bundeswirtschaftsministerium in den letzten fünf Jahren in den Vordergrund des deutschen Rüstungsexportberichts gestellt? Wie haben sich diese Bereiche in den fünf Jahren entwickelt?

1 Auf die Schwierigkeiten, die Ausgaben wirklich zu messen und zu vergleichen, gehen wir nicht im Detail ein. Ein paar Problemfälle als Beispiele: Gehört militärische Grundlagenforschung zum Bereich der Rüstung oder zur Forschung? Gibt es geheime Rüstungsprojekte? Wie bewertet man die Baukosten eines Panzers bei völlig unterschiedlichen Löhnen in den verschiedenen Ländern? Wie vergleicht man unterschiedliche Soldhöhen in den einzelnen Ländern, den Sold von Berufssoldaten mit dem von Wehrpflichtigen?
2 www.spiegel.de (http://bit.ly/ruestungsvergleich; abgerufen 7.10. 2016)

3   Military expenditure by country, in constant (2014) US$ m., 1988–2015 (www.sipri.org/databases/milex).

4   Die SIPRI-Daten sind zwar auch mit Vorsicht zu genießen (siehe Fußnote 1) aber sie sind das beste verfügbare Material. Wer sie zum Aufzeigen der Bedrohung wie korrekte Fakten benutzt, muss auch deren Detaildaten akzeptieren.

5   Datenquelle siehe Fußnote 3.

6   Es gibt natürlich auch aufklärerische Presseartikel. Nach unseren Recherchen sind diese jedoch eindeutig in der Unterzahl und meist weiter hinten in den Zeitungen zu finden. Eine wissenschaftliche empirische Untersuchung zur Darstellung von Militärausgaben in deutschen Medien würden wir sehr begrüßen.

7   … beispielsweise www.sueddeutsche.de 26.4.2015 (http://bit.ly/transparency-ruestung) und www.zeit.de 10.12.2014 (http://bit.ly/rheinmetall-schmiergeld; beide abgerufen 9.3.2017).

8   *Lügen mit Zahlen* (2011), S. 277.

9   Dazu zum Beispiel Jürgen Bruhn: *Schlachtfeld Europa oder Amerikas letztes Gefecht*, Berlin/Bonn 1983, S. 194f. Stellungnahme des sowjetischen Generalsekretärs Juri Andropow zu vier Fragen im *Spiegel*, 25.4.1983. In: *Sage niemand, er habe es nicht wissen können*, hg. v. Karl D. Bredthauer, Köln 1983/1985, S. 174-182.

10   Dazu http://bit.ly/ruestungstreiber2012

10. Gelbe Engel überall:
Wie die Autolobby ihre Zahlen frisiert

Ein Mann am Steuer eines Autos
ist ein Pfau, der sein Rad in der Hand hält.

ANNA MAGNANI

Hier sind wir bei Jens' Steckenpferd, der dieses Kapitel überwiegend
alleine geschrieben hat.

Haben Sie schon einmal ein Milchmädchen gesehen? Was soll das eigentlich sein: ein Milchmädchen? Kaum jemand in unserem Bekanntenkreis kann diese Frage beantworten. Trotzdem spricht man seit Jahrzehnten von einer »Milchmädchenrechnung«, wenn eine Rechnung zu zweifelhaften Ergebnissen führt. Dieser antiquierte Ausdruck, der wahrscheinlich noch nie gepasst hat, konnte 2014 endlich modernisiert werden: Seitdem gibt es die »Gelbe-Engel-Rechnung«, und die armen Milchmädchen oder ihre Nachfahren müssen endlich nicht mehr ausbaden, was Tabellenhengste, Diagrammritter und andere Wichtigtuer an ihren Rechnern ausgebrütet haben. Wir danken also Europas größtem Verkehrsclub, dem ADAC sowie Bastian Obermayer und Uwe Ritzer!

Die beiden Redakteure der *Süddeutschen Zeitung* deckten im Januar 2014 mithilfe eines Informanten auf, dass der ADAC die Zahlen für seine Autopreise »Gelber Engel 2014«

und »Gelber Engel 2013« heftig manipuliert hatte. Der ADAC-Pressechef Michael Ramstetter hatte die Zahl der ADAC-Mitglieder, die sich an der Wahl des »Lieblingsautos der Deutschen« beteiligt hatten, drastisch in die Höhe getrieben. Für 2013 wurde sie beispielsweise von rund 76 000 auf rund 290 000 »aufgerundet«.[1] Auch die Reihenfolge der prämierten Automodelle wurde, wie spätere Ermittlungen ergaben, gezielt verändert.[2] Offenbar zugunsten der vier deutschen Automarken Audi, BMW, Mercedes-Benz und VW.

Manipulierte Messwerte

Der große ADAC hat einen kleinen Wettbewerber, das ist der Verkehrsclub Deutschland (VCD). Dieser fühlt sich vor allem dem Umwelt- und Klimaschutz verpflichtet und organisiert deshalb außer Autofahrern auch Radfahrer, Fußgänger, Bus- und Bahnfahrgäste. Seit 1989 veröffentlicht der VCD jährlich eine Auto-Umweltliste, worin die umweltfreundlichsten Autos prämiert werden – die Lieblingsautos der deutschen Babys und der deutschen Eichen. Im August 2016 hat er zum ersten Mal seit 27 Jahren keine Rangfolge umweltfreundlicher Autos aufgestellt, weil es nach seiner Einschätzung für einige der infrage kommenden Automodelle keine validen Abgasmesswerte gab. Vor allem kritisierte der VCD Angaben des Kraftfahrt-Bundesamtes, die offenbar seit vielen Jahren den realen Schadstoffausstoß vieler deutscher Automodelle verschleiert hätten.[3] 2015 hatte die amerikanische Umweltbehörde aufgedeckt, dass VW und Audi einige ihrer Dieselmodelle mit einer Software ausgerüstet hatten, die den Abgasfilter auf volle Leistung stellt, wenn ein Auto am

Prüfstand getestet wird, und auf geringe Leistung oder ganz aus, wenn es im Alltag unterwegs ist. Warum eigentlich? Wie ein Kronzeuge später angab, hätten wirksame Abgasfilter Betriebs- und Wartungskosten erzeugt, die nicht zur Marktstrategie des Konzerns passten.[4] Die Umweltschützer befürchten, dass VW nicht der einzige Autokonzern ist, dem eine Trickserei mit Messwerten einfiel, und dass es in Europa nicht wesentlich anders aussieht als in den USA. Zunächst müssen, so der VCD, neue Messverfahren her, die es erlauben, den wirklichen Schadstoffausstoß der Autos im Alltagsbetrieb zuverlässig zu messen. Wie berechtigt diese Befürchtungen sind, wurde inzwischen offenkundig. Allein bei VW sind nach dem Stand vom Januar 2017 rund 11 Millionen Autos betroffen, die meisten davon in Europa, allein 2 Millionen in Deutschland.[5] Der internationale Umweltverband ICCT deckte im Januar 2017 in einer Studie auf, dass viele moderne Diesel-Pkw sogar mehr Stickoxide ausstoßen als ein Lkw oder Bus, sie liegen damit weit jenseits aller EU-Grenzwerte. Der Grund sei, so das ICCT, dass Lkws im Echtbetrieb getestet werden, Pkws aber nur im Labor.[6]

Wir loben an dieser Stelle die mutige Entscheidung des VCD, den Turnus zu unterbrechen und auf einen werbewirksamen Wettbewerb zu verzichten, wenn es dafür keine sichere Datengrundlage gibt. Wir sind natürlich auch mit dem Motiv dahinter einig: Die Grenzwerte, um die es im VW-Dieselskandal ging und geht, beschränken den Ausstoß von Stickoxiden. Stickoxide sind gesundheitsschädlich – vor allem für Kinder; sie sind auch für den scharfen Geruch der Dieselabgase vieler Autos verantwortlich. Und sie sind umweltschädlich, da sie in Form von salpetriger Säure wieder abregnen, die Böden überdüngt und sie versauern lässt.

Die Grenzwerte sind also keine bürokratische Schikane, sondern dienen dem Allgemeinwohl.

Die Deutsche Umwelthilfe (DUH) hat viele Jahre darauf aufmerksam gemacht, dass viele Autokonzerne bei den Verbrauchs-, CO_2- und Abgaswerten ihrer Automodelle kräftig schummeln, und dass die deutschen und europäischen Behörden ihnen dabei meist freie Hand gelassen haben. Als DUH-Präsident Jürgen Resch im November 2012 diese Erkenntnisse im Bundeswirtschaftsministerium vortrug, hat man ihm dort klargemacht, dass so etwas die Bundesregierung nicht interessiere.[7] Im September 2016 hat die DUH in Eigenregie begonnen, den Stickoxide-Ausstoß europäischer Dieselautos praxisnah, also unter alltäglichen Fahrbedingungen, zu testen. Daraus entstand eine erste Liste, nach der die schlimmsten Betrügerautos die europäischen Grenzwerte im Sommer um gut das Neunfache überschreiten. Für den Winter erwarten die Prüfer noch viel gravierendere Verstöße.[8]

Wie die deutschen Autokonzerne gemeinsam mit den deutschen Zulassungsbehörden vorgehen, um die Klimaschädlichkeit ihrer übergewichtigen SUVs zu verschleiern, hat der VCD 2010 aufgedeckt.[9] Sie teilen ihre Automodelle in Gewichtsklassen ein und zeichnen dann jeweils die am wenigsten klimaschädlichen Modelle pro Gewichtsklasse mit einem Klimalabel aus. Das führt dazu, dass ein Porsche Cayenne mit dem – wahrscheinlich hübsch frisierten[10] – Kohlendioxid-Ausstoß von 193 Gramm pro Kilometer in eine bessere Klimaklasse gelangte als Kleinwagen wie Smart cdi und Toyota Aygo, die nur etwa halb so klimaschädlich sind. So stellte die Autolobby sicher, dass das Klimalabel sinn- und wirkungslos blieb: Es zeigt den Autokäufern gar nicht an, welche Autos besonders klimafreundlich sind. Wir nennen diese Methode vornehm »Divide et menti« – »Teile und lüge!« Leider haben Bundesregierung und Bundesrat sie im Juli 2011 für eine »Probezeit« von drei Jahren abgesegnet und sogar einen Kompromissvorschlag verworfen.[11] Die Deutsche Umwelthilfe musste bis vor dem Europäischen Gerichtshof auf Akteneinsicht klagen, um schließlich anhand der Akten des Bundeswirtschaftsministeriums ihren Verdacht belegen zu können: Die »Pkw-Energieverbrauchskennzeichnungsverordnung« – so die offizielle Bandwurmbezeichnung – ging direkt auf Textvorschläge des Verbands der Automobilindustrie (VDA) zurück.[12]

»Jeder siebte Arbeitsplatz in Deutschland ...«

Immer wieder ist Umweltschützern und Journalisten aufgefallen, dass deutsche Regierungsstellen und Behörden praktisch nichts gegen die Tricksereien deutscher Autokonzerne unternommen haben – obwohl alleine in Deutschland Millionen von Menschen unter gesundheitsschädlichen Abgasen, Verkehrslärm und den Folgen des Klimawandels leiden müssen. Warum? Weil die deutsche Autoindustrie traditionell als Kern der gesamten deutschen Wirtschaft gilt. Schließlich hängt bekanntlich – so heißt es dann immer – jeder siebte deutsche Arbeitsplatz direkt oder indirekt von der deutschen Autoindustrie ab. Das behauptete zum Beispiel Bundeskanzlerin Angela Merkel bei der Eröffnung der Internationalen Automobil-Ausstellung 2008.[13]

Aber stimmt denn das überhaupt? Kann das überhaupt stimmen? Wer genauer nachforscht, erkennt bald: Dieser Satz ist ein Dogma, für das es keinerlei Belege gibt – ganz ähnlich wie Helmut Schmidts Formel von den Gewinnen, Investitionen und Arbeitsplätzen (siehe Kapitel 4). Redakteure des Wirtschaftsmagazins *Capital* versuchten 2008 zu ermitteln, woher die »Formel 7« eigentlich stammt.[14] Sie stießen auf ein Buch namens *Die Automobilindustrie in Deutschland*, erschienen anno 1980. Damals beschäftigte die westdeutsche Autoindustrie noch erheblich mehr Personen als die gesamtdeutsche heute und stellte, realistisch gerechnet, jeden 21. Arbeitsplatz in Westdeutschland. Das genügte den Autoren jedoch nicht, und sie bezogen alle Arbeitsplätze in ihre »Rechnung« (besser: ihre Daumenpeilung) ein, die irgendwie mit dem Auto zusammenhingen. Zum Beispiel alle Versicherungen und Versicherungsagenturen, die auch Autoversicherungen anbieten. Oder alle Straßenverkehrsämter, Straßenbauverwaltungen und Straßenbauunternehmen – obwohl solche Betriebe keineswegs nur Autos der Marken VW, Mercedes, Audi und BMW versichern, zulassen oder mit Straßen versorgen, sondern auch Fiats, Renaults, Toyotas und Hyundais. Autoversicherungen würden in Deutschland auch dann verkauft, Straßen auch dann repariert werden, wenn es keine deutschen Autos mehr gäbe. Trotzdem benutzt der Verband der Automobilindustrie bis heute ein ganz ähnliches Rechenschema, mit dem er auf rund 5 Millionen Arbeitsplätze in Deutschland kommt, die »direkt oder indirekt von der Autoindustrie abhängen«.

Doch wie viele Arbeitsplätze sind es heute wirklich?

Rund 775 000 Arbeitsplätze gab es 2014 in der deutschen Autoindustrie einschließlich Zulieferbetrieben, Autohandel und Vertragswerkstätten. 2014 waren durchschnittlich 42,6 Millionen Personen mit Wohnort in Deutschland erwerbstätig.[15] Demnach war jeder 55. deutsche Arbeitsplatz direkt von der deutschen Autoindustrie abhängig. Zum Vergleich: 2011 war jeder neunte deutsche Arbeitsplatz direkt vom deutschen Gesundheitswesen abhängig.[16]

Wem nützt es, wenn die deutsche Autoindustrie ihre wirtschaftliche Rolle so gewaltig übertreibt? Es hilft den Vertretern der Autokonzerne offensichtlich dabei, wenn sie in den zuständigen Ministerien ein- und ausgehen und Einfluss auf alle einschlägigen Gesetze sowie auf die deutschen Verhandlungspositionen auf EU-Ebene ausüben wollen. Zum Beispiel einigten sich Vertreter des Verbands der Automobilindustrie, des Verkehrsministeriums, des Kraftfahrt-Bundesamtes und der Bundesanstalt für Straßenwesen bei einem Jahrestreffen im Juni 2012 laut Protokoll darauf, »dass eine frühzeitige, pro-aktive Einflussnahme in Brüssel umgesetzt werden« müsse, um die Festsetzung von CO_2-Grenzwerten zu verhindern, die den deutschen Herstellern schaden könnten. Die entsprechende Intervention der Bundesregierung bei der EU erfolgte schon wenige Tage später.[17]

39 Stunden im Stau?

Wenn Männer an der Theke stehen, klappen sie gerne Motorhauben auf und zu und lassen ihre Radkappen blitzen. Das kann sogar den beiden Autoren dieses Buchs passieren, obwohl sie gar keine Motorhauben besitzen. Lauschen wir also ihrem Thekengespräch ein wenig!

JENS: Ich hab' noch ein interessantes Zahlenspiel über Autos gefunden.

GERD: Hast du nicht schon genug davon verbraten?

JENS (den Einwand übergehend): Es geht um Staus.

Angeblich steht »der deutsche Autofahrer« 39 Stunden im Jahr im Stau.

GERD: Gefühlte Stunden oder echte? Wenn man die Leute befragt, kriegt man doch nur gefühlte Stunden.

JENS: Nee, echte Stunden. Ein Verkehrsdatendienst namens »INRIX« will sie gemessen haben. Dazu haben sie in etlichen Taxis und Lieferwagen eine Software installiert, die misst, wie lange die Fahrzeuge gebraucht haben, um ihre Strecken zurückzulegen. Und zwar jeweils in den Stoßzeiten, wenn die Staus am längsten sind. Um die Aufregung zu vergrößern, folgt natürlich sofort ein Ranking. Am längsten stehen sich die Autofahrer im Raum Köln die Reifen platt. Du kannst dich also freuen: Ihr steht in der Tabelle ganz oben.

GERD: Ja, toll! Das liegt aber nur an den ganzen Düsseldorfern und Bergheimern, die ständig den Verkehr aufhalten. Wie unterscheiden die denn zwischen normaler Fahrtzeit und Stauzeit?

JENS: Eben! Das hab ich mich auch gefragt. Sie schreiben, sie hätten die gemessenen Fahrtzeiten – oder besser Stehzeiten – auf einer Strecke X verglichen mit der Zeit, die man »bei normal fließendem Verkehr« gebraucht hätte. Nur frage ich mich: Was soll denn in Stoßzeiten ein »normal fließender Verkehr« sein? Der staut sich doch immer irgendwo, vor Ampeln, vor Baustellen und so weiter. Das kann bei der Menge an Autos gar nicht anders sein. Ob die als Referenz eine Fahrtzeit nehmen, die man nur um 3 Uhr nachts hat? Wenn du immer der Erste bist an jeder Ampel? Denn sobald noch einer vor dir steht, ist das doch schon ein Stau, und du verlierst beim Anfahren drei, vier Sekunden Zeit.

GERD: Naja, sie können auch die Fahrtzeit in der Stoßzeit

mit einer gemittelten Fahrtzeit außerhalb der Stoßzeiten vergleichen. Das ergäbe schon einen gewissen Sinn.

JENS: Die Wissenschaft hat festgestellt, dass man zur Stoßzeit länger im Stau steht als außerhalb der Stoßzeit. Ich glaube, das wussten wir schon vorher.

GERD: Aber nicht, wie lange! Bloß wie schließen die jetzt von ihren Taxis auf den deutschen Durchschnittslenker?

JENS: Oder gar die Durchschnittslenkerin? Das ist der nächste Punkt. Dafür haben sie einen »Berufspendler« konstruiert, der 440 durchschnittliche Pendlerfahrten im Jahr absolviert, und ihre Stauzeiten auf der Lerchenauer Straße in München auf die Pendler hochgerechnet, die sich dort morgens und abends im Staucafé treffen. *Un espresso, per favore!* Diesen Musterpendler verkaufen sie uns aber als den Deutschen schlechthin! Und was ist mit den ganzen Müttern, die ihre Kinder rumkutschieren, oder den Rentnerinnen, die einen Ausflug machen? Die muss man doch in den Durchschnitt mit reinrechnen!

GERD: Nicht unbedingt. Sie wollen ja anscheinend rauskriegen, wie viel Zeit die Berufspendler durch Staus verlieren. Dann können sie die anderen Autofahrer auch vernachlässigen.

JENS: Aber dann dürfen sie nicht sagen: »Die Deutschen stehen 39 Stunden im Stau.« Sie müssen sagen: »Pendler stehen 39 Stunden im Stau.«

GERD: Ja, eigentlich! Aber ist das nicht bloß die Presse, die das vergröbert hat? Ist das wirklich eine Trickserei, die irgendwem nützt? Wem nützt das denn?

JENS: Es nützt der IHK und der Betonindustrie, wenn sie ihre Propaganda für noch mehr und noch breitere Straßen inszenieren.

GERD: Die Betonindustrie – dein Lieblingsfeind! Denk daran, dass deine Hassbrille verzerrt! Was hat denn diese Stauzeit mit dem Straßenbau zu tun?

JENS: Jede Menge! Die IHK bei uns will zum Beispiel, dass die A 2 im Raum Bielefeld achtspurig ausgebaut wird. Achtspurig! Auf hundert Kilometern Strecke, außerhalb von Ballungsgebieten. Und sie begründet das routinemäßig mit dem angeblichen betriebs- und volkswirtschaftlichen Schaden, den die Staus auf der Autobahn anrichten. Also genau mit solchen Zahlen, wie INRIX sie liefert. Und INRIX stößt schon in das gleiche Horn, wenn sie die 39 Stunden als »verschwendete Stunden im Stau« bezeichnen. Damit suggerieren sie doch, dass man diese Verschwendung irgendwie vermeiden könnte, nämlich durch Straßenbau.

GERD: Ruhig Blut mit den jungen Pferden! Reden die von INRIX wirklich vom Straßenbau?

JENS: Nein, sie –

GERD: Siehst du! Stauzeiten kann man ganz objektiv als verschwendete Stunden sehen. Ich glaube, du interpretierst da was rein, was nicht drinsteht.

JENS: Aber die IHK-Leute verwenden genau solche Studien, um ihre Straßenplanungen zu begründen.

GERD: Dann liegt der Hase aber eher dort im Pfeffer, bei der Ausnutzung der Ergebnisse. Und bei der lächerlichen Behauptung, man könne durch Straßenbau die Staus wegkriegen. Das sagen sie seit fünfzig Jahren und bauen und bauen, und die Staus werden immer länger statt kürzer. Wie lange stehen die Pendler im Stau? 39 Stunden?

JENS: Ja.

GERD: Im Jahr?

JENS: Ja. (Singt:) Sie stahn, stahn, stahn auf der Autobahn …

GERD: Das wären – unter 11 Minuten pro Tag, bei 220 Arbeitstagen. Glückliche Durchschnittsdeutsche! Die Kölner Pendler dürften deutlich länger stehen.

JENS: Ui, das Weizen scheint deinen Überschlagsrechner noch zu ölen! 11 Minuten, das ist wirklich nicht so viel. Das sieht eher nicht so aus, als hätten sie eine fiktive Fahrtzeit um 3 Uhr nachts als Referenz genommen. Das sieht eher nach dem Trick »Große Summe durch lange Zeiträume« aus. Wenn man irgendwelche Kleinigkeiten, die man jeden Tag macht, übers Jahr zusammenzählt –

GERD: Genau! Dann kommen fast immer absurd lange Zeiten oder große Mengen zusammen.

Wie Folgeschäden ausgeblendet werden

2015 und 2016 gingen Entwürfe eines neuen Bundesverkehrswegeplans (BVWP) durch zahlreiche politische Gremien und auch durch ein Bürger-Partizipationsverfahren. Der BVWP enthält lange Listen von Straßenneu- und Straßenausbauprojekten sowie sehr viel weniger Projekte für Bahnstrecken und Wasserstraßen. Zweck der Übung ist es offiziell, für den Zeitraum 2015-2030 die knappen Haushaltsmittel des Bundes möglichst effizient auf jene Projekte zu konzentrieren, die einen besonders großen volkswirtschaftlichen Nutzen erbringen. Die Straßenbauplaner bezeichnen diese in der Regel als »Lückenschlüsse«. Kein Straßennetz ist so dicht, dass ein Straßenbauplaner nicht noch irgendwo Lücken im Netz entdecken würde, die er gerne schließen will.

In einer »Nutzen-Kosten-Analyse« haben die Verkehrsplaner den angeblichen Nutzen von Straßenbauprojekten berechnet. Wie sie das machen, habe ich (Jens K.) mir einmal genauer angeschaut: Sie ermitteln einen Zeitgewinn von Auto- und Lkw-Fahrern durch die neue Straße, rechnen den auf 50 Jahre Nutzungszeit hoch, multiplizieren ihn mit einer Art Stundenlohn der Autofahrer und dividieren die Summe durch die Bau- und Planungskosten der Straße.[18] Die entstehende Nutzenrate bildet die Basis für die Einstufung des Projekts in den sogenannten vordringlichen Bedarf. Das sind die Straßen, die mit den knappen Haushaltsmitteln bis 2030 zuerst gebaut werden sollen. Doch das ist nur eine Seite der Medaille. Auf der anderen Seite bewirken neue oder breitere Straßen Umweltschäden, Naturzerstörung, Verlust landwirtschaftlicher Flächen, Gesundheitsschäden durch Lärm sowie Verlust an Lebensqualität in Dörfern und Stadtteilen. Solche Schäden werden im BVWP zwar verbal bewertet, aber nicht vom Nutzenwert der jeweiligen Straße abgezogen. Der Flächenfraß durch Straßen wird nicht in Geldwerte umgerechnet (monetarisiert), obwohl das möglich wäre, zum Beispiel durch den Wert der auf verloren gegangenen Ackerflächen über 50 Jahre wegfallenden Ernten. Das ist eine Sonderform der Manipulationsmethode »Yang ohne Yin«: Nachteile werden zwar erwähnt, aber nicht in die kritische Größe aufgenommen, an der sich die Entscheidungen orientieren.

Dass die Berechnung von Folgeschäden für die Umwelt möglich ist, zeigt eine Studie zur sinkenden Bodenqualität weltweit, die das Bundesministerium für wirtschaftliche Zusammenarbeit und Entwicklung 2016 veröffentlicht hat.[19] Dort haben sich die Forscher bemüht, die zu erwartenden Folgekosten der Boden-Degradation, etwa für Grundwasser und Gewässer, Artenvielfalt und Klima in Geldwerten abzuschätzen.

Busfahren ist teurer als Autofahren?

Als passionierter Nichtraser, Rad- und Bahnfahrer werden wir des Öfteren in Diskussionen mit ebenso passionierten Autofahrerinnen und Autofahrern verwickelt; und zugegeben, wir lassen uns auch ganz gerne verwickeln. Ein Standardthema des vorprogrammierten Streits ist die Frage, ob es zumutbar ist, bestimmte Strecken ohne Auto zurückzulegen. Neulich hatte ich (Jens K.) mich mit einer Freundin zum Konzert in der Rudolf-Oetker-Halle in Bielefeld verabredet. Als wir uns fanden, war ich ein wenig feucht – denn es hatte während der Radfahrt »gestippelt«, wie man in der Region sagt –, und sie war ein wenig genervt, denn sie hatte nur schwer einen Parkplatz gefunden. Ich konnte es natürlich nicht lassen, sie zu fragen, warum sie denn nicht mit der Stadtbahn angereist sei – und sie erwiderte spitz: »Erstens muss ich von mir eine Viertelstunde zur Stadtbahn laufen, zweitens muss ich dann erst in die Stadt fahren und dort umsteigen, und drittens kostet das zweimal zwei zwanzig, also vier Euro vierzig! Das geht gar nicht!«

Ich hielt es für klüger, die Diskussion nicht fortzusetzen, aber im Stillen arbeitete ich an einer Gegenrechnung: »Erstens kostet dich die Fahrt mit den Öffis eventuell gar nichts, weil sie in der Eintrittskarte enthalten ist – schau mal nach! Zweitens a): Wie teuer wäre deine Autofahrt gekommen, wenn du ordentlich im Parkhaus geparkt hättest? Zweitens b): Wie teuer kommt dich die Fahrt, wenn du an verbotener Stelle parkst? Gar nichts, denn du bist nicht erwischt worden? Ist das nicht eine Gelbe-Engel-Rechnung? Denn wenn du im Schnitt bei jedem zwanzigsten illegalen Parkmanöver erwischt wirst und 40 Kröten für die Knolle bezahlen musst – dann solltest du diese Kosten auf alle Fahrten umlegen. Macht zwei Euro pro Fahrt.«

Und das nur fürs Parken. Dazu kommen Benzin, Verschleiß, Wertverlust des Autos durch die gefahrenen Kilometer. Und sogar die Versicherung ist kilometerabhängig, denn je mehr du fährst, desto größer ist die Gefahr, dass du einen Unfall baust und die Prämie steigt. Übrigens pflegt der ADAC alle diese Kosten ins Feld zu führen, wenn es um die Kilometerpauschale für Berufspendler geht. Wenn es allerdings um die Frage geht, ob sich eine Autofahrt im Vergleich zur Fahrt mit den Öffis lohnt, dann zählt beim Auto plötzlich nur noch das Benzin. Und wir fragen uns, wann die Forderung kommt, dass Arbeitslose gezwungen werden sollen, sich ein Auto anzuschaffen, damit sie das sündhaft teure Bus- und Bahnfahren endlich bleiben lassen.

Wie entlarven Sie die Zahlentricks der Autolobby?

1. Fragen Sie bei Rankings der angeblich besten Autos nach, welche Unterklassen gebildet wurden und warum.
2. Beruhen die Rankings auf Umfragen? Wenn ja, wer wurde gefragt, wie viel Prozent der Befragten haben teilgenommen? Sind die Antworten plausibel?
3. Geht es um die Bedeutung der Arbeitsplätze einer Branche: Suchen Sie das Sätzchen »hängen indirekt ab von ...« und fragen Sie: Was heißt das in Zeiten, in denen alles mit allem zusammenhängt?
4. Fragen Sie bei Kosten-Nutzen-Rechnungen, wie die drohenden Schäden bewertet wurden.

Forschungsaufgaben zu Autos

1. Wenn Sie ein Ranking der umweltschädlichsten Automarken erstellen wollten: Welche Faktoren würden Sie dort miteinbeziehen? Wie könnte man diese Faktoren messen und als Zahl ins Ranking einbeziehen?

2. Untersuchen Sie einige Werbespots und Anzeigen der Autoindustrie. Welche Eigenschaften der Autos werden dort besonders betont? Und wie hängen diese Eigenschaften mit den Umweltfaktoren aus Aufgabe 1 zusammen?

3. Die Gelbe-Engel-Rechnung der Autofahrerin am Ende des Kapitels schreit natürlich nach einer Gegenrechnung. Wenn Sie selber Auto fahren, können Sie sich an einer solchen Rechnung versuchen. Listen Sie auf, welche Kosten Ihr Auto insgesamt verursacht (angefangen mit dem Kauf des Autos). Welche davon sind verbrauchsabhängig, ändern sich also mit der Anzahl der Autofahrten und der gefahrenen Kilometer? Ein paar Hinweise finden Sie im Kapitel. Wie kann man diese Kosten auf die einzelne Autofahrt umlegen? Versuchen Sie, so die realen Gesamtkosten einer typischen Autofahrt zu überschlagen.

4. Analysieren Sie die Pkw-Entwicklung in Deutschland seit 2000. (Anzahl, Größe der Pkws, gefahrene Kilometer usw.)

1 *Süddeutsche Zeitung*, 14. 1. 2016 (http://bit.ly/sz-gelber-engel; abgerufen am 24. 10. 2016).

2 https://de.wikipedia.org: ADAC/7. Manipulationen beim *Gelben Engel* (abgerufen am 24. 10. 2016). Bericht der Wirtschaftsprüfer von

Deloitte auf www.adac.de (http://bit.ly/gelber-engel3; abgerufen am 3.11.2016). Die von Deloitte dokumentierten Veränderungen der Rangfolge deuten darauf hin, dass es dem ADAC darauf ankam, dass möglichst alle drei deutschen Konzerne sowie die Marke Opel in den Top-5 vertreten waren.

3 VCD-Auto-Umweltliste 2016/17 (http://bit.ly/vcd-liste2016). VCD-Presseerklärung vom 16.8.2016 (http://bit.ly/vcd-pe2016; abgerufen am 24.10.2016).

4 *Süddeutsche Zeitung* 11.1.2017, S. 2. Zum Hintergrund: NO_x-Speicherkatalysatoren müssen regelmäßig durch das Einspritzen von zusätzlichem Kraftstoff gereinigt werden, was den Kraftstoffverbrauch erhöht. Harnstoff-Katalysatoren (»Pipi-Kat«) verbrauchen eine Harnstofflösung, die regelmäßig nachgefüllt werden muss. Dazu www.welt.de, 24.9.2015 (http://bit.ly/noxkat2 ; abgerufen am 18.1.2017).

5 Live-Dossier auf www.zeit.de (http://bit.ly/abgasskandal-zeit; abgerufen am 18.1.2017); Wikipedia: Abgasskandal.

6 www.spiegel.de, 6.1.2017 (http://bit.ly/icct-studie; abgerufen am 17.1.2017).

7 www.tagesschau.de, 15.6.2016 (http://bit.ly/resch2012; abgerufen am 27.10.2016).

8 Pressemitteilung der Deutschen Umwelthilfe vom 7.9.2016 auf www.duh.de (http://bit.ly/duh-tests; abgerufen am 27.10.2016).

9 VCD-Pressemitteilungen vom 10.5.2010 und 8.7.2011 (http://bit.ly/vcd-co2-label und http://bit.ly/vcd-co2-label2; abgerufen am 17.1.2017).

10 Kraftstoffverbrauch und CO_2-Ausstoß der Pkws werden ebenfalls nur unter unrealistischen Laborbedingungen gemessen. Ferdinand Dudenhöffer und Eva Maria John haben das 2009 analysiert. *Kölner Stadt-Anzeiger,* 19.9.2009.

11 Bei Redaktionsschluss dieses Buchs war nicht zu ermitteln, ob sich nach dem Ablauf der Probezeit etwas an der Regelung geändert hat. Der Kompromissvorschlag, der zwischenzeitlich in der Diskussion war, sah vor, die Autos nicht nach Gewicht, sondern nach ihrer nutzbaren Innenraumfläche zu klassifizieren. Das hätte immer noch bewirkt, dass große Autos mit breiteren Sitzplätzen, mehr Fußraum usw. keinen Nachteil gegenüber kleinen Autos haben.

12 Wikipedia: Pkw-Energieverbrauchskennzeichnungsverordnung (abgerufen am 17.1.2017).

13 www.bundesregierung.de (http://bit.ly/jeder-siebte; abgerufen am 28. 10. 2016).

14 Laut www.spiegel.de, 20. 5. 2009 (http://bit.ly/jeder-siebte2; abgerufen am 28. 10. 2016).

15 Erste Zahl nach www.statista.com (http://bit.ly/beschaeftigte-autoindustrie). Zweite Zahl nach Pressemitteilung des Statistischen Bundesamtes vom 5. 1. 2015.

16 4,9 Millionen Arbeitsplätze laut Pressemitteilung des Statistischen Bundesamtes vom 30. 1. 2013 (http://bit.ly/vier-komma-neun). Von 41,04 Millionen Erwerbstätigen im Jahresschnitt 2011, laut Pressemitteilung des Statistischen Bundesamtes vom 2. 1. 2012.

17 www.tagesschau.de, 15. 6. 2016 (http://bit.ly/resch2012; abgerufen am 28. 10. 2016).

18 Auf den weitgehend fiktiven Charakter dieser Rechenoperation hat Werner Reh, Verkehrsexperte des Bundes für Umwelt und Naturschutz Deutschland (BUND), hingewiesen.

19 Ephraim Nkonya, Alisher Mirzabaev, Joachim von Braun: »Die weltweite Degradierung von Land und Böden«, www.zef.de 2016 (http://bit.ly/zef-boden; abgerufen am 17. 1. 2017).

11. Globale Erwärmung und Umweltrisiken:
Wie man sich mit Zahlentricks vor Konsequenzen drückt

Was du auch tust, tue es klug und bedenke das Ende.

(RÖMISCHES SPRICHWORT, NACH ÄSOP)

Der Winter 2015/2016 war in Mitteleuropa einer der wärmsten Winter – nicht aller Zeiten, aber seit etwa 1850. In Wien war der Januar 2016, wie wetter.at meldete, um 337 Prozent zu warm![1] Er war zwar wirklich extrem warm, aber die Prozentangabe ist in diesem Zusammenhang Unfug. Walter Krämer und Gerd Gigerenzer haben sie in ihrer Kolumne »Unstatistik des Monats« im Februar 2016 zu Recht aufgespießt. Denn die Wetterjournalisten haben sich ihre Rechnung sehr einfach gemacht:

- Langjährige Durchschnittstemperatur im Januar in Wien: 0,8 °C
- Durchschnittstemperatur im Januar 2016: 3,5 °C
- Differenz: 2,7 °C
- 2,7 / 0,8 = 3,375 (macht 337,5 Prozent).

Mathematisch zwar richtig: Eine Veränderung in Prozent berechnet man, indem man die Differenz (hier 2,7) durch den Ausgangswert (hier 0,8) dividiert und das Ergebnis mit 100 malnimmt. Aber sachlich und statistisch unsinnig – denn würde die Temperatur in Wien nicht in Grad Celsius, sondern in Grad Fahrenheit gemessen, kämen bei dieser Rechnung nur 15 Prozent heraus. Der hohe Prozentwert kommt ausschließlich dadurch zustande, dass die betrachteten Temperaturen zufällig nahe der Nullmarke der Celsiusskala liegen. Ein Statistiker käme gar nicht auf die Idee, so zu rechnen, weil er weiß, dass eine Temperaturskala eine sogenannte Intervallskala ist, auf der man keine sinnvollen Verhältnisse bilden kann.[2]

Gibt es eine globale Erwärmung?[3]

Diese umstrittene Frage können wir hier natürlich nicht klären – und empfehlen als Lektüreeinstieg für Interessierte den Wikipedia-Artikel »Kontroverse um die globale Erwärmung«. Wir beschränken uns darauf, einige Zahlen- und Grafiktricks zu kritisieren, die in dem Streit eine Rolle spielen. Einen Übertreibungstrick haben Sie gerade bereits kennengelernt: prozentuale Steigerungsraten auf einer ungeeigneten Basis.

Sogenannte Klimaskeptiker bezweifeln schon seit Jahrzehnten die Erkenntnis der weitaus meisten Klimaforscher, dass sich das Weltklima seit Beginn der weltweiten Temperaturaufzeichnungen um 1850 tendenziell erwärmt. Da die Erwärmung nicht kontinuierlich ansteigt, sondern in einer heftig schwankenden Kurve, ist es möglich, durch passende Wahl des Ausgangs- und Endjahres der Betrachtung Perioden zu finden, in denen die Weltmitteltemperatur nicht gestiegen ist. Und prompt erschienen Schlagzeilen in Presse und Internet wie »Klimawandel abgesagt«.[4] Der bekannte TV-Meteorologe Sven Plöger präsentierte zur Veranschaulichung in seinem Vortrag eine ähnliche Grafik wie die folgende:

Der Anstieg der Weltmitteltemperatur

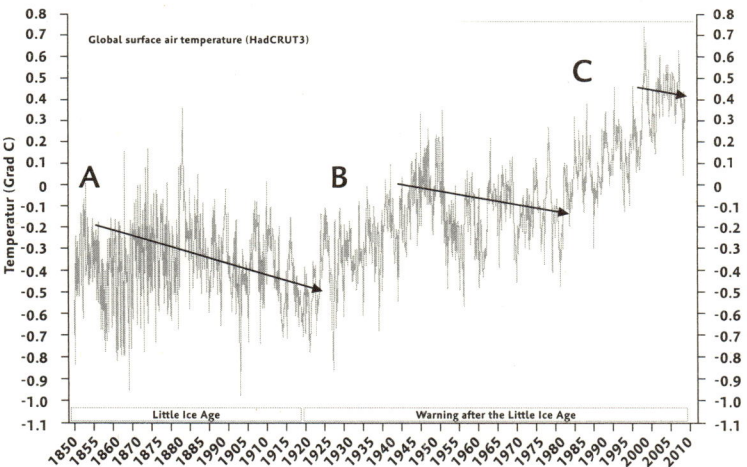

Die Weltmitteltemperatur (hier monatliche Lufttemperaturen nach HadCRUT3)[5] steigt tendenziell seit 1850. Bildet man kürzere Zeitabschnitte, zum Beispiel 1865-1920 (Pfeil A), 1940-1970 (Pfeil B) oder 1995-2010 (Pfeil C), scheint die Temperatur jedoch zu sinken.

Sven Plöger erklärte 2016 in einem Vortrag in Bielefeld den Unterschied zwischen Wetter und Klima so: Wetter ist das, was wir täglich draußen wahrnehmen und messen können. Klima dagegen ist reine Statistik, also etwas Abstraktes. Beim Klima geht es in der Regel um Durchschnittswerte, zum Beispiel um durchschnittliche Temperaturen, die aus ganz vielen Einzelmesswerten unter ganz bestimmten Bedingungen gebildet wurden. Kein Wunder also, dass Klimadaten oft ähnlich umstritten und mit Unsicherheiten behaftet sind wie soziale oder wirtschaftliche Daten.

Doch auch die Herleitungen der Klimaforscher sind methodisch nicht ohne Tücken, wie ich (Jens K.) als Umweltautor eines Jahrbuchverlags wiederholt feststellen musste. Trefflich gestritten wurde zum Beispiel lange über die Repräsentativität ihrer Datenmesspunkte. Da viele davon aus historischen Gründen in der Nähe von Großstädten lagen, war nicht auszuschließen, dass der gemessene Temperaturanstieg kein weltweit flächendeckender war, sondern sich auf städtische Wärmeinseln beschränkte. Das war praktisch eine vorsortierte Stichprobe der Messpunkte. Die Zahl der Messpunkte wurde aber in den letzten Jahrzehnten stark ausgeweitet, und es wurden Messungen von Höhenballons und Satelliten hinzugezogen. Da sie den auf der Erde gemessenen Trend weitgehend bestätigen, verstummte die Debatte.

Ein anderer kritischer Punkt ist der Referenzzeitraum, mit dem die aktuelle Temperaturentwicklung verglichen wird. Es ist nach Aussage des Klimaforschers Stefan Rahmstorf viel leichter, die Veränderung der Temperatur gegenüber einer Referenztemperatur nachzuweisen, als aus der Fülle der Messdaten eine absolute Weltmitteltemperatur zu definieren. Als Referenztemperatur galt lange die Durchschnittstemperatur der Jahre 1951 bis 1980. Später setzte sich der Durchschnitt der Jahre 1961 bis 1990 durch. Um die Tendenz nach oben nachzuweisen, ist es letztlich egal, welche Referenztemperatur man zugrunde legt, da die Tendenz in beiden Fällen eindeutig zu sehen ist. Sobald allerdings in der politischen Diskussion absolute Temperaturdifferenzen genannt werden, müssen die Klimaschützer den Referenzzeitraum dafür nennen.

Als Hauptursache der globalen Erwärmung gilt bei den weitaus meisten Forschern der Welt der zeitlich parallel gemessene Anstieg der Kohlendioxid-Konzentration in der Atmosphäre. Kohlendioxid (CO_2) entsteht bei der Atmung, aber auch immer dann, wenn wir Kohle, Öl oder Erdgas verbrennen – etwa in Kohlekraftwerken, Heizungsanlagen, Zementwerken oder Verbrennungsmotoren. Wirklich nachweisbar ist zunächst nur eine Korrelation, ein zeitlicher Zusammenhang: Die CO_2-Konzentration steigt, und gleichzeitig steigt die Weltmitteltemperatur. Außerdem ist der Wirkungsmechanismus bekannt, dass Kohlendioxid (und andere Treibhausgase wie Methan) den »Treibhauseffekt« in der Atmosphäre auslösen. Trotzdem ist die Kausalität zwischen CO_2-Konzentration und Temperaturerwärmung streng genommen nicht nachgewiesen und wohl auch praktisch nicht hundertprozentig nachweisbar. Es ist eben nur *sehr wahrscheinlich*, dass das Kohlendioxid an der Erwärmung schuld ist. Eine Schwachstelle, die von »Klimaskeptikern« gerne genutzt wird, um andere mögliche Schuldige ins Spiel zu bringen, etwa die Sonnenaktivität, das von Rindern ausgestoßene Methan oder bestimmte Spurengase.[6] Dies hat den Effekt, dass viele Leute denken, man wüsste nichts Genaues, also brauchte man auch nichts zu ändern, vor allem nicht am eigenen Konsumverhalten – und etwa, Gott bewahre!, weniger zu heizen, weniger Auto zu fahren, weniger zu fliegen oder weniger Fleisch zu essen.

Noch schwieriger ist der Nachweis, ob bestimmte Phänomene und Umweltkatastrophen die Folgen der globalen Erwärmung sind. Hierbei geht es unter anderem um das

Abschmelzen der Arktis, des Grönlandeises und der Gletscher, den damit zusammenhängenden Anstieg des Meeresspiegels, um Hitzewellen, Missernten oder Verschiebungen im Spektrum der Tier- und Pflanzenarten. All diese Phänomene sind für sich bereits eindeutig nachweisbar. Dass sie in hohem Maß auf die globale Erwärmung zurückgehen, gilt als sehr wahrscheinlich.[7] Ferner beobachten Forscher eine Häufung von Dürren, Waldbränden, Unwettern, Überschwemmungen, Erdrutschen und schweren Wirbelstürmen sowie Tendenzen zur Ausbreitung tropischer Krankheiten. Bei diesen Phänomenen ist bislang nicht eindeutig belegbar, ob die Häufung eine Folge der globalen Erwärmung ist; zum Teil ist auch umstritten, ob die Häufung wirklich existiert. Wir stehen hier vor dem methodischen Problem, dass Dürren, Überschwemmungen usw. extreme, also relativ seltene Ereignisse sind, die sich nur sehr schwer statistisch erfassen lassen. Wenn sie sich zeitweise häufen, kann das auch auf Zufällen beruhen.

In komplexen Kontroversen wie dieser lohnt es sich stets, einen Blick auf die Interessen der Kontrahenten zu werfen. Die »Klimaskeptiker« werfen den Klimaforschern häufig vor, sie hätten den Klimawandel erfunden, um sich wichtig zu machen und um Forschungsgelder zu akquirieren. Auch profitieren die Hersteller und Betreiber von Windrädern und Solarstromanlagen davon, wenn der Staat den Absatz ihrer Produkte fördert. Solche Motive gibt es zweifellos. Doch erstaunlich selten ist davon die Rede, wer von den Argumenten der »Klimaskeptiker« profitiert: Das sind die Kohle-, die Öl- und die Autoindustrie, die Zement-, die Stahl- und Aluminiumindustrie (als große Stromverbraucher), viele Energieversorger, Speditionen, Reedereien, Fluggesellschaften, die industrielle Landwirtschaft. Also nicht gerade kleine und schwache Randgruppen der Gesellschaft. Wie zum Beispiel der amerikanische Ölkonzern Exxon die Klimadebatte in den USA gezielt beeinflusst hat, wurde vielfach nachgewiesen.[8] Mit Erfolg: Die Ratifizierung des Kyoto-Protokolls von 1997 zum Klimaschutz scheiterte im amerikanischen Kongress. Ende 2016 scheiterte die deutsche Umweltministerin Barbara Hendricks zumindest vorläufig bei ihrem Versuch, auf der Basis eines breiten Partizipationsprozesses in Deutschland einen Klimaschutzplan 2050 durchzusetzen, der handfeste Maßnahmen wie den Ausstieg aus dem Kohlestrom, die Reduzierung des Benzinverbrauchs und der Tierbestände in der Landwirtschaft beinhaltet. Auch dabei hatten interessierte Konzerne ihre Hände im Spiel.[9]

Der Umgang mit Langzeitprognosen

Prognosen sind laut einem bekannten Kalauer schwierig, vor allem dann, wenn sie die Zukunft betreffen. Und so haben auch die Klimaforscher ein großes Problem: Sie sollen Prognosen für die nächsten hundert Jahre abgeben. Prognosen, die mit dem sprichwörtlich wechselhaften Phänomen des Wetters zu tun haben. Eigentlich ist das ein Ding der Unmöglichkeit, denn wir Menschen können nicht wirklich in die Zukunft schauen, zumindest dann nicht, wenn unvorhersehbare, vom Zufall oder von unkalkulierbaren Rückkopplungen bestimmte Wendungen möglich und wahrscheinlich sind.[10]

In dieser Situation haben die Klimaforscher die mutmaßlich einzige Methodik entwickelt, die uns zur Verfügung steht, um uns einer derart unmöglichen Herausforderung doch anzunähern: Sie arbeiten in ihren Klimamodellen mit Szenarien, also unterschiedlichen Varianten der entscheidenden Verknüpfungen zwischen den bekannten Faktoren (Kohlendioxid-Konzentration, Temperatur, Wolkenbildung, CO_2-Aufnahme und Wärmeaufnahme der Meere, Albedo usw.).

Wie wahrscheinlich diese Varianten sind, überprüfen sie anhand der bekannten Daten der Vergangenheit; das heißt, sie speisen zum Beispiel in Variante A die Klima- und CO_2-Daten des Jahres 1850 sowie ein bestimmtes Verhältnis zwischen dem Anstieg der CO_2-Konzentration und dem Anstieg der Temperaturen ein. Dann rechnen sie für die auf das Jahr 1850 folgenden Jahrzehnte jeweils hoch, wie die Temperaturen wie nach diesem Modell auf den bekannten Anstieg der CO_2-Konzentration reagieren würden. Schließlich können sie sehen, wie gut ihr Modell die tatsächliche Entwicklung der Folgezeit abbildet.

Andere Wissenschaftler, zum Beispiel Volkswirtschaftler, Betriebswirtschaftler und Soziologen, können viel von dieser Methodik lernen und tun es wahrscheinlich auch. Die Verwendung von Szenarien in Prognosestudien hat sich weitgehend durchgesetzt. Was sich nach unserer Beobachtung in den anderen Wissenschaften noch nicht durchgesetzt hat, ist die Überprüfung der Szenarien anhand bekannter Daten der Vergangenheit.[11]

Grundsätzlich bleibt das Problem bestehen, dass Langzeitprognosen immer stark anfechtbar sind. So wurde beispielsweise die große Zukunftsprognose *Die Grenzen des Wachstums*, die Dennis und Donella Meadows 1972 für den Club of Rome vorlegten, häufig kritisiert, weil viele der dort prognostizierten

Enddaten (»Ressource X reicht noch bis 200Y«) ohne Not überschritten wurden. Ähnlich ging es später den »*Peak-Oil*«-Prognosen, die ein Absinken der Erdölfördermengen und einen starken Anstieg der Ölpreise vorhergesagt haben. In Deutschland wurde als Argument gegen die Glaubwürdigkeit von Umweltschützern gerne angeführt, dass das um 1975 prophezeite Waldsterben nicht eingetreten sei.

Die Kritiker missachten meist, dass solche Prognosen die Tendenz haben, sich selbst zu zerstören. Sie sind gewissermaßen das Gegenteil von sich selbst erfüllenden Prophezeiungen: Sie warnen die Menschheit vor möglichen Gefahren, zeigen alternative Entwicklungswege auf – und wenn diese beschritten werden, tritt im besten Fall die prognostizierte Katastrophe nicht ein. Genau das war ja der Sinn der Sache. Beim Waldsterben lief es genauso ab: Man stattete die Kohlekraftwerke mit Entschwefelungsanlagen aus, die Autos mit Katalysatoren und bannte so die Gefahren des sauren Regens.

Wie mit den Zahlen des Kohlendioxid-Ausstoßes getrickst wird

Viele internationale Versuche, ein wirksames Klimaschutzabkommen zu erzielen, scheiterten an einem Schwarzer-Peter-Spiel. Die US-Regierung sagte, sie könne nur mitmachen, wenn China mitmache, denn China sei der größte Kohlendioxid-Emittent. Die chinesische Regierung sagte, China müsse erst seinen enormen industriellen Rückstand gegenüber dem Westen aufholen, bevor es seinen Energieverbrauch einschränken könne.

Der Trick der US-Regierung liegt darin, nur die absoluten Zahlen zu vergleichen. Da China viel mehr Einwohner hat als die USA, liegt China in diesem Vergleich vorn. Wenn es bei der Verteilung der knappen Menge noch zu duldender CO_2-Ausstoß-Rechte einigermaßen gerecht zugehen soll, müssen wir uns aber den jeweiligen CO_2-Ausstoß pro Kopf anschauen.

CO_2-Ausstoß 2013 in Millionen t

	Land	Menge
1	China	9.977
2	USA	5.233
3	Indien	2.407
4	Russland	1.812
5	Japan	1.246
6	Deutschland	759

CO_2-Ausstoß 2014 in t pro Kopf

	Land	Menge
1	Katar	35,7
2	Verein. Arab. Emirate	19,3
3	Saudi-Arabien	16,4
4	USA	16,2
5	Australien	15,8
10	Deutschland	8,9
18	China	6,6

Datenquellen: Wikipedia, statista.com[12]

China liegt beim Kohlendioxid-Ausstoß absolut auf Platz 1, pro Kopf aber erst auf Platz 18. Der amerikanische Pro-Kopf-Ausstoß ist fast 2,5-mal so groß.

Die Betrachtung des Pro-Kopf-Ausstoßes über die vergangenen Jahrzehnte hinweg zeigt allerdings auch, wie rasch der Ausstoß in China und den USA angestiegen ist: in China von 2,8 t pro Kopf im Jahr 2000 auf 6,1 t in 2010, in USA von 19,4 t im Jahr 2000 auf 19,8 t in 2010. In den USA ist der Ausstoß allerdings nach 2010 wieder deutlich gesunken.

Ist Umweltschutz zu teuer?

Ein Standardeinwand gegen konkrete Umwelt- und Klimaschutzmaßnahmen lautet, sie seien zu teuer und belasteten »die Wirtschaft« mit schädlichen Kosten.

Kostenrechnungen dieser Art sind meist »Gelbe-Engel-Rechnungen« (siehe Kapitel 10), da sie nicht berücksichtigen, wie teuer es uns kommt, auf Umweltschutz zu verzichten. Ein Beispiel haben wir im vorigen Kapitel über den Autoverkehr gesehen: In die Bewertung der Straßenbauprojekte des Bundesverkehrswegeplans 2015-2030 sind die zu erwartenden Folgekosten des Flächenverbrauchs oder des Lärmteppichs einer neuen Straße nicht eingegangen. Dieses Beispiel zeigt auch, dass Umweltschutz oft helfen kann, staatliche Ausgaben einzusparen. Denn kommt man zu dem Ergebnis, dass uns eine Straße auf der Umweltseite zu teuer kommen würde, baut man sie nicht und spart ihre Baukosten einfach ein. Bitter für die Bau- und Betonindustrie, ein Segen für betroffene Anwohner, Landwirte und Tiere.

Ein lobenswerter Versuch in diesem Sinne ist der sogenannte Stern-Report von 2006. Damals hat der britische Ökonom Nicholas Stern mit seinem Team versucht zu überschlagen, was ein wirksamer weltweiter Klimaschutz kosten würde und was es kosten würde, wenn wir auf Klimaschutz verzichten und die wahrscheinlichen Folgen der globalen Erwärmung tragen müssen. Unter diversen Annahmen kam Stern zu dem Ergebnis, dass wirksame Klimaschutzmaßnahmen bis 2050 rund 1 Prozent des weltweiten Bruttoinlandsprodukts (BIP) kosten würden, während sich die zu erwartenden Schäden bei einem Verzicht auf Klimaschutz auf mindestens 5 Prozent des BIP summieren würden.[13] Die Ergebnisse sind natürlich angreifbar und können nur grobe Näherungswerte sein; doch entscheidend ist, dass überhaupt einmal überschlagen wurde, wie teuer uns die Option »kein Umweltschutz« zu stehen kommen würde.

Andererseits sind viele Vorteile des Umwelt- und Naturschutzes nicht monetarisierbar, also nicht in Geldwerten darstellbar. Welchen Wert hat die Ruhe der Natur, in der wir beim Wandern einen Bach plätschern und die Vögel singen hören können? Welchen Wert hat eine alte Linde, ein verwunschener Garten, eine Magerwiese, auf der Türkenbundlilien und Händelwurz wachsen? Welchen Wert hat ein Mensch, der nicht im Elbhochwasser ertrunken ist oder sein Heim verloren hat? Hier ist die philosophische Frage berührt, wie wir solche Werte gegen ökonomische Werte abwägen können. Wahrscheinlich nur im Streit – und im Kompromiss, der den Streit (vorläufig) befriedet. Der kluge französische Diplomat und Pazifist Aristide Briand hat gesagt: »Ein Kompromiss ist dann vollkommen, wenn alle unzufrieden sind.«

Weniger Wachstum, bitte! Dafür besseres!

In den Kapiteln über Armut, Reichtum, Wirtschaft, Demografie und Generationengerechtigkeit kommt immer wieder eine geheimnisvolle Größe vor. Manchmal mag Sie Ihnen fast wie ein Weißer Ritter erschienen sein, von dem wir uns die Lösung ganz vieler Probleme erhoffen: das Produktivitätswachstum. Im Zusammenhang mit Klima und Umwelt ist das Wort »Wachstum« in Verruf geraten, sodass wir hier erklären müssen, was wir meinen.

Produktivitätswachstum bedeutet, dass wir in Zukunft dank neuer Technologien, neuer Formen der Zusammenarbeit, besserer Organisation usw. in einer Arbeitsstunde mehr Güter oder Leistungen erzeugen können – oder umgekehrt, dass wir für dieselbe Menge Güter und Leistungen weniger Arbeitszeit brauchen werden als heute. Es bedeutet nicht, dass wir immer mehr produzieren und dafür Umwelt, Klima und unsere Gesundheit ruinieren müssen. Genauso gut können wir das Produktivitätswachstum nutzen, um die Arbeitszeiten zu verkürzen und mehr Zeit für Nachbarschaftshilfe, selbstbestimmte gemeinnützige Projekte oder die Pflege von Angehörigen zu haben. Und wir können es dank Produktivitätswachstum gut verkraften, wenn in Zukunft weniger Menschen arbeiten. Sie können dann immer noch genug Güter und Leistungen erzeugen, um alle Menschen zu versorgen.

Der Ökonom Niko Paech schlägt eine »Postwachstumsökonomie« vor, in der die Menschen nur noch 20 Stunden pro Woche industrielle Waren und Dienstleistungen erzeugen und die anderen 20 Stunden in andere Formen des Wirtschaftens stecken, zum Beispiel in regionale Kooperativen.[14] Das ist ein Umweltthema, weil sich diese Betrachtungsweise gegen den ökonomischen Zwang richtet, immer mehr Häuser, Autos, Handys produzieren und verkaufen zu müssen. Es ist ein Zahlenthema, weil der Standardeinwand gegen solche Konzepte lautet: »Wer soll das bezahlen? Wie soll ich denn mit dem halben Gehalt auskommen?« Die Antwort lautet: »Das musst du nicht. Du hast in den 20 Stunden genug Standardprodukte erzeugt, gerade so viele wie wir brauchen; in den anderen 20 Stunden hast du deinen Mitmenschen geholfen; und deshalb hast du ein Recht auf ein auskömmliches Einkommen und auf Hilfeleistungen anderer, wenn du sie brauchst.«

Das Denkmodell von Paech ist nur eines von vielen Modellen, die diskutiert werden, um mit der Annahme der berühmten Studie *Grenzen des Wachstums* (Dennis und Donella Meadows) umzugehen. In dieses Umfeld gehört auch die in Kapitel 3 erwähnte Kritik am Bruttoinlandsprodukt (BIP) als Maßzahl für die Wirtschaftskraft oder gar den Wohlstand einer Volkswirtschaft. Jeder Unfall, jede Umweltsauerei und jede Erkrankung erhöht das BIP, weil es aufwendig ist, den entstandenen Schaden zu reparieren und den Kranken zu heilen. Leistungen wie Hausarbeit, Kindererziehung, Altenpflege in der Familie, Nachbarschaftshilfe, ehrenamtliches Engagement bleiben beim BIP unberücksichtigt, obwohl sie alle das Wohlergehen der Menschen verbessern. Dazu kommt, dass der vom BIP angezeigte »Wohlstand« oft sehr ungleich verteilt ist, große Teile der Bevölkerung also nichts davon haben.

Viele Jahre lang galt in Westdeutschland eine jährliche BIP-Wachstumsrate von 3 Prozent als Maßstab für eine erfolgreiche Wirtschaftspolitik. In Wirklichkeit wurde diese Rate im Durchschnitt schon seit den 1970er-Jahren nicht mehr erreicht. Sie nimmt in der Tendenz immer weiter ab, je länger das Wirtschaftswachstum in Deutschland bereits andauert. Würde sie gleichbleiben, müsste der Überschuss, den wir jedes Jahr gegenüber dem Vorjahr erzielen, in absoluten Zahlen immer größer werden.[15] Genauso der Verbrauch an Umweltressourcen. Deshalb ist es eine quasi natürliche und unvermeidliche Entwicklung, wenn Wachstumsraten mit der Zeit sinken.

2016 haben der norwegische Zukunftsforscher Jørgen Randers und der britische Ökonom Graeme Maxton für den »Club of Rome« eine neue Zukunftsstudie vorgelegt. Sie trägt den programmatischen Titel: »Ein Prozent ist genug. Mit wenig Wachstum soziale Ungleichheit, Arbeitslosigkeit und Klimawandel bekämpfen«.[16] Wir teilen nicht alle 13 Vorschläge, die die Autoren machen, aber einige davon – zum Beispiel die Verkürzung der Jahresarbeitszeit, die Entlohnung pflegender Angehöriger, eine CO_2-Steuer, höhere Steuern für Reiche und Unternehmen sowie eine Beschränkung des Außenhandels. Das Letztere ließe sich sogar gut mit dem Umwelt- und Klimaschutz verbinden: Höhere Umwelt-, Sicherheits- und Sozialstandards für die internationale Schifffahrt und eine ordentliche Besteuerung des internationalen Flugverkehrs würden wahrscheinlich gleich mehrere Fliegen mit einer Klappe schlagen.

Fukushima und die zweifelhafte Risikorechnung

Nach Angaben der Atomindustrie war eine Kernschmelze in einem Atomreaktor dermaßen unwahrscheinlich, dass es sich kaum lohnte, über diese Gefahr nachzudenken. Dann aber erfuhren wir von der Beinahe-Katastrophe in Harrisburg (1979), der Katastrophe von Tschernobyl (1986) und der Katastrophe von Fukushima (2011). Was nicht passieren kann, passierte drei Mal. Wie kam eine solche Fehleinschätzung zustande?

Die betroffenen Reaktoren von Fukushima hatten jeweils eine reguläre Stromversorgung und zwei Notstromaggregate. Die übliche Risikoberechnung der Statistiker der Atomindustrie für einen solchen Fall lautete – zumindest in der Zeit vor Tschernobyl: Die Wahrscheinlichkeit, dass eines dieser Systeme ausfällt, beträgt (fiktive Zahl) 1:100 000 in 40 Betriebsjahren. Die Wahrscheinlichkeit, dass alle drei gleichzeitig ausfallen, beträgt also 1:100 000 * 1:100 000 * 1:100 000 = 1:1 000 000 000 000 000 (eins zu 1 Billiarde). Es ist folglich praktisch ausgeschlossen.

So eine Risikorechnung stimmt aber nur dann, wenn alle drei Aggregate vollkommen unabhängig voneinander sind. Dummerweise kam ein Tsunami dazwischen – ein einziges Ereignis setzte alle drei Systeme gleichzeitig außer Gefecht. Und schon waren die Atomtechniker mit ihrem Latein am Ende. Dass ein Tsunami ein Atomkraftwerk trifft, ist zwar relativ unwahrscheinlich, doch es reicht auch eine Schlamperei, um ihre Risikorechnung über den Haufen zu werfen. Stellen Sie sich vor, ein Techniker soll die beiden Notstromaggregate nacheinander warten. Leider geht ihm schon beim ersten ein wichtiges Werkzeug kaputt. Also improvisiert er mit einem ungeeigneten Werkzeug und baut auf diese Weise in beide Aggregate den gleichen Fehler ein. Einen ganzen Wartungszyklus lang sind die Aggregate außer Betrieb, was aber niemand bemerkt. Wenn jetzt die reguläre Stromversorgung ausfällt, ist die Katastrophe da.

Dazu kommt ein Masseneffekt, den die Atomlobby gerne verschweigt: Die rund 450 Atomreaktoren, die es auf der Welt gibt, kommen zusammen bereits auf, sagen wir, 13 500 Betriebsjahre (bei 30 Jahren pro Reaktor). Wenn also ein Fall X statistisch nur alle 20 000 Betriebsjahre vorkommt, dann ist es gut möglich, dass er in einem der 450 Reaktoren tatsächlich passiert. Auf diesen Effekt setzt eine neuere Risikostudie des Max-Planck-Instituts für Chemie auf, die 2012, also nach der Katastrophe von Fukushima, veröffentlicht wurde.[17] Den Pressemeldungen zufolge schätzen die Forscher die Gefahr, dass in einem der Reaktoren ein Super-GAU passiert, *rund 200 Mal höher* ein, als Experten das zuvor getan haben. Doch auch diese Rechnung steht methodisch auf sehr wackligen Füßen. Die Forscher haben die vier katastrophalen Kernschmelzen, die es seit der Inbetriebnahme der ersten Atomkraftwerke gab (eine in Tschernobyl, drei in Fukushima) zu allen Betriebsjahren aller existierenden Atomkraftwerke in Beziehung gesetzt. Das geht unseres Erachtens nicht, weil solche Fälle extrem selten sind und deshalb zufallsbedingt. Es ist ein Zufall, dass es in dieser Zeit ausgerechnet vier waren; es hätten genauso gut einer oder acht Fälle sein können. Daraus kann man keine Größenordnung ableiten. Wir müssen mit der Unsicherheit leben, dass sich solche Risiken nicht quantifizieren lassen und dennoch vorhanden sind; also dennoch Konsequenzen erfordern.

Bequemes Leben, unbequeme Fragen und ein Kampf ums Fleisch

Jeder Mensch hat das Recht, sich sein eigenes Leben so bequem wie möglich zu gestalten. Viele Umweltschützer machen vielleicht den Fehler, Menschen moralisch zu verurteilen, nur weil sie dieses selbstverständliche Menschenrecht in Anspruch nehmen. Allerdings haben wir als Menschen auch die Fähigkeit und damit die Pflicht, die Folgen unseres Handelns im Blick zu behalten. Es wäre falsch, sich unbequeme Fragen vom Hals zu halten und die Unsicherheit von Erkenntnissen und Prognosen als Ausrede dafür zu benutzen, dass alles so weitergehen solle wie zuvor. Beim Risiko eines Atomunfalls wie bei der globalen Erwärmung müssen wir lernen, trotz unsicherer, aber wahrscheinlicher Erkenntnisse über Ursachen und Folgen Konsequenzen zu ziehen und aus mutmaßlichen Irrwegen bis zur letzten Abzweigung umzukehren. Das wussten schon der altgriechische Fabeldichter Äsop und seine römischen Übersetzer, als sie die Redensart prägten: »*Quidquid agis, prudenter agas et respice finem.* (Was du auch tust, tue es klug und bedenke das Ende!)«

Umweltdebatten haben derzeit die Tendenz, schnell auf die Ebene der privaten Moral abzugleiten. Dabei gerät häufig aus dem Blick, dass in einer Demokratie der von uns gewählte Gesetzgeber das Recht hat, gemeinschädliche Verhaltensweisen von Bürgern und Unternehmen schlicht zu verbieten – so wie er Diebstahl, Unterschlagung, Betrug oder Körperverletzung verbietet.

Lauschen wir zum Abschluss des Kapitels einem privaten Streitgespräch am Nebentisch!

ER: Ich denke, ich nehme ein Jägerschnitzel.

SIE: Ein Schnitzel? Schweinefleisch? Aber du fragst doch vorher den Kellner, ob das Biofleisch ist?

ER: Sowas frag ich nie.

SIE: Warum nicht?

ER: Weil es bestimmt kein Biofleisch ist. Ich hab aber Lust auf ein Schnitzel. Außerdem ist Biofleisch was für Reiche.

SIE: Wieso für Reiche? Ich esse nur Biofleisch. Und ich bin doch nicht reich!

ER: Du bist natürlich eine Ausnahme – sonst hätte ich dich nicht geheiratet. Wenn ich mir angucke, was da für Autos vor dem Bioladen parken, dann weiß ich Bescheid. Das Biofleisch ist viermal so teuer wie normales Fleisch, und fünfmal so teuer wie Fleisch, das gerade beim Lüdel im Angebot ist. Jetzt stell dir eine alleinerziehende Mutter mit einem 12- und einem 14-jährigen Sohn vor! Wie soll die sich Biofleisch leisten können?

SIE: Indem sie den Jungs schmackhaftes Gemüse mit wenig, aber gutem Fleisch drin serviert.

ER: Gemüse! Die pfeifen auf Gemüse!

SIE: Und meinetwegen Fritten dazu – die sind sogar vegan. Oder Nudeln, die gehen immer. Wie Lüdel und Allgi Fleisch verramschen, ist eine Schande. Das geht doch nur, wenn die Schweine KZ-mäßig gehalten werden!

ER: Das mag sein. Besser also, man fragt gar nicht erst nach. Das versaut einem nur die Stimmung. Wollten wir uns nicht einen netten Abend machen?

SIE: Ja, okay, ich bin auch gleich still. Aber eins muss ich noch sagen: Dass Bio nur was für Reiche sein soll, ist mir einfach zu doof. Das ist doch eine Frage, wie man seine Prioritäten setzt. Wenn mir eine gute Ernährung wichtig ist, dann gebe ich dafür eben mehr aus und spare das Geld an anderer Stelle ein. Ich muss mir doch nicht alle zwei Jahre das neueste iPhone kaufen – oder eine neue Küche oder einen Suuv mit Kuhfänger.

ER: Das heißt Esjuwie. Die Kuhfänger sind übrigens aus der Mode … Apropos Kuhfänger: Vielleicht sollte ich besser ein Steak nehmen?

Forschungsaufgaben zur Umwelt

1. Energie einzusparen, ist ein Weg, etwas gegen die globale Erwärmung zu tun. Energie einsparen können auch Sie und ich im Alltag. Beim Energiesparen denkt man meist zuerst ans Stromsparen. Aber ist Energie das Gleiche wie Strom? Wo verbrauchen wir Energie, die mit Strom nichts zu tun hat?
2. Wie wird der CO_2-Ausstoß eines Landes gemessen? Welche Probleme gibt es bei diesen Messverfahren, auch unter dem Aspekt der internationalen Vergleichbarkeit?
3. Zum Thema »Produktivitätssteigerung und Umwelt«: Wie hat sich der Anteil der Dienstleistungen am Bruttoinlandsprodukt seit 1991 verändert?
4. Fast alle kennen zufällige Häufungen von seltenen Ereignissen: drei Platten am Fahrrad in einem Monat und dann zwei Jahre keinen – jemand wirft beim Würfeln mehrere Sechsen direkt hintereinander. Was sagt das über den wahrscheinlichen Zeitpunkt des nächsten Atomunfalls aus?

1   www.wetter.at, 7. 2. 2016 (http://bit.ly/337-prozent; abgerufen am 2. 11. 2016).

2   Statistiker unterscheiden zwischen Intervallskalen, mit denen nur Abstände gemessen werden können, und Verhältnisskalen, auf denen auch Steigerungsraten Sinn machen. Doppelt so lang, doppelt so schwer, das macht Sinn, doppelt so warm dagegen nicht.

3   Die Begriffe »globale Erwärmung« und »Klimawandel« werden oft synonym verwendet. Strenggenommen bezeichnet »globale Erwärmung« nur den seit Beginn der Industrialisierung beobachteten Effekt, »Klimawandel« dagegen auch alle natürlichen Klimaschwankungen.

4   So zum Beispiel bei www.wetter.com am 19. 1. 2017 (http://bit.ly/kw-abgesagt; abgerufen am 19. 1. 2017).

5   HadCRUT3 ist ein Datensatz des britischen Klimaforschungsinstituts Met Office Hadley Centre. Quelle des Kurvendiagramms ohne Pfeile: www.climate4you.com/ClimateReflections.htm

6   So zum Beispiel Fritz Vahrenholt und Sebastian Lüning in ihrem Buch *Die kalte Sonne. Warum die Klimakatastrophe nicht stattfindet*, Hamburg 2012. Vahrenholt war zuerst Kritiker der Chemieindustrie und Umweltsenator in Hamburg, dann Vorstandsmitglied der Deutschen Shell und des Energiekonzerns RWE, Lüning war Geologe bei RWE. Übrigens findet man unter den »Klimaskeptikern« auffällig viele Geologen. Das mag mit dem Umstand zusammenhängen, dass die Erkundung neuer Kohle-, Öl- und Gasvorkommen zu den einträglichsten Tätigkeiten von Geologen gehören dürfte.

7   Wikipedia: Folgen der globalen Erwärmung.

8   Wikipedia: Kontroverse um die globale Erwärmung (http://bit.ly/exxon-klima).

9   www.zeit.de, 1. 11. 2016 (http://bit.ly/klimaschutzplan). Der Dialogprozess zum Klimaschutzplan 2050 wird dargestellt auf www.klimaschutzplan2050.de (beides abgerufen am 2. 11. 2016).

10   Jürgen Beetz schildert in seinem Buch *Feedback* (Berlin/Frankfurt 2015) sehr anschaulich einige der negativen und positiven Rückkopplungen in der Entwicklung des Klimas. Eine »negative« (also dämpfende) Rückkopplung kommt durch die Albedo zustande. Die Albedo ist die Reflexion des Sonnenlichts durch Eisflächen. Schmelzen diese ab, verschwindet auch der abkühlende Effekt der Albedo; das ist dann eine »positive« Rückkopplung, mit der sich die Erwärmung selbst verstärkt.

11 Die Szenariotechnik (Szenarioanalyse) wurde 1967 von den Zukunftsforschern Herman Kahn und Anthony J. Wiener vorgestellt. Ob die Klimaforscher wirklich die Ersten waren, die Szenarien an der Vergangenheit getestet haben, wissen wir nicht. Das zu erforschen wäre eine schöne Aufgabe für eine Wissenschaftshistorikerin.

12 Zu Tabelle 1: Wikipedia: Liste der größten Kohlenstoffdioxidemittenten. Zu Tabelle 2: statista.com (http://bit.ly/co2-pro-kopf; Stand 2014). Die Rangfolge bei Tabelle 2 ist eventuell nicht ganz korrekt, da Statista nicht alle Länder berücksichtigt hat.

13 Seine wichtigsten Annahmen: Eine Beschränkung der Treibhausgaskonzentration auf 550 ppm würde den Temperaturanstieg auf 2-3 °C gegenüber 1850 begrenzen. Das weltweite BIP wird sich bis 2050 verdrei- bis vervierfachen. Die Emissionen pro Einheit des BIP müssen bis 2050 um drei Viertel reduziert werden. Wenn nichts geschieht, würde sich die Treibhausgaskonzentration bis 2035 gegenüber der vorindustriellen Zeit verdoppeln und die Temperatur schon bis 2035 um 2 °C ansteigen. Längerfristig würde der Temperaturanstieg mit über 50-prozentiger Wahrscheinlichkeit bei über 5 °C liegen. Alles nach Wikipedia: Stern-Report (abgerufen am 20.1.2017).

14 Siehe www.postwachstumsoekonomie.de.

15 Dazu Hans Diefenbacher, Roland Zieschank: *Woran sich Wohlstand wirklich messen lässt. Alternativen zum Bruttoinlandsprodukt*, München 2011, S. 17 f.

16 Jørgen Randers, Graeme Maxton: *Ein Prozent ist genug. Mit wenig Wachstum soziale Ungleichheit, Arbeitslosigkeit und Klimawandel bekämpfen*, München 2016. Bericht auf www.spiegel.de, 13.9.2016 (http://bit.ly/1-prozent-reicht; abgerufen am 3.11.2016).

17 www.mpg.de/forschung/kernenergie-nuklearer-gau.

12. Tore, Quoten, Siegesserien:
Zahlenschwalben in der Welt des Fußballs

*Vierundvierzig Beine rasen
durch die Gegend ohne Ziel,
und weil sie so rasen müssen,
nennt man das ein Rasenspiel.*

HEINZ ERHARDT

Hier sind wir bei Gerds Steckenpferd, der dieses Kapitel überwiegend alleine geschrieben hat.

»Ein Blick in die Tabelle.« Kaum ein Lebensbereich in Deutschland wird derart von Statistiken beherrscht wie der Sport, und ganz besonders der Fußball. Einschränkend müssen wir sagen: der Männerfußball.[1] Warum ist das so? Wir sehen hauptsächlich zwei Gründe dafür. Beim Sport ist vieles messbar: die gelaufene Zeit, die gesprungene Höhe, die erworbenen Medaillen, die geschossenen Tore, die Anzahl der Fouls und der Elfmeter. Alles wird seit Jahrzehnten dokumentiert. Deshalb liegt es nahe, lange Entwicklungslinien zu zeichnen und daraus Prognosen für das nächste Spiel oder die nächste Saison abzuleiten. Auf der anderen Seite steht die ausführliche und manchmal ausufernde Berichterstattung über Männerfußball im Fernsehen. Fußballreporter müssen oft bis zu zwei Stunden lang über ein einziges Spiel reden, dabei über viele Dinge, die die meisten Zuschauer schon wissen oder gerade selber sehen können. Da kommen den Reportern »objektive Daten und Fakten« als Plauderthema sehr gelegen und lassen zudem das Hintergrundwissen des Kommentators erstrahlen.

Den schreibenden Kollegen geht es nicht viel anders. Sie müssen täglich viele Seiten des Sportteils füllen, selbst wenn gar nichts passiert. Sie könnten natürlich, wenn in der Fußball-Bundesliga der Männer gerade nichts passiert, mehr über die der Frauen, über Tischtennis, Basketball, Weitsprung, Tanzen oder Schach schreiben … Aber das ist natürlich ein ketzerischer Gedanke!

Als Kölner vermute ich sogar, dass es eine Weisung von oben ist, dass *Kölner Stadt-Anzeiger* und *Express* während der Saison täglich über den 1. FC Köln berichten sollen. Das steigert wahrscheinlich den Absatz und hält manchen Kölner davon ab, sich nach anderen Tageszeitungen umzuschauen. (Hierbei handelt es sich um die »gefühlte Statistik« eines FC-Anhängers und *Stadt-Anzeiger*-Lesers. Fachleute nennen das eine »vorsortierte Stichprobe« und warnen davor, daraus Schlüsse auf die Gesamtheit etwa der Kölner Zeitungsleser zu ziehen. Aber wenn es um den Verein mit dem Geißbock geht, lässt selbst der Statistiker in mir die fünf auch mal gerade sein.)

Statistiken im Sport sind sicher sinnvoll, aber wir vermuten, dass man es mit der Statistikgläubigkeit auch übertreiben kann. Als interessierte Fußballlaien haben wir uns in der Sache Rat beim Profi geholt. Mathias Abel war unter anderem Bundesligaspieler bei Mainz 05 (unter Jürgen Klopp alias »Kloppo«) und beim 1. FC Kaiserslautern. Jetzt ist er Aufsichtsratsmitglied des 1. FC Kaiserslautern, hat dort also wieder viel mit Statistiken zu tun, allerdings mit wirtschaftlichen.

Wir danken Mathias Abel für viele gute Hinweise aus der Praxis, mit denen wir unseren Text gerne würzen. Gleich zu Anfang hat Abel eine Relativierung parat: »Schön, dass Statistiken ein Spiel nicht im Vorhinein beschreiben können. Dazu gibt es zu viele Zufälle, und das macht gerade den Reiz des Fußballs aus.«

Die Verführung, Zahlenreihen herzustellen, wo der Zufall als zwölfter Mann mitspielt

Deutschland – Italien 2016: »Zuversicht gibt den Italienern auch die Statistik: Die letzte Niederlage gegen eine deutsche Nationalmannschaft gab es 1995.« So hieß es vor einem Fußballspiel Deutschland gegen Italien im März 2016. Als die Nationalmannschaften drei Monate später im Viertelfinale der Europameisterschaft (EM) 2016 wieder aufeinandertrafen, stand in einem Artikel über ein Spiel, das 2012 stattgefunden hatte: »Es war nicht das erste große Aufeinandertreffen von Deutschland in Italien in einer K.-o.-Runde eines Turniers. Und jedes Mal hatten die Italiener triumphiert.« Danach ging der Ballhistoriker in dem Artikel zurück bis zum Halbfinale der Weltmeisterschaft (WM) 1970 (4:3 für Italien). Doch die Statistiken haben dem Stiefel nicht geholfen: Beide Spiele gewannen die Deutschen. ›Schade um die unterbrochenen langen Reihen‹, haben zumindest die Italiener gedacht.

Frankreich – Deutschland 2016: Als es nach dem Sieg gegen Italien ins EM-Halbfinale gegen die französischen Gastgeber ging, musste eine ganz andere Zeitreihe herhalten: »Deutschland ist seit 50 Jahren gegen austragende Nationen unbesiegt.« Die deutsche Fußballpresse listete siegesgewiss alle deutschen Siege gegen austragende Nationen seit 1972 auf – die letzte Niederlage in dieser Spezialdisziplin der Fußballstatistik war das Wembley-Trauma 1966 –, gekrönt vom bereits legendären 7:1 gegen WM-Gastgeber Brasilien 2014. Leider trat der französische Stürmer Antoine Griezmann diese glorreiche Tradition mit Füßen und ballerte den Deutschen zwei Tore rein.»Keine Spur von französischer Gastfreundschaft!« Wir waren natürlich empört.

Lange Zeitreihen sind bei Länderspielen immer gewagt, weil Duelle derselben Länder relativ selten sind, weshalb die Experten meist bis in die schwarz-weiße Vorzeit zurückblättern müssen. Dagegen ist die Fußball-Bundesliga eine wahre Fundgrube für Vergangenheitsanalysten, denn dort spielen die Mannschaften zweimal pro Saison gegeneinander, viele seit Jahrzehnten.

Borussia Dortmund – Hamburger SV, April 2016: Die Website der Borussen kündigte das Spiel an mit dem Satz:»Tore sind garantiert, wenn Borussia Dortmund und der Hamburger SV aufeinandertreffen … Mit 345 Treffern ist das Duell BVB gegen HSV das torreichste in der Geschichte der Fußball-Bundesliga. In Dortmund gab es noch nie ein 0:0.«[2]

1. FC Köln – Egalwer, 2011–2016:»Fünf Jahre nur bergauf!« So das Fazit der Kölner Berichterstattung über den FC. Es entstand als Ergebnis einer»Fünfjahreswertung der Auftaktspiele seit dem letzten Abstieg«. Egal, gegen wen, ob Heimspiel oder Auswärts, erste oder zweite Liga oder welcher Trainer – Hauptsache, man zählt nur das jeweils erste Spiel der Saison. Vielleicht wird die positive Serie noch länger, wenn man nur die jeweils dritten Spiele zählt?

Die Prognose, dass bei einem Spiel ein Tor fallen wird, ist nicht sehr gewagt. Doch meist soll die Reihe auch den Sieger des Spiels vorab »ermitteln«. Wie mag zum Beispiel das nächste Heimspiel von Statistik 07 gegen Fortuna Zufall ausgehen? Wir betrachten die Liste aller Spiele gegeneinander seit 5 Jahren, seit 8, 12 oder gar 20 Jahren oder seit dem letzten Trainerwechsel. Den Startpunkt können wir so wählen, dass Statistik 07 möglichst gut aussieht. Siehe da: 10 von 18 Spielen der letzten 9 Jahre wurden gewonnen und nur 4 verloren, das passt. Wie sieht es für die Heimspiele gegen Fortuna Zufall seit 1990 aus? Schließlich ist das nächste Spiel ein Heimspiel. Da finden wir sogar noch bessere Zahlen: 19 von 27 wurden gewonnen. In Köln war bis 2012 eine spezielle Auswahl beliebt: Es wurden die Spiele, bei denen Podolski mitspielte, und die, bei denen er im Krankheitsfall nicht mitspielte, als Serien betrachtet. Wir haben ein Füllhorn voller Listen mit Spielergebnissen zur Auswahl. Da wird doch eine hübsche Reihe für einen hübschen Vorbericht dabei sein! (Wenn nicht, empfehlen wir, den Lieblingsverein zu wechseln.)

»Wenn das objektiv auch unsinnig ist, psychologisch können wir das gut nutzen«, gibt der Profi Mathias Abel zu bedenken. »Mit so einer Reihe – egal, aus wie vielen ausgesucht – können wir den Spielern Mut machen oder sie vor Leichtsinn warnen.« Wenn die Spieler solche Reihen übernehmen, ohne sich über deren Herkunft Gedanken zu machen, befinden sie sich in guter Gesellschaft mit vielen Journalisten und Fans.

Doch was folgt eigentlich daraus, dass bei den Duellen zweier etwa gleich starker Mannschaften wie Italien und Deutschland seit zig Jahren die eine nie verloren hat? Müssen die Italiener zwangsläufig wieder gewinnen? Oder ist jetzt nicht auch einmal die andere Mannschaft dran? Wir können aus der Serie also Sieg oder Niederlage herleiten. Beides ist aber logisch falsch. Wer Münzen wirft oder Roulette spielt, weiß, dass es der Münze beim elften Wurf egal ist, wie die ersten zehn Versuche ausgegangen sind. Die Chance für Zahl und Wappen bleibt bei 50:50. Falls sich die jeweilige Prognose nicht vorher auf die Psyche ausgewirkt hat, natürlich nicht bei der Münze, sondern bei den Fußballspielern!

Passquote, Ballbesitz und andere Statistiken

Real Madrid – FC Valencia, 2016: In diesem Spiel erreichte der deutsche »Fußball-Söldner« Toni Kroos Anfang 2016 die traumhafte und nicht zu toppende Quote von 100 Prozent erfolgreicher Pässe. Aber was sagt das überhaupt aus? Nicht viel, wenn wir die Gesamtzahl der Pässe nicht kennen. Ein schnell ausgewechselter Spieler kann mit einem einzigen Pass zurück zum Torwart ebenfalls eine Passquote von 100 Prozent erzielen. Es ist immer blöd, wenn man nur Prozentzahlen und keine absoluten Zahlen kennt. Kroos allerdings hatte nach Angaben der Sportstatistiker 80 Pässe ohne Fehlpass gespielt. Also doch klasse? So einfach ist das nicht zu klären. Wie viele davon waren unbedrängtes Geschiebe im Mittelfeld oder gar zurück? Wie viele waren kreatives Spiel in die Spitze? Nicht allzu viele, vermuten wir; denn ein solcher Pass kann schnell die tolle Passquote verderben. Der Passgeber muss blitzschnell entscheiden, und der Angespielte muss den Pass blitzschnell erkennen. Zu einem erfolgreichen Pass im Angriffsspiel gehören immer zwei gute Spieler.

Andere statistische Größen wie Ballkontakte, Schussgenauigkeit oder Chancenverwertung sollten Sie genauso kritisch betrachten. Selbst die gelaufenen Kilometer pro Spiel können täuschen. Der legendäre Stürmer Gerd Müller zum Beispiel hatte den Spitznamen »kleines dickes Müller« und einen phänomenalen Riecher, wohin der Ball kommen konnte. Wenn er ihn dann hatte, genügte ihm oft eine kleine, schnelle, überraschende Wendung, und es folgte ein präziser Schuss, zum Torjubel. Viel gelaufen ist er nie. Der Laufleistungsstatistik zufolge wäre er ein eher schlechter Spieler gewesen. Manchmal sind solche Spieler-Statistiken ein Hilfsmittel für die Trainer, »aber sie können nie mein visuelles Auge ersetzen«, wie Mathias Abel bemerkt.

Aber nicht nur einzelne Spieler werden heute mit Spezialkameras unter dem Stadiondach fast perfekt vermessen, sondern auch die ganzen Mannschaften. Beim oben erwähnten EM-Spiel Frankreich – Deutschland 2016 ergaben die meisten Daten eine Dominanz der deutschen Spieler: 63,7 Prozent Ballbesitz, 19:8 Flanken, Passquote 89,7 Prozent gegenüber 84,4 Prozent. Doch die Tore (2:0) sprachen am Ende für Frankreich. Wie kommt eine solche Diskrepanz zustande? Zum Beispiel dadurch, dass eine Mannschaft, die mit 2:0 führt, ihren Vorsprung »verwaltet«: Sie überlässt dem Gegner weitgehend das Spiel, erzielt also weniger Ballkontakte, Eckstöße und Torschüsse.

Noch nicht überzeugt?

Brasilien – Deutschland 2014: Betrachten wir die offizielle Fifa-Spielstatistik des viel diskutierten Halbfinalspiels der WM.

Die Fifa-Statistik des Halbfinalspiels WM 2014

	Brasilien	Deutschland
Gefährliche Angriffe	55	34
Torschüsse	18	14
Torschüsse aufs Tor	13	12
Angekommene Pässe	433	483
Flanken	22	10
Ecken	7	5
Laufleistung in km (gesamt)	87	94
Tore	1	7

Datenquelle: www.fifa.com

Sportstatistiken können täuschen.

Fünf der acht Kennziffern sprechen für Brasilien, keine außer dem Torverhältnis selbst spricht für ein Kräfteverhältnis von 1:7.

Zum Abschluss dieses kritischen Blicks auf Fußballstatistiken eine von uns nicht geprüfte Statistik, die einiges erklären kann: Bei der Hälfte aller Tore ist, so Marc Baumann, der Zufall im Spiel, etwa abprallende Bälle.[3] »Und das ist auch gut so«, wie Mathias Abel und wir unisono feststellen.

Sinnvolle Statistiken und der »Bayern-Bonus«

Auch wir benutzen Sportstatistiken. Wir schauen auf die letzten Spielergebnisse der Mannschaft X und haben eine Idee, wie gut oder schlecht die gerade drauf ist. Die Erfahrung der letzten Jahre hat beispielsweise gezeigt, dass Bayern München ziemlich häufig siegt. Auch das ist eine Art Statistik. Dass unsere Kritik an Fußballstatistiken bis hierhin überwiegt, liegt am Thema dieses Buchs und an unserem Spaß an der spitzen Feder.

Doch welche Fußballstatistiken sind unseres Erachtens sinnvoll und nützlich? Wir nennen hier einige Beispiele, ohne Anspruch auf Vollständigkeit zu erheben.

Wenn zum Beispiel die Statistik den gefühlten Verdacht erhärtet, dass ein Verein seit langer Zeit kein Tor mehr von außerhalb des Strafraums geschossen hat, muss der Trainer reagieren, Fernschüsse üben und die Spieler zur Nachahmung im Spiel ermuntern.

Einen weiteren, praxisnahen Grund, wozu die statistische Bewertung von Spielern nutzen kann, steuert unser Profi bei: »Der europäische Spielermarkt ist so riesig, dass kein Verein alle Spieler kennen kann. Wenn wir einen neuen Spieler suchen, geben wir die gewünschten Kriterien in die Datenbank ein und erhalten eine Liste passender Kandidaten. Von denen können wir dann Videos analysieren und sie bei Gefallen live beobachten.« Das Computerprogramm entscheidet also nicht, sondern hilft den Verantwortlichen wie ein Assistent bei Entscheidungen.

Es gibt sogar eine Statistik, die angeblich den sogenannten Bayern-Bonus belegt. Es geht um das von vielen Mannschaften und Fans beklagte Phänomen, dass Bayern München bei gravierenden Schiedsrichterentscheidungen übermäßig oft bevorteilt werde. Der Frankfurter Wirtschaftswissenschaftler Eberhard Feess analysierte die beim DFB gespeicherten Daten über 4258 Bundesligapartien der Jahre 2000 bis 2014. Dort ist zu jedem Spiel festgehalten, ob torrelevante Schiedsrichterentscheidungen (Strafstöße, Nichtwertung von Toren wegen Abseitsstellung) korrekt waren oder nicht. Wer diese Einschätzungen wie vornimmt, war nicht Gegenstand der Untersuchung. Feess ging es darum herauszufinden, ob bestimmte Mannschaften von unkorrekten Entscheidungen besonders oft oder besonders selten betroffen waren. Und siehe da: Er stellte fest, dass immer dann, wenn eine allgemein als stark eingeschätzte Mannschaft gegen eine allgemein als schwach eingeschätzte spielte, unkorrekte Entscheidungen meist zulasten der schwachen Mannschaft gingen. Besonders ausgeprägt war der Effekt beim FC Bayern

München.[4] Als Ursache vermutet Feess eine unbewusste Angst der Schiedsrichter, gegen die Starken zu entscheiden. Wir sind uns nicht ganz einig, ob wir solche Untersuchungen für sinnvoll halten, plädieren aber dafür, die Studie einer sorgfältigen Prüfung zu unterziehen – wie jede wichtige Studie. Sollte sich der Verdacht erhärten, müssten die Verantwortlichen bei DFB und DFL reagieren. So wären beispielsweise Schiedsrichterschulungen, die den Teilnehmern die Gefahr von Fehlentscheidungen bewusst machen, schon ein Schritt in die richtige Richtung.

Mathias Abel nennt Faktoren, die in der deutschen Öffentlichkeit (außerhalb Bayerns) den vielleicht falschen Eindruck eines »Bayern-Bonus« entstehen lassen: »Bayern spielt viel offensiver als die meisten Mannschaften, ist deshalb auch häufiger im Strafraum. Also gibt es dort auch mehr strittige Entscheidungen.« Aus mathematischer Perspektive ergänzen wir ein Gedankenspiel: Eine rein defensiv spielende Mannschaft hat immer null unberechtigt zugesprochene Elfmeter, da sie nie im gegnerischen Strafraum erscheint. Die starke Medienpräsenz und die Polarisierung tun bei den Bayern ein Übriges. Eine Schwalbe von Arjen Robben sehen ganz viele, und die Bayern-Hasser merken sich das sehr lange.

Die Bosbach'sche Torjägerliste

Als eingefleischter 1. FC Köln-Fan habe ich viele Statistiken zu meinem Verein gelesen oder selber gemacht. Darum muss ich jetzt einfach die Gelegenheit ergreifen und zwei davon auspacken und analysieren. Hier geben wir unser streitlustiges Gespräch darüber wieder.

GERD: Schau mal, was der *Kölner Stadt-Anzeiger* im April 2014 behauptet hat: »Um den virtuellen Titel ›beste Abwehr des deutschen Profifußballs‹ spielt der FC auch mit und führt mit zwei Toren vor dem FC Bayern.« Darüber das Bild einer wunderschönen Parade des fliegenden Kölner Torwarts Timo Horn.

JENS: Wenigstens in dem Punkt seid ihr besser als die Bayern! Da kannst du als Fan mal wieder von großen Zeiten träumen.

GERD: Ja, aber als ehrlicher Statistiker habe ich damit ein Problem: 2014 war der 1. FC Köln noch in der zweiten Liga. Und gegen Fürth, Sandhausen, Aalen und Co. verteidigt es sich leichter als gegen Dortmund, Mainz und Schalke. Köln hat dort zwar weniger Tore kassiert als Bayern in der 1. Liga, das stimmte; doch die beste Abwehr? Das sicher nicht. Aber hier habe ich etwas, wobei den Kölnern tatsächlich Unrecht getan wird: Der Bayer Robert Lewandowski hat den Titel des besten Torjägers 2015/2016 nicht zu Recht erhalten. Der gebührt dem Kölner Anthony Modeste!

JENS: Oh, die Erniedrigten und Beleidigten finden in dir einen Kämpfer für Gerechtigkeit. Aber was sagt die Torjägerliste dazu?

GERD: Lewandowski hat 30 Tore geschossen, Modeste gerade einmal die Hälfte.

JENS: Aha! Aber Modeste ist Meister? Du hast wohl zu viel Weizen getrunken. Willst du auf eine relative Zahl hinaus? Tore pro Spiel oder sowas?

GERD: Nein, Modeste war in fast allen Spielen der Saison dabei; sein Wert steigt also nicht, weil sich die Tore auf weniger Spiele verteilen würden.

JENS: Sondern wie steigt er?

GERD (verschmitzt lächelnd): Ist doch klar, dass es bei einer offensiv spielenden und sehr guten Mannschaft für einen Stürmer leichter ist, Tore zu schießen, als bei einer, äh, eher defensiven oder schlechten Mannschaft.

JENS: Solche Wertungen für die Geißböcke? Das hat dich Überwindung gekostet, was?

GERD (die Stichelei übergehend): Die absolute Zahl der geschossenen Tore sagt also wenig über die Qualität eines Stürmers aus.

JENS: Da mag was dran sein. Absolute Zahlen sind ja häufig irreführend.[5] Aber wie bitteschön sollen wir Eigenschaften wie »defensiv« oder »schlecht« messen? Schlecht ginge noch über die Punkte und den Tabellenplatz, aber defensiv? Und wie willst du auf so einer Basis eine Torjägerliste erstellen? Tore des Stürmers mal Tabellenplatz?

GERD: Nein, das würde die schlechten Mannschaften natürlich stark bevorzugen. Es gibt tatsächlich kein optimales Maß dafür. Aber das kennen wir doch schon von den Versuchen, die Wirtschaftskraft oder die Armut zu messen. Oder von Schulnoten – sind die denn eine objektive Größe?

JENS: Nein, aber …

GERD: Für ein offensives Spiel und die Stärke einer Mannschaft können wir als gute Hilfsgröße die Zahl der Tore nehmen, die die Mannschaft insgesamt geschossen hat.

JENS: Ah, ich ahne was! Tore Spieler pro Tore Mannschaft?

GERD: Genau! Hier siehst du die Liste der Tore aller Spieler im Verhältnis zu den Toren des Vereins. Und wer führt am Ende der Saison 2015/2016? Anthony Modeste mit 39,5 Prozent knapp vor Robert Lewandowski mit 37,5 Prozent.

JENS: Und wenn ein Verein nur ganz wenige Tore erzielt hat?

GERD: Richtig, die Bosbach'sche Torjägerliste ist auch nicht frei von Schwächen. Ein Verein, der nur ein Tor in der Saison schießt, stellt automatisch den Top-Torjäger mit 100 Prozent. Aber Messgrößen wie BIP und Armutsquote sind ja auch anfällig für Extremfälle. Und ob die absolute Zahl geschossener Tore wirklich aussagekräftiger ist als diese relative Quote?

JENS: Hauptsache, du kannst Köln mit München vergleichen. So lange du deinen Kölschen Größenwahn auf Sport und Spiel beschränkst, soll es mir egal sein. Bei Armut, Arbeitslosigkeit, Nationalismus und Krieg hört der Spaß aber auf.

GERD: Klar. Da sind wir uns einig.

Der Zufall des Marktwerts

Über den Marktwert eines Fußballspielers wird oft berichtet, als sei er eine objektiv gemessene Größe wie der Tabellenplatz, die Anzahl der Tore oder ähnliches. Bei einem Spieler, der gerade *verkauft* wurde – schlimme Ausdrucksweise, es geht doch um Menschen! – kann man den Kaufpreis als Marktwert nehmen. Aber für Spieler, die ablösefrei gehen können oder für die kein Angebot vorliegt, da sie nicht wechseln wollen oder dürfen, was soll bitte deren Marktwert sein?

Mathias Abel meint dazu: »Der Marktwert in Deutschland ist das Meinungsbild der Nutzer der Seite transfermarkt. de.« So auch zu lesen auf Wikipedia: Die Marktwerte laut transfermarkt.de sind »reine Schätzwerte, die sich aus der Meinung der Internetcommunity des Portals ergeben, und auf den öffentlich verfügbaren Informationen über den jeweiligen Spieler beruhen.«[6] Ein objektiv gemessener Wert sieht anders aus! Trotzdem werden die Zahlen vor allem in der Springer-Presse, deren Verlag das Webportal mehrheitlich gehört, wie Fakten behandelt und Statistiken über die Marktwerte der Spieler ganzer Mannschaften gebildet. Diese Marktwerte liegen zwar in der Regel relativ nah an den tatsächlich erzielten Ablösesummen.[7] Aber im Einzelfall kann das auch ganz anders aussehen, wie unser Profi vom 1. FC Kaiserslautern zu berichten weiß: »Wir haben Anfang 2016 den Isländer Bödvarsson ablösefrei bekommen. In den 15 Spielen für uns erzielte er zwei Tore und gab vier Torvorlagen. Eigentlich kein Grund, als Stürmer der 2. Bundesliga groß aufzufallen.« Entsprechend klein war sein »Marktwert« bei transfermarkt.de. Später im Jahr wurde er aber für 3 Millionen Euro verkauft. Zwei Zufälle haben seinen Marktwert rasant ansteigen lassen: »Einmal die großen Summen, die den englischen Vereinen zurzeit zur Verfügung stehen. Und dann wurde Bödvarsson in die isländische Nationalelf berufen, die bei der EM 2016 die ganze Welt überraschte. Spätestens nach dem 2:1-Sieg der Isländer im Achtelfinale über England waren die Spieler weltweit bekannt.« Keine Überraschung war daher, dass Jón Bödvarsson ausgerechnet von einer englischen Mannschaft, den Wolverhampton Wanderers, gekauft wurde.

Aus Sicht des Statistikers ist der Marktwert also weder eine objektive noch eine stabile Größe und sollte deshalb auch nicht wie ein Fakt benutzt werden.

Macht Sport klüger?

Verlassen wir zum Schluss dieses Kapitels »die schönste Nebensache der Welt« und widmen uns der interessanten Frage, die schon im alten Rom diskutiert wurde, ob Sporttreiben tatsächlich klüger macht. Oder gebildeter ausgedrückt, stimmt *Mens sana in corpore sano*?

Der lateinische Spruch vom gesunden Geist, der angeblich in einem gesunden Körper wohnt, geht auf den römischen Satiriker Juvenal zurück und wurde im 19. Jahrhundert vor allem im deutschen Bildungsbürgertum populär. 2013 kam er wieder ins Gespräch. Die Wochenzeitung *Die Zeit* behauptete: »Manche Sprüche stimmen doch. Dass gerade der gesunde Geist in einem gesunden Körper gedeiht, ja sogar besser gedeiht, das hat nun eine Langzeitstudie der Universität Dundee in Schottland auch wissenschaftlich bestätigt.«[8] Das wollten wir genauer wissen!

Für die Studie wurden 4755 Kinder mehrere Tage lang mit Sensoren vermessen. Die so gewonnenen Daten über ihre körperliche Bewegung haben die Forscher mit ihren Schulleistungen verglichen. Das Ergebnis war, auf den Kern verkürzt, »eine deutliche (positive, Bosbach/Korff) Korrelation zwischen der Zeit, die mit Sport verbracht wird, und den Schulleistungen.«[9] Es besteht also ein enger Zusammenhang zwischen sportlicher Aktivität und Schulleistung. Doch die Autoren gingen über dieses möglicherweise gemessene Faktum hinaus und behaupteten: »Es stellte sich heraus, dass eine moderate bis kräftige sportliche Betätigung im Alter von 11 Jahren bessere Leistungen … nach sich zog. …« Sehen Sie den Unterschied? Zuerst war es ein bloßer *Zusammenhang*, jetzt ist es auf einmal eine *Ursache-Wirkungs-Beziehung*. Sport ist demnach die Ursache für gute Schulleistungen. Wo ist der Haken?

Der Haken ist, dass es genauso gut umgekehrt sein kann: Klügere Kinder erkennen die Bedeutung oder den Spaßfaktor des Sports und treiben deshalb Sport. Oder es kann gemeinsame dritte Ursachen für beides geben: Kinder, die Spaß am Wettbewerb haben, üben ihn in der Schule und im Sport gleichermaßen. Oder manche Eltern fördern ihre Kinder in allem stärker als andere. Der Statistiker Andreas Quatember hat noch eine weitere mögliche Ursache gesehen, eine Art »Kollateralschaden« auf Seiten der schwachen Schüler: Eltern von Schülern mit schlechten Schulleistungen halten ihre Kinder eventuell verstärkt zum Lernen an und verbieten ihnen vielleicht sogar den Besuch eines Sportvereins.

Es ist also gefährlich, vom nachgewiesenen Zusammenhang zweier Größen direkt auf eine Ursache-Wirkungs-Beziehung zu schließen. Dass ein Zusammenhang besteht, genügt nicht; die Kausalität muss gesondert erforscht werden. Warum neigen wir dazu, diesen Schritt zu überspringen? Vielleicht liegt es genau an diesem »Warum«. Weil wir schon als Kinder ständig Warumfragen stellen und schnelle, eindeutige Antworten erwarten. Auch Ingo Froböse, Professor an der Kölner Sporthochschule, erlag 2009 dieser Versuchung. Er behauptete in einer Zusammenfassung einer Studie des Zentrums für Gesundheit der Deutschen Sporthochschule Köln: »Anhand der Ergebnisse wird deutlich, dass offensichtlich ein Zusammenhang zwischen sportlicher Betätigung und Leistungsfähigkeit besteht. Diejenigen, die im Vergleich zu inaktiven Schülern angaben, regelmäßig Sport zu treiben, konnten im Durchschnitt einen 0,5 Noten besseren Schnitt vorweisen.«[10] So weit, so sachlich, doch darüber setzte er die reißerische Schlagzeile: »Sport macht gute Schulnoten!« Genau das hat seine Studie *nicht* bewiesen. Da muss Froböse noch mal ran.

Diese Studie hat sogar verschiedene Sportarten daraufhin verglichen, wie stark sie mit guten Schulnoten korrelieren. »Tischtennisspieler sind die schlausten Sportler«, kam dabei heraus. Das ist richtig formuliert: Tischtennisspieler *sind* schlau. Ob Tischtennisspielen schlau *macht,* wissen wir leider noch nicht.

Wir haben natürlich nichts gegen Sport. Wir halten es sogar für wahrscheinlich, dass sportliche Aktivität und geistige Entwicklung einander befruchten – aber um zu wissen, wie das genau abläuft, sind genauere Forschungen notwendig, und es kann nicht einfach aus Korrelationen abgeleitet werden. Der römische Satiriker Juvenal, dem wir den Mens-sana-Spruch verdanken, war schlau genug, Zweifel anzumelden. Vollständig lautet sein Satz nämlich: »*Orandum est ut sit mens sana in corpore sano.*« Zu Deutsch: »Man muss beten, dass in einem gesunden Körper ein gesunder Geist sei.«

Indessen ziehe ich meine Laufschuhe an und hoffe, angeregt durch die Bewegung, später inspiriert einen weiteren Abschnitt über die Zahlentrickser schreiben zu können.

Forschungsaufgaben zum Sport

1. Welche Statistiken werden in Ihrer Lieblingssportart benutzt? Wie sinnvoll sind sie?
2. Suchen Sie in der aktuellen Berichterstattung nach verdeckten Ursachen-Erklärungen wie »Unter dem neuen Trainer hat das Team ...«, »Seit Podolski verletzt ist, ...« Ist da wirklich nur

die Zeitspanne beschrieben, oder soll dem Leser eine Verantwortung oder Ursache suggeriert werden?

3. Ist Frauenfußball genauso statistikbeladen wie Männerfußball? Wenn nein, warum nicht?

4. »Geld kauft Erfolg« heißt es oft. Lässt sich das anhand verschiedener Sportarten belegen? Denken Sie bitte auch kurz über Ursache und Wirkung nach.

5. Vergleichen Sie den Umfang der medialen Berichterstattung über einzelne Sportarten (inklusive Männerfußball) mit der Anzahl der in dieser Sportart Aktiven. Achten Sie bei der Zahl der Aktiven darauf, dass Sie nicht nur Vereinsmitglieder mitzählen und inaktive Funktionäre ausklammern.

1   Ob die Berichterstattung über den Frauenfußball genauso statistiklastig ist, haben wir noch nicht überprüft.

2   Vorbericht auf www.bvb.de, 16.4.2016 (http://bit.ly/345-tore).

3   Zitiert nach Marc Baumann: »Auf Schritt und Tritt«, in: *Süddeutsche Zeitung am Wochenende* 23/2012.

4   www.faz.net, 23.4.2016 (http://bit.ly/Feess; abgerufen am 23.9.2016). Um Fehlinterpretationen vorzubeugen, noch zwei Hinweise: Für Duelle wie Bayern München – Borussia Dortmund hat Feess keinen »Bayern-Bonus« ermittelt. Er hat auch nicht festgestellt, dass Schiedsrichter in Bayern-Spielen häufiger unkorrekt entscheiden als in anderen Spielen, sondern nur, dass dann, wenn sie unkorrekt entscheiden, meist der schwächere Gegner den Schaden hat.

5   Beispiele: Zahlungen in den Europäischen Rettungsschirm (siehe Kapitel 1), die Aufnahme von Flüchtlingen (Kapitel 1), Milliarden-Gewinne von Konzernen (Kapitel 4).

6   https://de.wikipedia.com: transfermarkt.de (Stand 18.10.2016).

7   Eine Studie von Soziologen ergab 2014 einen Korrelationskoeffizienten von 0,93. Das bedeutet: Auf einer Skala von 0 bis 1 liegt der Zusammenhang der beiden Werte im Schnitt bei 0,93.

8   Wir danken Andreas Quatember für seine Hinweise in seinem Buch: *Statistischer Unsinn. Wenn Medien an der Prozenthürde scheitern,* Berlin/ Heidelberg 2015, S. 141 ff.

9   www.zeit.de/2013/52/seitenhieb-leistungssteigerung (abgerufen am 21. 9. 2016)

10   https://www.google.de/search?q=Tischtennisspieler+sind+die+schlausten+Sportler&ie=utf-8&oe=utf-8&client=firefox-b&gfe_rd=cr&ei=I6_WWNOoBs2v8wf6iIuYBA

13. Das Arsenal der Zahlentrickser:
Sechzehn Methoden im Überblick

Dieses Glossar, das 16 häufig verwendete Methoden alphabetisch auflistet, soll Ihnen helfen, nicht fassungslos vor den vielen Tricks der Zahlentäuscher zu resignieren. Oft sind es einfache Methoden, mit denen die Trickser leider erfolgreich jonglieren. Sie sind leicht zu durchschauen, wenn Sie sich nur trauen, ihre als Fakten und gesicherte Ergebnisse präsentierten Informationen ein wenig systematisch zu hinterfragen. Wenn Sie die Tricks verstanden haben, können Sie selbst auf die Jagd nach Tricksern gehen. Wir erläutern die Tricks an einfachen Alltagsbeispielen und mit Verweisen auf Beispiele aus den Kapiteln dieses Buchs.[1]

Unter »CHECK« finden Sie Tipps, wie Sie verfahren können, um solche Tricks aufzudecken.

Viele Methoden werden in Kombinationen eingesetzt oder gehen fließend ineinander über. Deshalb sind sie kaum sauber voneinander abzugrenzen. Schiefe Vergleiche können irreführende Prozentzahlen nach sich ziehen, absolute Zahlen, fragwürdige Rankings und steile Prognosen können Randvarianten von Studien sein. Und jeden dieser manipulativen Cocktails können die Trickser mit einer betörend bunten Grafik garnieren. Suchen Sie also nicht nach Methoden in Reinkultur, sondern entwickeln Sie ein Gespür dafür, welche Ergebnisse falsch sein könnten. Dabei hilft fast immer die gute alte Frage: Wem nützt das Ergebnis? Welchen Eindruck möchte der Herausgeber der Zahlen wahrscheinlich erzeugen? Was liegt in seinem Interesse?

Viel Spaß und Erfolg bei Ihren detektivischen Bemühungen!

Absolute oder relative Zahlen – Prozentzahlen mit geschickten Bezügen

Angenommen, Ihre Heimatstadt hat 150 000 Einwohner. Sie können diese Zahl einfach so nennen, dann ist es eine *absolute Zahl*, die eine bestimmte Menge oder Größe angibt. Sie können diese Zahl aber auch direkt mit einer anderen vergleichen, etwa mit der Einwohnerzahl des Landes oder des Vorjahres. Zum Beispiel: 5 Prozent der Einwohner des Bundeslandes oder Kantons leben in Ihrer Heimatstadt. Oder die Stadt ist gegenüber dem Vorjahr um 1 Prozent gewachsen. Das sind *relative Zahlen*, die einen Anteil, ein Größenverhältnis oder eine Veränderung angeben, meist in Prozent. Wichtig dabei ist: Eine Prozentzahl vergleicht immer eine absolute Zahl mit einer anderen; sie besteht also in Wirklichkeit aus zwei Zahlen.

Wie kann man damit tricksen? Das ist ziemlich einfach. Hierfür zwei Beispiele:

1. Ein Minister rühmt sich in einer Rede, die Regierung habe 1000 Lehrer zusätzlich neu eingestellt. Er nennt also eine absolute Zahl, die auf den ersten Blick ziemlich groß erscheint. Aber sind 1000 Lehrer wirklich viel? Wenn wir erfahren, dass es 7000 Schulen im Land gibt, wird klar, dass sich jede siebte Schule über einen zusätzlichen Lehrer freuen durfte. Diese relative Zahl sieht dann schon viel

bescheidener aus. Kein Wunder, dass der Minister sie seinem Publikum verschwiegen hat.

2. Ein Professor verkündet, dass 50 Studierende in der Statistikklausur durchgefallen sind. Da werden Sie sicherlich wissen wollen: 50 von 51? 50 von 100? 50 von 1000? Mit relativen Zahlen wie 50 Prozent oder 5 Prozent Durchfallquote können Sie also viel mehr anfangen.

Doch manchmal eignet sich auch eine relative Zahl dazu, Eindruck zu schinden und etwas zu übertreiben. Hören wir zum Beispiel, dass 50 Prozent der befragten Studierenden gesagt haben, dass sie Professor Boshaft nicht mögen, klingt das nach vielen. Es kann aber auch einer von zweien sein, wenn der Fragesteller nur zwei angesprochen hat. Hier fehlt uns eine absolute Zahl, nämlich die Zahl der Befragten, um den Sachverhalt richtig einschätzen zu können.

In Kapitel 1 zum Nationalismus finden Sie den Trick mit der absoluten Zahl: Die Deutschen loben sich selbst dafür, dass sie für die »Euro-Rettung« so und so viel Geld gezahlt oder aus Humanität so und so viele Flüchtlinge aufgenommen hätten. Luxemburg oder Österreich haben zwar weniger gezahlt und aufgenommen, aber diese Länder sind auch viel kleiner als Deutschland. Wir brauchen also eine vernünftige Bezugsgröße, eine relative Zahl, zum Beispiel Flüchtlinge pro 1.000 Einwohner oder Zahlungen pro Kopf der Einwohner. Oder auch Zahlungen im Verhältnis zur Wirtschaftskraft (wird meist als Bruttoinlandsprodukt angegeben).

In Kapitel 2 zum Reichtum sehen Sie, dass ein Konzerngewinn von, sagen wir, 5 Milliarden Euro zwar groß wirkt, aber schwer zu begreifen ist, selbst für Zahlenprofis. Welche Relation lässt sich in diesem Fall bilden, um ihn begreiflicher zu machen? Gewinn pro Aktie? Das interessiert die

Aktionäre. Gewinn pro Mitarbeiter? Das sagt etwas aus über den Unterschied zwischen der verwertbaren Leistung der Mitarbeiter und ihrem Gehalt. Das wäre ganz interessant, vor allem, wenn Manager über hohe Kosten jammern.

In Kapitel 12 zum Fußball finden Sie eine beeindruckende Prozentzahl, die wenig aussagt. Wenn es heißt, dass ein Spieler 100 Prozent erfolgreiche Pässe gespielt hat, kann das sowohl bedeuten, dass ein Spieler einen einzigen erfolgreichen Rückpass zum Torwart gespielt hat, genauso kann es einen absolut passsicheren Mittelfeldspieler charakterisieren.

CHECK

- Wenn Sie nur absolute Zahlen sehen, fragen Sie nach sinnvollen relativen Zahlen.
- Wenn Sie nur relative Zahlen (Prozentzahlen) sehen, fragen Sie nach den absoluten Zahlen.
- Und fragen Sie immer ganz genau nach: Prozent wovon? Was ist die Bezugsgröße? Welche Bezugsgröße halten Sie für sinnvoll?

Begriffe geschickt definieren

Wer über Gruppen wie »die Armen«, »die Reichen«, »die Jungen« und »die Alten« sprechen will, stößt schnell auf das Problem, dass man diese Gruppenbezeichnungen definieren und die Gruppen von anderen Gruppen abgrenzen muss, um klare Aussagen machen zu können. Das aber ist schwierig und oft umstritten. Sogar ein so klar erscheinender Begriff wie »Arbeitslose« schillert bei näherem Hinsehen (in Kapitel 4) erheblich.

In Kapitel 3 zur Armut wurde deutlich: Definiert man die Armutsquote als Anteil derer, die zu wenig zu essen haben oder im Winter nicht heizen können, fallen in Mitteleuropa überwiegend Obdachlose in diese Kategorie, die Quote läge also deutlich unter 1 Prozent. Nennt man hingegen den arm, der das sogenannte Hartz IV oder die Grundsicherung bezieht, sind bereits 8,5 Prozent der in Deutschland lebenden Menschen betroffen. Nach der EU-weit gebräuchlichen Definition gilt als »armutsgefährdet«, wer weniger als 60 Prozent des mittleren Einkommens zur Verfügung hat. Das waren in Deutschland 2015 fast 16 Prozent der Bevölkerung. Nehme ich dabei als mittleres Einkommen nicht den Median, sondern den Durchschnitt (Fachsprache: »das arithmetische Mittel«), wie es früher üblich war, steigt die Armutsquote noch weiter.[2]

Zum Glück sind Definitionen nicht überall so schwierig. In Kapitel 7 zur Generationengerechtigkeit geht es um die angebliche »Herrschaft der Alten«. Die Berufsjugendlichen, die eine solche sehen, »vergessen« meist zu definieren, wen sie mit »den Alten« meinen. Fragen Sie einfach mal nach! Eine Überschlagsrechnung hilft auch schon weiter: Die über 60-Jährigen bilden weder eine Mehrheit im deutschen Parlament noch in der deutschen Wahlbevölkerung. Man müsste die Grenze zum »Altsein« schon bei knapp über 50 Jahren ansetzen, um » Alten-Mehrheiten« hinzukriegen.

In Kapitel 9 zur Rüstung haben wir verschiedene Betrachtungsweisen für das militärische Bedrohungspotenzial gesehen, das von einem Land ausgeht. Mit der Auswahl der Kenngröße schwankt das Ergebnis gewaltig. Bei Russland zum Beispiel von »unbedeutend« (Rüstungsausgaben im Vergleich zu den Ausgaben der NATO) bis »sehr gefährlich« (Anzahl der Atomraketen oder absolute Höhe der Militärausgaben).

CHECK

- Wie wurde der Begriff definiert?
- Welche weiteren sinnvollen Definitionen gibt es? Für Statistiken müssen diese Definitionen natürlich auch messbar sein.

Berechnungsmethode merkwürdig bis unseriös

Man fragt den Zahlentrickser: »Haben Sie das berechnet?« Er antwortet: »Ja.« – Und schon wird das Ergebnis nicht mehr angezweifelt. Doch man sollte immer hinterfragen, *wie* die präsentierte Zahl eigentlich berechnet wurde.

So erwischen wir beispielsweise in Kapitel 8 zum Fachkräftemangel den Verein Deutscher Ingenieure (VDI) dabei, wie er seine Horrorzahl von angeblich 61000 fehlenden Ingenieuren berechnet hat: Er hat mit einer höchst fragwürdigen Begründung die Zahl der bei der Bundesagentur für Arbeit gesuchten Bewerber einfach mit 7 multipliziert.

In Kapitel 10 über die Autobranche sehen Sie, wie bei Dieselmotoren die geforderte Schadstoffgrenze auf Prüfständen erfolgreich eingehalten wurde, dies aber das reale Fahrverhalten eines Autos im Alltag überhaupt nicht abbildet.

Ein weiteres Beispiel dafür, irgendwelche Zahlen als seriös berechnete Kennziffern darzustellen, haben Sie in Kapitel 12 zum Sport gefunden: sogenannte Marktwerte von Fußballspielern, die aus den Abstimmungsergebnissen einer Internet-Community entstehen. Eine putzige Idee – würde uns das Ganze nicht von Sportjournalisten als betriebswirtschaftliche Kennziffer ohne Herkunftsangabe verkauft.

CHECK

- Informieren Sie sich über die Berechnungsmethode und analysieren Sie sie.

Fälschungen

Wenn alle »erlaubten Tricks« nichts bringen, greifen Zahlentrickser zur Not auch zu echten Fälschungen, als Beispiele dienen etwa die in Kapitel 4 zur Wirtschaft erwähnten Bilanzfälschungen oder die Gelbe-Engel-Rechnungen des ADAC bei der Wahl der beliebtesten Autos (siehe Kapitel 10).

CHECK

- Fragen Sie nach Details der Forschung(en). Bei Fälschungen gibt es die oft nicht.

Genaue Zahlenangaben als Bluff

Oft versuchen Trickser, uns mit genauen Zahlen zu beeindrucken. Bei genauen Zahlen neigt der Leser/Hörer dazu, sofort zu denken: ›Oh, die haben das offenbar richtig gemessen‹. Doch in Wirklichkeit haben sie nur grob geschätzt und die Ziffern hinter dem Komma/hinter dem Tausenderpunkt frei erfunden – oder die genaue Zahl ist das Ergebnis einer Division zweier grob geschätzter Zahlen. Diese Methode lässt sich kurz als »Illusion der Präzision« charakterisieren.

Einige Beispiele hierfür haben Sie in diesem Buch gelesen. Dazu zählen die aus der Luft gegriffene Zahl der 37 500 Asylbewerber, die Österreich angeblich pro Jahr höchstens aufnehmen kann (Kapitel 1); oder die 67,563 Millionen Einwohner, die Deutschland im Jahr 2060 nach der 13. Koordinierten Bevölkerungsvorausberechnung des Statistischen Bundesamtes haben soll (Kapitel 6).

CHECK

- Sind genaue Zahlen überhaupt ermittelbar? Kann das Ergebnis aus nur einer Befragung geschätzt werden? Antworten die Befragten dabei ehrlich?
- Lassen Sie sich die Berechnungsmethode zeigen. Sind darin Schätzgrößen enthalten?

Grafiken kreativ gestalten

Vor allem Entwicklungen von Größen über bestimmte Zeiträume hinweg und Anteile vom Ganzen werden gerne als Grafiken dargestellt: als Balkendiagramme beziehungsweise Kreisdiagramme. Viele Grafiken sind wie Ansichtskarten oder wie Kinoplakate ansprechend bunt gestaltet. Sie sollen oft den Text oder das dort Gesagte visuell bekräftigen und leider nur seltener sichere Informationen vermitteln.

Ob Arbeitslosigkeit, Aktienkurse, »Kostenexplosion im Gesundheitswesen« oder die Wertentwicklung von Briefmarken: Überall werden mit grafischen Tricks gewünschte, aber falsche Eindrücke erweckt. Eine der beliebtesten Methoden ist die abgeschnittene y-Achse: Dabei beginnt die senkrechte Achse eines Diagramms nicht bei 0, sondern bei einem viel höheren Wert. Was dann passiert, können Sie in Kapitel 7 zur Generationengerechtigkeit selber ausprobieren: Dort finden Sie im Abschnitt »Die Angstmache vor den Staatsschulden«

ein Diagramm zur Entwicklung der Staatsschulden. Bei uns ist es »sauber«: Die y-Achse beginnt bei 0. Doch decken Sie einmal mit einem weißen Blatt den unteren Teil der Grafik ab: mal bis 200, mal bis 400 oder 500 Milliarden Euro. Was dann übrig bleibt, sieht immer erschreckender aus, je mehr Sie unten verdecken.

In Kapitel 1 (auf S. 29 und 30) sehen Sie zwei Grafiken zum Zuzug von Flüchtlingen. Bei der ersten haben Dramatisierer die x-Achse, also die Zeitachse, in ihrem Sinne manipuliert und eine frühere Flüchtlingswelle ausgeblendet, damit die neuere Flüchtlingswelle einmalig bedrohlich wirkt.

CHECK

- Kontrollieren Sie die y-Achse des Diagramms: Fängt sie bei 0 an? Wenn nein, warum nicht?
- Kontrollieren Sie die x-Achse des Diagramms: Ist der gezeigte Zeitraum plausibel? Fragen Sie nach der Vorgeschichte.
- Fragen Sie, wenn Sie ganz sichergehen wollen, nach den Daten in Tabellenform, die den Grafiken zugrunde liegen, und nach zum Thema wichtigen anderen Daten.
- Weitere nützliche Tipps finden Sie in unserem Buch *Lügen mit Zahlen* auf den Seiten 278–282.

Lange Zeiträume erzeugen große Veränderungsraten und große Gesamtergebnisse

Auch kleine jährliche Veränderungen ergeben eine große, bedrohlich wirkende Zahl, wenn man die Veränderungen von beispielsweise 50 Jahren zusammenrechnet. Moderate

Preissteigerungen von jährlich 1,5 Prozent ergeben nach 50 Jahren einen mehr als doppelt so hohen Preis (wegen des Zinseszinseffekts). Und die Verdopplung des Preises erscheint als dramatisches Problem, weil man sich die Preiserhöhung real vorstellt, den langen Zeitraum aber nicht. (In 50 Jahren sind wir fast alle schon Rentner oder sogar weit darüber hinaus.) Wenn Ausgaben und Einnahmen für 10, 20 oder gar 30 Jahre zusammengefasst werden, wird eine riesige Zahl erzeugt. Damit kann erschreckt oder die eigene Leistung hervorgehoben werden. So lobte beispielsweise Angela Merkel 2009 die Ausgaben für Bildung, indem sie die geplanten Mehrausgaben der nächsten neun Jahre zu einer Zahl zusammenfasste. Besonders tückisch ist dies, wenn der große Zeitraum nicht deutlich erkennbar ist und die meisten an eine jährliche Ausgabe denken.

Beispiele hierfür finden Sie vor allem in Kapitel 6 zur Demografie.

CHECK

- Achten Sie bei großen Zahlen immer auf den Bezugszeitraum und rechnen Sie die jährliche Entwicklung oder Größe aus.
- Berücksichtigen Sie bei Ausgaben immer die Inflation. Diese vermindert den Wert eines Geldbetrags in beispielsweise 30 Jahren enorm.

Prognosen konstruieren und als künftige Wirklichkeit darstellen

Prognosen für die Zukunft hängen immer von den selbst gewählten Annahmen für die unbekannte zukünftige Entwicklung ab. Außerdem gilt die Faustregel: Je weiter die Prognose in die Zukunft reicht, desto unsicherer wird sie, weil die Gefahr immer größer wird, dass unvorhergesehene Wendungen eintreten. (Beispiel aus 2015: Fast 1 Million überwiegend junge Zuwanderer nach Deutschland verändern die demografischen Vorausberechnungen, sollten sie zumindest.)

Die Zahlentrickser machen uns schöne oder auch schreckliche Voraussagen für 2030, 2050 oder gar 2060 und versäumen dabei oft, uns die Annahmen mitzuteilen, auf denen ihre Prognosen oder Modellrechnungen beruhen. Über Unsicherheitsfaktoren schweigen sie oft völlig und erwecken auch sprachlich den Eindruck der Sicherheit. Beispiel: »Im Jahr 2060 werden in Deutschland 67,6 Millionen Menschen leben. Davon sind …«

Da solche Prognosen in fast allen gesellschaftlichen Bereichen gestellt werden, finden Sie viele Beispiele hierfür in dem Buch: ausführlich in Kapitel 4 zur Wirtschaft, in Kapitel 6 zur Demografie, in Kapitel 8 zum angeblichen Fachkräftemangel und in Kapitel 11 zur Umwelt.

CHECK

■ Versetzen Sie sich gedanklich um den Prognosezeitraum, sagen wir 30 Jahre, in die Vergangenheit zurück (also zum Beispiel von 2017 ins Jahr 1987). Fragen Sie sich, was man damals über die heutigen Verhältnisse hätte wissen können. So bekommen Sie ein Gefühl dafür, welche

Entwicklungen überhaupt auf so lange Sicht vorhersehbar sind und welche nicht.

- Nehmen Sie Wetterprognosen als Maßstab. Das Wetter für morgen ist relativ gut vorhersehbar. Wie wird das Wetter mittelfristig, also in drei Tagen – da wird es schon recht vage. Und wie wird es langfristig, also in drei Wochen? Das geht meist gar nicht, denn dazu ist die allgemeine Wetterlage zu instabil. Gesellschaftliche und wirtschaftliche Entwicklungen sind nicht ganz so flüchtig wie das Wetter, was bedeutet, dass sich die Zeiträume für »kurzfristig«, »mittelfristig« und »langfristig« verlängern. Aber das Prinzip bleibt: je langfristiger, desto unsicherer.
- Welche Annahmen liegen der Prognose zugrunde? Sind sie realistisch?
- Sind mehrere Varianten für die Zukunft berechnet worden, dann betrachten Sie alle. Wenn es nur eine gab, sehen Sie nach, ob darin alle Annahmen über die Zukunft wirklich so eindeutig waren.

HINWEIS: Trotz aller Kritik – kurz- und mittelfristige Prognosen sind für unser heutiges Handeln notwendig.

Prozentzahlen mit geschickten Bezügen

Diese für das Aufspüren von Zahlentricksereien extrem wichtige Frage behandeln wir auf S. 236 unter *Absolute und relative Zahlen – Prozentzahlen mit geschickten Bezügen.*

Randvarianten gezielt erstellen und ausnutzen

Viele Prognose-Studien arbeiten mit unterschiedlichen Szenarien. Die Forscher rechnen durch, wie sich eine bestimmte Größe über die Jahre hinweg wahrscheinlich entwickelt, wenn man bestimmte Annahmen oder Voraussetzungen eintreten lässt. Dabei entstehen sogenannte Randvarianten, das heißt, extreme Szenarien (meist sind es Worst-Case-Szenarien, also der schlimmstmögliche Fall oder das Gegenteil, der bestmögliche Fall) mit sehr unwahrscheinlichen Annahmen und entsprechend unwahrscheinlichen Folgen. Doch gerade diese Randvarianten verkaufen uns Zahlentrickser gerne als unsere Zukunft.

In Kapitel 8 zum Fachkräftemangel haben wir die angeblich 6,5 Millionen fehlenden Fachkräfte aufgespießt, die uns Frank-Jürgen Weise präsentierte, obwohl diese Zahl auf abstrusen negativen Annahmen beruhte. In Kapitel 4 zur Wirtschaft finden Sie den umgekehrten Fall mit einer extrem positiven Randvariante, die Unternehmerverbände damals genutzt haben, um uns das Freihandelsabkommen TTIP schmackhaft zu machen.

CHECK
- Wurden bei einer Studie mehrere Varianten gerechnet? Welche davon wurde ausgewählt? Warum?
- Alle Kriterien für Prognosen gelten hier ebenfalls.

Rankings nach unbekannten Kriterien

Gerne reden wir von Platz 1, 2 oder 3: Liegt Österreich vor Deutschland, Köln vor Düsseldorf, WhatsApp vor Facebook? Die Reihenfolge macht's, und dabei übersehen wir schnell, welche Kriterien der Reihenfolge zugrunde gelegt wurden. Wonach wurden die Länder, Städte, Firmen usw. eigentlich geordnet? Bei der Bundesligatabelle ist das klar (zumindest den Fußballfans), beim olympischen Medaillenspiegel schon weniger. Denn eigentlich ist er ein Goldmedaillenspiegel; die Silbermedaillen zählen nur dann mit, wenn zwei Länder bei den Goldmedaillen gleichauf liegen, und die Bronzemedaillen analog. Völlig diffus werden Rankings, die die angeblich fleißigsten, modernsten oder attraktivsten Städte, Kreise oder Hochschulen auflisten. Welche Eigenschaften zählen dazu? Sind alle gleich wichtig? Kann man die Eigenschaften überhaupt in Zahlenform ausdrücken und berechnen? Und wenn Sie die Wahl der Kriterien grundsätzlich für sinnvoll halten, sind die Abstände zwischen den Plätzen von Bedeutung? Wenn zum Beispiel bei der Fußballbundesliga die ersten drei Mannschaften dieselbe Punktzahl und nur minimal unterschiedliche Tordifferenzen haben, sollte man da nicht eher von der »Spitzengruppe« als von Platz 1, 2, 3 reden? Andersherum wird die Angabe der Plätze dem Unterschied zwischen den beiden führenden Mannschaften nicht gerecht, wenn die erste 60 Punkte hat und die zweite 40.

In Kapitel 1 zum Nationalismus finden Sie zum Beispiel ein Ranking der angeblich fleißigsten und faulsten deutschen Städte. Welche Faktoren machen in Ihren Augen Fleiß aus? Wie kann man diese messen? Ihre Antwort ist wahrscheinlich stark durch Ihre persönlichen Erfahrungen geprägt, also subjektiv. Ein Arbeitsloser würde vielleicht die Bewerbungen zählen, die er im letzten Quartal geschrieben hat, ein Läufer die Kilometer, die er gelaufen ist, ein Texter die Dateien, die er in seinem Rechner erzeugt hat.

Im selben Kapitel geht es um die Rangfolge der Euroländer bei Zahlungen in den »Europäischen Rettungsschirm«. Sie sehen dort mehrere Möglichkeiten für die Bildung der Reihenfolge: Zahlungen in absoluter Höhe, Zahlungen pro Einwohner, Zahlungen im Verhältnis zur Wirtschaftsstärke. Jedes Mal kommt eine wesentlich andere Reihenfolge mit einem anderen Spitzenreiter heraus.

CHECK

- Fragen Sie nach den Kriterien für die Erstellung des Rankings. Wären das auch Ihre Maßstäbe für die Eigenschaft, die verglichen werden soll?
- Ist die Gewichtung der Kriterien vernünftig? (Gleichgewichtung ist es meist nicht.)
- Schauen Sie genau hin: Wie groß ist der Abstand zwischen Platz x und Platz y beim gemessenen oder berechneten Wert? Kann das nicht auch eine Zufallsschwankung oder eine Ungenauigkeit in der Berechnung sein? Und wenn nicht, ist der Abstand überhaupt von Bedeutung?

Steigerungsraten zu besonders ausgewählten Basisjahren

Hohe Steigerungsraten lassen aufhorchen, manchmal erfreut, manchmal angstvoll. Sie sind jedoch oft ein starkes Indiz dafür, dass die Ausgangswerte sehr klein waren oder der betrachtete Zeitraum sehr groß.

Wie Sie in Kapitel 1 zum Nationalismus lesen können, beruhte die scheinbar dramatische Steigerung der Zuzüge von Rumänen und Bulgaren vor allem darauf, dass die Werte in den Vorjahren sehr niedrig waren.

Oder wenn Sie in Kapitel 9 zur Rüstung die stark gestiegenen russischen Rüstungsausgaben hinterfragen, wird auch hier der Grund deutlich: In den Vorjahren sind sie im Vergleich mit Großbritannien, Frankreich oder gar den USA sehr niedrig gewesen.

Analog zu den hohen Steigerungsraten lassen sich mit der Wahl des Basisjahres in einigen Fällen auch niedrige oder gar rückläufige Entwicklungen aufzeigen.

CHECK

- Lassen Sie sich die absoluten Zahlen hinter den Steigerungsraten geben.
- Lassen Sie sich für den betrachteten Fakt möglichst viele zurückliegende Werte geben. In Deutschland ab 1991 oder bei neueren Entwicklungen ab 2000. War der vom potenziellen Trickser ausgewählte Bezugspunkt besonders hoch oder niedrig?
- Besorgen Sie sich Zahlen aus dem Umfeld der dargestellten Entwicklung. Im Beispiel der Zuwanderung von Rumänen und Bulgaren die Zuwanderungszahlen von

Polen, Griechen usw. und bei nicht auf die EU beschränkten Themen auch aus außereuropäischen Ländern. Vergleichen Sie diese mit den dargestellten Zahlen.

■ Kontrollieren Sie ebenfalls, ob bei den vorgeführten Größen wichtige Aspekte fehlen, beispielsweise die Abwanderungen der Bevölkerungsgruppe. Das haben wir unter der Methode *Yang ohne Yin* auf S. 257 beschrieben.

Stichproben-Verzerrungen – Unsicherheiten der Hochrechnung verschweigen

Bei Umfragen kommt es darauf an, dass die Stichprobe die Verhältnisse in der Gesamtbevölkerung (oder der jeweils untersuchten Gruppe) einigermaßen gut widerspiegelt. Das ist bei freiwilligen Online-Umfragen und spontanen Umfragen während einer Fernsehsendung fast nie der Fall (siehe Kapitel 5). In solchen Fällen sind die Stichproben durch das Interesse der Teilnehmer vorsortiert, vor allem dadurch, dass Menschen, denen das Thema weniger wichtig ist, nicht teilnehmen. Eine Hochrechnung solcher Umfragewerte auf die Gesamtbevölkerung ist höchst zweifelhaft. Das gilt vermutlich auch für jene Fernsehzuschauer, die es der GfK (Gesellschaft für Konsumforschung) erlauben, ihr Fernsehverhalten zu messen.

Doch auch, wenn Meinungsforscher alle Regeln für »repräsentative« Stichproben beachten, bleibt die Unsicherheit des sogenannten Lotterieeffekts: Durch Zufall können sich die Anhänger einer bestimmten Meinung in ihrer Stichprobe gehäuft haben. Die Gefahr ist umso größer, je kleiner die Stichprobe ist.

CHECK (AUFWENDIG)

- Wenn Sie auf eine nur unvollständige Mediendarstellung stoßen, sollten Sie die folgenden Hinweise bei der ausführlichen Darstellung des Forschungsteams kontrollieren.

- Gibt es Informationen über Stichprobengröße (möglichst die Anzahl der Teilnehmer, die geantwortet haben, und nicht nur die der Befragten) und Art der Auswahl der Teilnehmer? Gut zu wissen ist ebenso der Zeitraum der Befragung oder Beobachtung, da manche Themen saisonabhängig sind (etwa Spenden zur Weihnachtszeit, Stimmungen zur Urlaubszeit).

- Bei der Hochrechnung von Stichprobenergebnissen auf die Gesamtheit gibt es einen Unsicherheitsbereich, der sich von Fachleuten leicht berechnen lässt. Beispiel: Bei einer wirklich sauber ausgesuchten Stichprobe und absoluter Antwortehrlichkeit bei einer Wahlbefragung geben 40 Prozent derer, die wählen gehen wollen, an, die CDU/CSU wählen zu wollen. Dann beträgt der Unsicherheitsbereich 37 bis 43 Prozent (bei 1000 Antworten von Befragten, die wählen wollen, und bei einem Vertrauensniveau von 95 Prozent). Wird in den Details auf diese Unsicherheit hingewiesen?

Teile zum Ganzen erklärt

Die britische Tageszeitung *The Guardian* hat in den 1990er-Jahren einen nachher preisgekrönten Werbespot drehen lassen. Wir sehen, wie von einer Überwachungskamera aufgenommen, einen jungen Mann, der auf dem Bürgersteig von hinten eine alte Frau anrempelt – und denken gleich: Oha, ein Handtaschenräuber! Dann die gleiche Szene noch einmal, diesmal in der Totalen mit der Umgebung im Bild. Jetzt sehen wir ein Vordach über der alten Dame, das plötzlich nach unten bricht – und der junge Mann wird zum Lebensretter, der die Dame in letzter Sekunde aus der Gefahrenzone geschubst hat.

Ähnlich trickreiche »Ausschnittverkleinerungen« sind in der Zahlenwelt möglich. Sie führen dazu, dass das Publikum nur auf einen Teilaspekt des Ganzen achtet und die Gesamtsicht vergisst, die eine ganz andere Sprache spricht.

Beispiele dafür finden sich im Buch in Kapitel 2 zum Reichtum: Klagt ein Reicher über zu hohe Steuern, spricht er wahrscheinlich nur über seinen Einkommensteuersatz. Andere Steuerarten und Sozialabgaben erwähnt er lieber nicht.

In Kapitel 5 über die Meinungsforscher wird bei einer Umfrage über die Zeitumstellung behauptet, dass vier von fünf Menschen sich dadurch schlapp fühlten. In Wirklichkeit waren das aber nur vier von fünf derjenigen, die überhaupt über Probleme mit der Zeitumstellung klagten und nicht vier von fünf Befragten.

Ähnlich lief es 2001 bei der PISA-Studie mit 15-jährigen Gymnasiasten in Deutschland. Von den Ergebnissen dieser Teilgruppe wurde in der Debatte schnell auf Schüler jeden Alters und aller Schulformen geschlossen.

CHECK

- Schauen Sie genau, auf welche Gruppe sich die Aussage bezieht. Wenn nur auf einen Teil – welche Teile wurden aus der Betrachtung ausgeklammert? Was gilt für sie?
- In einigen Fällen lassen sich aus den Angaben sogar die

Anteile vom Gesamten berechnen. So wurden aus den vier von fünf Personen, die sich infolge der Zeitumstellung schlapp fühlten, 23 Prozent aller Befragten, wie wir Ihnen in Kapitel 5 vorgerechnet haben.

Ursachen vorgaukeln

Gibt es einen gemessenen Zusammenhang zwischen zwei Größen (fachsprachlich: eine »Korrelation«), neigen wir schnell dazu, eine davon als Ursache und die andere als Wirkung zu sehen. Oft erscheinen Ursache-Wirkungs-Beziehungen auf den ersten Blick plausibel, und wir vergessen, genauer nachzufragen, ob sie wirklich belegt sind. Die rein zahlenmäßige Korrelation ist nämlich kein hinreichender Beleg. Schnelle Antworten auf Warum-Fragen haben etwas Verführerisches. Trickser nutzen das schamlos aus, um uns Ursachen vorzugaukeln, wo vielleicht gar keine sind. Manchmal fallen sie auch selbst auf die Verführung herein.

In Kapitel 5 über die Meinungsforscher sehen Sie viele über Umfragen gemessene Zusammenhänge. Ein Beispiel zeigt dort, dass man eine niedrige Wahlbeteiligung in den Wahlbezirken misst, in denen die Grünen hohe Stimmenanteile haben. Das bringt Forsa-Chef Manfred Güllner auf die seltsame Idee, die Grünen als Ursache für die niedrige Wahlbeteiligung zu sehen. Dabei ist es möglicherweise genau umgekehrt.

In Kapitel 12 zum Sport sind wir auf den Zusammenhang zwischen guten Schulnoten und der Anzahl der Sportstunden gestoßen. Auch der erfahrene Leiter der Studie erlag der Versuchung, Sport als *Ursache* für gute Noten zu verkaufen.

Vielleicht ist es aber gar nicht der richtige Ansatz, einen der beiden Faktoren als Ursache für den anderen zu sehen. Möglicherweise gibt es eine dritte Größe, die die gemeinsame Ursache für die beiden Phänomene »Sporttreiben« und »Schulerfolg« ist: etwa die generelle Förderung bestimmter Kinder durch das Elternhaus.

Wie sorgfältig die Klimaforscher die Frage der Ursache-Wirkungs-Beziehungen untersuchen, diskutieren wir in Kapitel 11 am Beispiel der globalen Erwärmung und des Anstiegs der Kohlendioxid-Konzentration in der Atmosphäre. Doch trotz aller Sorgfalt konnte ein physikalisches Gesetz noch nicht bewiesen werden, und wir müssen, wie so oft, mit Unsicherheiten leben.

CHECK

- Lassen Sie sich von einer zahlenmäßigen Korrelation nicht blenden, sie beschreibt keine Ursache-Wirkungs-Beziehung.

- Überprüfen Sie, welche Belege dafür angeführt wurden, dass A die Ursache von B sei.

- Suchen Sie nach anderen Gründen, warum B die Ursache für A sein kann. Erweitern Sie Ihre Suche auf andere Ursachen. Gibt es eine gemeinsame Ursache C für A und B? Welche der Erklärungen passt im Anwendungsfall am besten? Konkret am Beispiel: Gemessen wird ein Zusammenhang zwischen Werbungsausgaben (A) und Umsatzhöhe (B) in einer Branche. Erster Reflex: Werbung hat den Umsatz gesteigert. Aber möglich ist auch: Höhere Umsätze erlauben mehr Ausgaben für die Werbung. Oder als gemeinsame Ursache (C): Ein Nachfrageboom in der Branche – etwa ein Tennisboom nach dem Weltranglistenplatz 1 von

Angelique Kerber – führt zu höheren Umsätzen, mehr Konkurrenz der Produzenten und deshalb auch zu mehr Werbung.

Vergleiche von Unvergleichbarem

Wenn Rüstungslobbyisten die russischen Rüstungsausgaben mit denen einzelner europäischer Staaten vergleichen, um eine Gefahr aus dem Osten zu beweisen (siehe Kapitel 9), ist das Dummheit, oder sie verfolgen eindeutige Absichten. Es gibt ein westeuropäisches Verteidigungsbündnis, und es gibt die NATO; daher muss man diese als Ganzes sehen.

Beim Vergleich von Studierendenquoten europäischer Länder wurde oft übersehen, dass in Deutschland für die Jugend mit der dualen Ausbildung eine gute Alternative zum Studium existiert. Die Anpassung deutscher Studierendenquoten an die europäischen war also ein Irrweg, der auf einem dummen Vergleich beruhte.

Häufig werden schiefe Vergleiche angestellt, indem ein aktueller Wert mit dem eines passend ausgesuchten Startjahrs verglichen wird, in dem der Vergleichswert besonders niedrig oder besonders hoch lag. Beispiele hierfür finden Sie unter der Methode »Steigerungsraten zu geschickt ausgewählten Basisjahren« auf S. 250.

CHECK
- Überlegen Sie, ob die verglichenen Gruppen oder Größen wirklich auf einer gemeinsamen logischen Ebene zum Vergleich geeignet sind. Oder werden »Äpfel mit Birnen« verglichen?

Yang ohne Yin

Jede Medaille hat bekanntlich zwei Seiten. Wer dem Publikum nur eine davon zeigt, täuscht es. Die Chinesen (Daoisten) sprechen von Yin und Yang: Eine ganzheitliche Sicht der Dinge muss beide Seiten, beide Kräfte sehen. Wir nennen es »Yang ohne Yin«, wenn Trickser versuchen, einen wichtigen Aspekt der Sache vor uns zu verbergen.

Dazu finden Sie in diesem Buch viele Beispiele. Hier eine Auswahl:

In Kapitel 1 sehen Sie, wie Nationalisten Angst vor der Menge an zugezogenen Rumänen und Bulgaren verbreitet haben: Sie haben die gleichzeitigen Fortzüge von Rumänen und Bulgaren einfach verschwiegen.

In Kapitel 3 zur Armut präsentieren wir den Satz: »42 Prozent der Armen haben noch nicht einmal einen Berufsabschluss.« So versuchen neoliberale Ideologen, Arme für ihr Schicksal selbst verantwortlich zu machen. Sie verbergen die Seite, dass 58 Prozent der Armen einen Berufsabschluss haben *und trotzdem arm sind*.

In Kapitel 6 zur Demografie kann man kaum noch von einer »vergessenen zweiten Seite« sprechen, sondern da liegt eher eine schwere Amnesie vor. Der Blick auf die demografische Entwicklung ist völlig auf die Zukunft fixiert. Wie wir das Problem in der Vergangenheit gemeistert haben, bleibt ausgeblendet. Und beim Gerede über einen angeblich demografisch bedingten Ärztemangel herrscht Schweigen über den scharfen Numerus clausus im Studienfach Medizin, der seit Jahrzehnten viele junge Menschen daran hindert, Ärzte zu werden. Wer die Amnesie ablegt, muss dieses Problem den Sparkommissaren in der Bildung zuschreiben.

In Kapitel 7 zur Generationengerechtigkeit haben wir gezeigt, wie beim Thema »Staatsschulden« fast immer die meist gut daran verdienenden Gläubiger ausgeblendet werden, obwohl eigentlich jeder weiß, dass es keine Schulden ohne Gläubiger geben kann. Ganz ähnlich funktioniert der große Stolz auf den Exportüberschuss Deutschlands. Die Wirtschaftspolitiker vergessen gern, dass er zwangsläufig mit einem Importüberschuss anderer Länder verbunden ist, der diese in eine Staatsverschuldung treiben kann.

In Kapitel 10 über die Autobranche finden Sie Straßenbauplaner, die zwar den Zeitgewinn durch eine neue Straße in Geldwerten ausdrücken, es aber vergessen, die Umweltschäden, die die Straße verursacht, von ihrem Nutzwert abzuziehen. Und ein weiteres Beispiel aus diesem Feld sind die Autofahrer, die im Kostenvergleich Autofahrt: Busfahrt die Parkgebühren, die Versicherungen und den Wertverlust ihrer Autos unterschlagen.

CHECK

- Hier sind Kreativität und sorgfältige Analyse gefragt. Welche wichtigen Einflussfaktoren wurden aus der Betrachtung ausgeklammert? In obigen Beispielen die *naheliegenden Kehrseiten*: Zuzüge ohne Fortzüge; Schulden ohne Gläubiger; Exportüberschuss Deutschlands ohne Importüberschüsse anderer Länder (mit Verschuldung). Entfernter sind, zumindest in unserer öffentlichen Diskussion: Numerus clausus und Ärztemangel; Zeitgewinn von Autofahrern und Umweltschäden; kurzfristige Ausgaben für Verkehrsmittel und langfristige. Sie dürfen die vergessenen zweiten Seiten auch unter *anderen Blickwinkeln* suchen: den übersehenen Einfluss des Elternhauses auf Schulnoten und Sporttreiben (siehe Methode *Ursachen vorgaukeln* auf S. 254) oder die übersehene duale Ausbildung in Deutschland beim Vergleich der Studierendenquoten europäischer Länder.

- Kontern Sie Prognosen zu einem Thema routinemäßig mit der Frage nach der Entwicklung des Themas in der Vergangenheit.

- Querdenken hilft! Wer mit dem Strom denkt, bleibt im Fahrwasser der anderen, entdeckt also keine neuen Seiten.

1 Unser Buch *Lügen mit Zahlen* (2011) beschreibt einige der hier aufgeführten Methoden ausführlich mit vielen Beispielen. Im vorliegenden Buch finden Sie aktuellere Beispiele und einige weitere Methoden.
2 Es gibt hier noch weitere Feinheiten in der Definition, mit denen wir Sie aber verschonen wollen.

Epilog

Danke, dass Sie uns beim Galopp durch so viele gesellschaftliche Themenfelder und über Dutzende von statistischen Stolpersteinen hinweg begleitet haben. Wir hatten das Glück, gemeinsam an mehreren schönen und weniger schönen Stellen dieser Landschaft anhalten zu können, um einen genaueren und breiteren Blick auf Akteure, Inhalte und Methoden zu werfen. Wir haben uns dann immer wieder zur Ordnung rufen müssen, um nicht zu lange in der spannenden Materie zu verweilen und zu tief darin einzudringen. Einer von uns mahnte den anderen: »Es liegt noch eine weite Buch-Strecke vor uns. Und der Hauptjob muss auch erledigt werden.« Wir hoffen, dass unsere Exkursion durch die Gesellschaft Gebiete mindestens gestreift hat, die Sie ebenfalls interessant und reizvoll finden, und die Sie jetzt ohne unsere Hilfe weiter erkunden wollen.

Bei Zahlentricksern denkt man an Menschen mit bösen Absichten. Das muss aber gar nicht so sein. Viele Tricks, die wir hier aufgespießt haben, gehören zum normalen Geschäft von Menschen, die ihre Meinungen oder berechtigten Eigeninteressen einfach mit zahlengestützten Argumenten untermauern wollen und sich dafür das Passende zusammensuchen. Als Personen können solche Menschen freundlich und liebenswürdig sein; deshalb haben wir uns bemüht, nur Urteile über Taten zu fällen, aber keine über Menschen. (In Einzelfällen ist uns das nicht leichtgefallen und vielleicht auch nicht ganz gelungen. Wir bitten um Nachsicht.) Wichtig ist, dass das Umfeld entscheidet, ob es die Trickser schaffen, mit ihren Tricks Macht über andere zu gewinnen.

Wenn Sie uns fragen, was man tun kann, um Zahlentrickser in der Öffentlichkeit auszutricksen, haben wir einen Vorschlag. Wir fürchten, dass geschickte Zahlentricks in der Medienwelt – zumal bei dem heute üblichen Tempo des Nachrichtenumschlags – zuerst meist unentdeckt bleiben. Wenn später sorgfältige Analysen einen bösen Trick aufgedeckt haben, müssen Medien bereit sein, ihre erste Meldung zu widerrufen, dabei den Täuscher zu nennen und zu kritisieren. Eine Journalistenschule oder ein Lehrstuhl für Medienwissenschaft könnte diese Fälle routinemäßig sammeln und regelmäßig veröffentlichen. Solche Kontrollmechanismen sind gerade in unserer Zeit besonders wichtig, wenn wir die Welt der Meinungen nicht den Fake-News-Verbreitern überlassen wollen. Auch hoffen wir, dass sich notorische Zahlentrickser auf lange Sicht durch ein solches Szenarium abschrecken lassen.

Zahlen und Statistiken sind oft hilfreich, aber eben auch immer nur Hilfsmittel zum Verständnis des Lebens. Vieles lässt sich gar nicht oder nur sehr unvollständig in Zahlenwerten erfassen und ausdrücken. Diese Spannung zwischen der Realität und ihrer faktischen Darstellung haben wir in diesem Buch nur gestreift, beispielsweise ist Ihnen sicherlich aufgefallen, dass wir in unserer Kritik an Arbeitslosenstatistiken erwähnt haben, wie erniedrigend es für Menschen ist, keine Arbeitsstelle zu finden. Oder dass uns an der Lüge vom Ingenieurmangel vor allem der Gedanke an die Betroffenen empört hat: Bewerberinnen und Bewerber, die ständig gesagt bekommen, es gäbe zu wenig Ingenieure, selber aber keine Stelle finden und unweigerlich verzweifeln. Wenn wir die Zahlen durchleuchten, die Nationalisten, Aufrüster oder Umweltzerstörer benutzen, um ihr Handeln zu begründen, treibt uns die Angst vor den Folgen von Kriegen und Katastrophen um. Und diese Folgen für die Menschen lassen sich nicht in Zahlen ausdrücken, genauso wenig wie die Lebensfreude, die uns hilft, diese Ängste zu vertreiben.

Wir hatten Sie im Prolog schon auf unseren subjektiven Ansatz aufmerksam gemacht und spitzen das jetzt zu: Können *Sie* bei Themen wie »Armut und Reichtum«, »Krieg und Frieden« objektiv bleiben?

Während wir dieses Buch geschrieben haben, hat sich auf unseren Themenfeldern viel getan. Einiges haben wir aufgegriffen, vieles mussten wir unberücksichtigt lassen. Das ist aber unseres Erachtens für das Thema nicht so problematisch, weil wir in unseren Beispielen eher das Grundsätzliche herausgearbeitet haben. Die aktuellen Entwicklungen können Sie selbst ergänzen.

Wir verfolgen unsere Themen weiter, werden das eine oder andere mit spitzer Feder erneut aufgreifen. Wir freuen uns, wenn Sie das auf www.luegen-mit-zahlen.de mitverfolgen und sich an den Debatten beteiligen.

Gerd Bosbach und Jens Jürgen Korff

Danksagung

Der Heyne Verlag hat uns freundlich gedrängt, einen Nachfolger zu unserem Buch *Lügen mit Zahlen* aus dem Jahr 2011 zu verfassen. Jetzt können wir das Ergebnis genießen. Ronny Müller und Maren Wetcke haben uns von der Verlagsseite her sehr gut betreut. Wir danken ihnen für ihre Offenheit, ihr Vertrauen und die guten Anregungen und Vorschläge. Die Grafiken erstellte in fruchtbarer Zusammenarbeit Michael Lada von der Mediengestaltung Vornehm. Brigitte Kuka dachte sich in unsere Themen ein und konzipierte und zeichnete die Cartoons.

Wir haben von vielen Menschen inhaltliche Anregungen und Hinweise bekommen. Hierfür danken wir allen, die wir in Text oder Fußnote gewürdigt haben, und genauso denen, die wir dabei leider vergessen haben.

Ich, Gerd, und ich, Jens, verdanken einander gegenseitig viel. Zwei verschiedene Charaktere, zwei wissenschaftliche Richtungen, da krachte es manchmal. Aber wir haben immer zu der vertrauensvollen und anregenden Arbeit zurückgefunden, die unsere Freundschaft seit jetzt knapp 30 Jahren auszeichnet. Und dabei hat jeder viel vom anderen gelernt.

Ich, Gerd, danke Frauke, meiner Frau, für ihre Geduld und vieles mehr.

Ich, Jens, danke mehreren Freundinnen und Freunden, die in der Phase der höchsten Anspannung für dieses Buch meine Ungeduld, meine geschwächten Nerven und meine mangelnde Zuwendung erdulden mussten.

Und Ihnen liebe Leserin, lieber Leser, danken wir, dass Sie uns sogar bis hierhin gefolgt sind.

Köln/Bielefeld, Januar 2017

Register